思想 REFLEXION 28

大馬華人與族群政治

編輯委員會

總　編　輯：錢永祥

編輯委員：王智明、汪宏倫、沈松僑、林載爵
　　　　　周保松、陳正國、陳宜中、陳冠中

網路編輯：李　琳

聯絡信箱：reflexion.linking@gmail.com

網址：www.linkingbooks.com.tw/reflexion/

目次

大馬華人與族群政治

思想訪談

思想評論

理由性動物：

《為什麼？》的理由世界

對於同一個問題，不同的人有不同的理由，同一個人在不同場合也有不同的理由；理由類型取決於理由「給予者」和「接收者」之間的社會關係。

思想人生

趙儷生：

一生負氣

我參加了左派，雖然我後來被劃為右派，但那是歷史的誤會，我實際上一直是一個左翼的成員。我這一輩子都是認為貧富不應當太懸殊，貴賤不應當太懸殊。

關於東亞被殖民經驗的一些思考：

台港韓三地被殖民歷史的比較

鄭鴻生

　　有關當代韓國與台灣的各種比較中，一直有這麼一個困惑許多人的問題：同樣受過日本帝國的殖民，相對於韓國人的「反日」，為什麼台灣人顯得那麼「親日」？這個問題同樣可以用來對香港人發問：為何香港人不「反英」？本文擬將韓台港三地被不同現代帝國殖民的不同影響分成兩組，分別進行考察與比較，或許有助於近年來台港與中國大陸兩岸三地關係的理解。再則，筆者雖然並非韓國與香港問題專家，對這兩地歷史的掌握或許不夠精確，但大體上應該符合一般情況，只希望拋磚引玉能對近年來浮上檯面的「後殖民」議題的重新認識有所幫助。

台韓兩地「親日／反日」態度歧異的可能因素

　　親日／反日這套詞彙是否能精確地描述台韓兩地的真實感情？一般而言，親日／反日這套對立詞彙主要是用在對日本的國家政策的態度上，而我們除了這套涉及國家層次的對立語詞外，還有哈日與知日這兩個用語。知日一詞是在中日折衝的歷史上企圖擺脫親日／反日這二元對立的另一種政治立場，而出現過「知日派」這麼一批政治人物；哈日這個一、二十年來的新名詞指涉的則是較不帶政

治性地對日本技術與文化產品的喜好，哈日族是包括筆者在內的一種現代流行稱呼。因此台灣與韓國對日本態度的現實情況確實比親日／反日的二元對立複雜許多，但在感覺層次上這兩個地方確實存在差異，底下我試著從一般的歷史知識來解釋這個差異。

首先，韓國當時整個國家被占領，而台灣則是做為中國的一個省分被占領，這在兩地人民間就產生了不同的心理與社會效應。韓國人是整個民族被鎮壓，也在整個民族的範圍起來反抗，繼而啟動了韓國的現代民族運動浪潮；而台灣人除了反抗之外，也同時帶著被母國遺棄的悲情「孤兒」心理。

韓國人整個民族被欺凌，他們無路可逃，只能在整個民族的範圍一體地起來反抗。台灣被割讓給日本時，台灣人除了反抗之外卻有路可逃，就是逃回中國大陸。這是當時的情況，不只發生在社會菁英的仕紳階層如板橋林家，也發生在很多庶民家族，如筆者的外公曾經隨部分族人回泉州老家，其中不少是抱著避難的心理，當大勢底定後又回到台灣來。當時日本也曾想過將台灣漢人趕到大陸，當然行不通，但確實就有一批不甘接受日本統治的社會菁英回到大陸去了。這種有路可逃的情況當然就削弱了反抗的力量，而不像韓國人民在無路可逃的處境下，以其全國之力反抗而招來更嚴厲的鎮壓，也因此而造成更強烈的反抗心理。

接著，日本帝國在韓國與台灣同時進行殖民式現代化改造，培育出一批現代化知識菁英成為新興中間階層。這批新型知識菁英有部分就走上了反抗之路，而在日本帝國的嚴厲鎮壓下，這批抗日志士不管是左派還是右派，不管是韓國還是台灣，在地緣上都有一個緩衝區，就是中國大陸。例如二戰時，韓國左派的金日成在中國東北建立了游擊基地，右派的金九則投奔重慶。雖然如此，他們的主戰場都是在朝鮮半島，在中國大陸只是客卿身分。台灣就不一樣了，

在日本的嚴厲鎮壓下，很多抗日志士投奔中國大陸，而且不是客卿
身分。其中左派加入共產黨，並有參加長征的如蔡孝乾；右派則加
入國民黨，並為其建立了台灣省黨部如翁俊明。台灣人不管左派右
派都一起加入了大陸的抗戰活動，他們一致認為，抗日戰爭的勝利
是台灣光復的唯一途徑，台灣並不是他們的主戰場。換言之，台灣
原來的抗日志士在日本殖民政府嚴厲鎮壓之後，或者噤聲，或者被
關在監獄裡，不然就是投奔祖國參加抗戰。如此在台灣還能發聲的，
當然就主要是那批接受殖民式現代化教育的新興中間階層的新社會
菁英了，這一批人對後來台灣的社會心理影響很大。韓國的情況很
不一樣，韓國抗日志士不管在國內還是中國大陸，朝鮮半島一直就
是主戰場，一直就是他們在行動上與思想上造成影響的場域。

　　於是在日本投降之後，發生在兩個地方的情況也就有所不同。
韓國是以整個國家恢復了國格，台灣則是由中國來光復失土，回歸
祖國。朝鮮半島由抗日志士恢復了國格，接著在左右鬥爭與朝鮮戰
爭之後造成了南北分裂的局面。在這樣的歷史過程中，韓國就只有
左右之分，而無統獨之別。台灣則有著很不同的過程，它是由祖國
來光復與接收的，雖然投奔祖國的台灣抗日志士也因此回到台灣一
展鴻圖，右翼的跟著國民政府回來，左翼的則在接著而來的國共鬥
爭中，以中共地下黨的身分回台活動，但都稱不上接收的主力。來
台接收的主力是國府內部互相角逐的各種勢力，有行政長官陳儀的
系統，有國民黨部CC派的系統，有資委會的技術菁英，以及各個情
治系統，此外還有美國因素這個暗流。

　　但重點在於，台灣社會經過五十年日本殖民式現代化改造之
後，一般人對現代化的想像與中國大陸有很大的不同。這個不同不
僅是步調上的差距，例如自來水與識字的普及率，而且是來自現代
化路徑的不同所造成的心態上的差異。比如說，中國大陸在面對甲

午戰爭後日本帝國逐步進逼的壓力下，經過辛亥、五四、北伐、抗戰，以自己的步伐與方式，試圖找出民族復興的一條現代化方案，雖然頭破血流、千瘡百孔，但確是自主的。然而台灣在乙未割讓之後五十年來的現代化，卻主要是日本殖民政府由上而下強制施行的方案，由此培養出來的一批新興的現代化知識菁英，除了抗日志士外，對中國大陸的艱辛過程並不熟悉，而卻有著不能當家作主的悲情心理。如果說「現代化」這個東西是現代人「認同」的基本元素的話，接受日本殖民現代化教育的台灣一般知識菁英，與經過辛亥、五四與抗戰的中國大陸一般知識菁英，在現代認同上就有了基本的歧異，雙方缺乏互相的理解。這個歧異無關左右之分，而是民族內部的。這是「二二八事變」之所以發生的一個基本心理狀態，台灣人並由此而有了「日本」與「中國」的比較。而韓國社會在戰後並沒有這種內部落差的情境。

　　最後，在1947年二二八事變發生二年後國府即全面撤退到台灣，形成一個長達四十年之久的兩岸對立格局，直到1980年代末期解嚴之後才啟動和解的過程。韓國則在戰後很快進入南北分治之局，朝鮮戰爭更是加強了這一對立。兩國戰後的局面看似相同，卻有個微妙的差異。兩韓不管其左右分歧，在繼承抗日民族意識上是一致的。而國府退守的台灣卻由於有前述兩岸現代化不同路徑與性質的因素，而有了與大陸一貫相承的抗日民族意識的歧異。這個歧異本來可以靠國府在台灣重建的民族精神教育來彌補，比如台灣戰後新生代從小學習的中華民族教育，但是國府的民族精神教育是有缺陷的，除了不接地氣與反共八股之外，它本身並沒有能力去認識到被殖民過後的社會有所謂的後殖民問題，二二八事變就是其第一個苦果，1950年代的左翼肅清更是惡化了這個問題。在一個被現代帝國殖民過的社會，有理論與反思能力來承擔起解決後殖民問題這

項任務的，較可能是具有反帝意識的泛左翼人士，他們較不會像一些頭腦簡單的民族主義者只會以「受了日本人奴化教育」的說詞來批評劫後餘生的台灣人民。然而左翼人士在1950年代的肅清卻斷絕了他們實行這項任務的機會，於是再一次的苦果是，當國府的民族精神教育在1980年代民主化過程中全面崩潰後，就只有懷日的台獨思想當道了。相對而言，韓國社會雖然也有嚴厲的反共政策，對現代化問題較有反思能力的左翼人士並未滅絕，而且一直是韓國社會的一個政治力量。

從比較長遠的歷史因素來看，韓國不僅是整個國家被侵占，他們還是一個有著幾千年歷史的國家，這個長久的歷史傳承所形成的自尊之心是很自然的，反抗的厚度也是很實在的。相對而言，台灣的漢人社會歷史較淺，而且在西方勢力大舉來到東亞之前，面對中國內地在政治上、地理上與文化上都相對邊緣。這個文化的邊緣性在脫離母體之後，在對外力的反抗上或許就比較力有未逮？進一步去想，或許由於中國規模之大與複雜，在形成具現代形式的一致的集體力量與思想方面，相較於規模較小的韓國，本來就比較困難，而有民國初年革命運動者對「中國人是一盤散沙」的悲嘆。如今大家多認識到，中國的現代民族意識是在奮鬥了數十年之後，到抗日戰爭時才達到高峰的，而台灣社會卻沒有參加到這個歷史過程。或許這個發展的落差與不一致性，本就是這個龐大的中國傳統社會到現代社會轉變的正常現象？

此外，在二次戰後的內戰與冷戰因素下，朝鮮半島分裂成比較對等的兩個政權，而海峽兩岸在規模上卻是極為不對等的，結果台灣的親日／抗日問題也糾結了兩岸不對等這一因素。從筆者家族的經驗來看，族中長輩雖然深受日本教育的影響，但並未如今天一些新世代所想像的那樣懷念日據時期的生活。其實他們當時身為次等

國民，心理上是極為失落無奈的。而他們在光復後隨著台灣的時代進步與經濟發展，對未來則充滿著憧憬。他們既是日據時期以來台灣的第一代「現代人」，也是戰後台灣經濟發展的第一代得利者，雖然對國府的統治迭有怨言，但不可能真心懷念日據時期受辱的日子。可以說如今的「懷念日本殖民」現象，更多呈現出解嚴後新世代為了打擊國府及其所代表的「中國」的複雜情結。相較而言，韓國並未有這般複雜的三角關係。

從上面中韓的比較，我們可以看到台灣的割讓與回歸所產生的後殖民問題，在全世界範圍是個比較特殊的例子。它是一個有著傳統文明的古老國度的一個較為邊緣的地區，在被割讓給一個現代化強權之後，與其文化母體走上不同的現代化之路；而在帶著強烈現代性因素的當代身分認同的分歧下，它不僅在戰後的回歸過程中與其文化母體產生了不適應症，之後又因為長期的冷戰格局與左右意識形態的影響，更是無能解決被殖民所產生的種種後遺症。這些後遺症不僅構成了二二八事變的背景因素，至今還是兩岸和解的大障礙。相對而言，朝鮮半島的長期正式分裂則發生在朝鮮戰爭之後，是對於現代化之路的左右之爭，較無關被日本帝國殖民的問題。

以上是以不同的歷史境遇與現代化過程，來理解韓國與台灣對前殖民者日本態度上的可能差異。由此看來，台灣作為中國的一個邊緣地區，被現代帝國殖民之後確實產生了較為特殊的複雜性，看似台灣的特殊問題，然而若回顧香港在九七回歸之後的種種問題，尤其是這兩年來的「占中」衝突，可以看出香港與台灣有著極為相似的症狀。或許台灣的問題並不是個別問題，而是中國的共同問題。

香港與台灣被殖民經驗的異同

今天對於香港占中問題有各種分析，包括所謂顏色革命的說法，在這裡要進行的則是從後殖民的這個面向來看。具體說，就是拿台灣光復之後的二二八事變的背景，來與香港今天的情境做比較，就是說1997年香港回歸後的問題比較接近1945年台灣光復後的情境。從這個面向來探討，或許更有助於對香港問題的理解，進而對中國各地現代化過程的差距與多樣性問題的理解。

香港與台灣這兩地區都是中國在近代殖民帝國強大的武力侵略下，以中國的一小部分被長期割讓的，香港被割讓一百五十多年，台灣被割讓五十年。兩個地區都在割讓期間被殖民帝國現代化了，又在新中國復興過程中的不同時間點回歸母國，然而兩者的經歷卻又有很大的不同。首先在人口與土地方面，台灣夠大到成為日本經濟榨取的殖民地，由米糖輸日可見；而香港卻較小，只能是大英帝國經營東亞的貿易站與前進基地。此外還有下列重要方面：

一、英日兩殖民宗主國的不同現代化路徑

香港與台灣被不同地位、階段與性質的帝國所殖民，一個是西方甚至全球現代化先驅的大英帝國，一個是亞洲第一個現代化的日本帝國。因此兩地人民經由英日兩國不同的現代化路徑，學習到了不同的「帝國之眼」（陳光興語），用不同的現代視角來看世界。

日本在台灣實行現代化是由上而下強力推行的，不僅上層菁英必須屈從，下層庶民也不放過，企圖在整個社會進行現代化。英國在香港則重在培養幫它治理的中上層管理菁英，庶民只要順從，大半放任其自求多福。日本帝國的這種強勢作為有個特殊的心理因

素，就是它作為後起的現代帝國，學習西方先進帝國，它不甘認輸，要做「帝國主義世界的模範生」。相較於英國這個老大帝國又是現代化的祖師爺，日本卻是一開始也曾經被強迫開放口岸，並簽下不平等條約。而它經由明治維新進行自身體制的變革，跟上了西方現代化的腳步，並以西方帝國主義為學習標竿，終至將自己打造成另一個殖民帝國。

由此來看，日本在其現代化過程中確實有其自主性，然而從它後來的帝國作為卻也可看出，它在這過程中也在進行某種心理與精神上的「自我殖民」，由此而產生了對自己過去「落後」狀態的羞恥感與自卑感，與追求模範生心態互為表裡。這種羞恥感與自卑感在它要對其鄰近的亞洲地區進行侵略與殖民時，特別不能忍受這些殖民地社會的「落後」狀態，而要對其實施全面的現代化改造。相較而言，老大帝國的英國沒有這種心理糾結，它在香港只是在統治一群「落後」子民，一切以維持其統治與帝國全球策略為考量。

比如1895年乙未之變後沒多久，日本人就廣設「公學校」（台灣人就讀的現代小學），全面實行日語教育，1920年代開始設立台灣人就讀的中學校，造就從小開始接受日本殖民式現代化的第一代台灣知識菁英。英國人就像在其他殖民地那樣，在香港除了培養上層管理菁英外，並沒如此強勢地在中下階層施行殖民現代化教育。

二、漢語的傳承問題

台灣與香港都是漢語的方言地區，在漢語的發展上卻有很大的不同，其中一個重要因素就是日英兩帝國不同的殖民教育政策。

1895年日本占領台灣時，台灣的居民主要由閩南和客家這兩個漢語族群，加上少數但多樣的南島語族構成；當日本在1945年退出台灣時，還是由這兩個語族構成主要部分。1842年南京條約割讓香

港給英國時,香港島與新界人口稀少,而且還是以講客家話、圍頭話等為主的方言語族,後來因歷史與地理上的因緣聚會,香港吸收了中國大陸各地移民,尤其是珠江三角洲的粵語族群,才構成今天的人口狀態。

甲午戰爭之前,台灣的閩南和客家語族各以其方言作為日常生活、讀書識字、引經據典及高談闊論的語言,就是說閩南語和客家話不僅各自作為日常生活語言,還是各自的知識菁英用來論述的語言,當然他們與其他漢人社會一樣,都使用共同的書寫語文——文言文。換言之,在日本占領台灣之前,閩南語和客家話是各自成套的完整漢語系統。然而日本占領台灣不久就開始以日語實施現代化教育,接受這套教育的新生代台灣人也開始喪失閩南(或客家)母語的論述與書寫能力。這一代人不再接受傳統漢文學堂教育——這種學堂也因公學校的設立而消失殆盡,轉而在新式學校裡全面用日語來上課,因此不再像他們的長輩那樣能夠以母語來讀傳統經典,日語成了他們主要的現代化論述與書寫語言。

台灣由於母語在日據時期的斷裂,其論述與書寫部分沒能跟上現代化的步調,以致在光復之後,以北方官話為基礎所形成的現代白話中文作為「國語」或「普通話」,就比較容易施行於台灣。以戰後新生代為例,我們從小在學習母語的階段從長輩學到只有日常生活的閩南語,學不到論述書寫的文雅閩南語。這是因為接受日本現代化教育的長輩早已失去文雅閩南語的論述書寫能力,而只能用日語,李登輝閩南語能力的欠缺就是個鮮明的例證。於是戰後六十年下來,國語就成了台灣年輕一代的一種「母語」了,而且其發音還帶著南京國民政府江浙口音的深刻影響。然而光復後強制實行的以現代白話中文取代日語的措施,卻讓當時台灣的知識菁英產生了強烈的失語感。當時日語做為敵國的語言,國府會迫不及待地在報

刊上禁用，是可理解的。但是當時作為台灣人主要母語的閩南語和
客家話如果都保持完整而且與時俱進的話，光復後知識菁英在論述
語言上的剝奪感或許不至於那般強烈，而遺恨至今。

　　相對而言，母語的現代化斷裂並未發生在香港，英國並未在香
港強制推行英語教育，因此各種漢語都有各自的發展空間。原屬客
家話地區的香港，割讓之後成為各方移民的目的地，由於外來人口
多方匯聚，原本沒有任何一種漢語占據支配地位。根據近年來相關
統計，香港居民的原籍母語分佈依次為潮州話（閩南語一支）、廣
府話（粵語一支）、四邑話（粵語一支）、客家話、上海話等等，
其中來自珠江三角洲的粵語加起來是最大的方言族群。在與中國內
地政治發展脫鉤的歷史情境下，粵語的一支──廣府話，最後取得
優勢成為香港人的普通話，並且與時俱進成為生活與論述兼備的完
整語言，能在現代化的學校課堂上使用裕如。

　　如前所述，因為英國的殖民教育政策並沒有將漢語傳承斷絕，
所以廣府話作為通用語言也就能自行轉化並跟上現代化的步調，保
持著知識菁英論述書寫語言的地位，雖說英語還是最上層的語言。
由於有這個廣府話作為上下一體通用語言的條件，香港在九七回歸
之後，就不會發生台灣光復後整代知識菁英的失語問題。由此可見，
英日兩國不同的殖民政策對港台在母語發展上的差異，對後來的政
治發展應該有很大的影響。

　　從這個比較可以知道，台灣母語傳承問題開始於日據時期，而
且與日本殖民現代化教育密切相關。台灣在方言母語上有著如此斷
裂的遭遇，光復後幾代人下來現代白話中文的國語就成了新生代的
新「母語」了，這是今天的現實狀況，因此在台北太陽花運動的現
場，演講台上與網路上的論述語言都是國語。反觀香港，以廣府話
為基礎的香港通用語言一直與時俱進，是占中現場的唯一語言。

三、同化政策、人才培育、新菁英階層與帝國遺產

日本帝國在台灣的基礎教育改造是其對台灣施行「去中國化的同化政策」的一環，但台灣各族人口畢竟都還是日本的「次等國民」，各方面都受到不平等的對待。日本直到發起東亞侵略戰爭才開始在台灣實施皇民化政策，企圖改造台灣人能像日本人那樣效忠帝國為其死命。相較而言，英國基本上是讓香港的中國人基層社會自生自滅，不去強行改造，並無同化政策這樣的強勢政治作為，也應該沒發生要香港中國人效忠大英帝國為其死命之事。然而它卻也透過各種類似手段「皇民化」了不少香港高階菁英。即使如此，兩地人民做為日本皇民還是大英皇民，世界觀是有些不同的。

日本人在台灣雖然由上而下強勢地推行基礎教育改造，但對於最高層的菁英教育卻有其特別考量。日本雖然在台灣設立了台北帝國大學（1928年）——日據時期台灣唯一的大學，但這大學並非為台灣人設的，而是帝國大學系統的一環，面向全日本招生。帝國大學是為培養日本的統治菁英而設立的，台北帝大為了配合帝國的南進政策，更是被賦予南洋研究的重責大任，如今台大校園裡的椰林大道就是歷史的見證，為了將台灣最高學府經營出南洋風味，他們移植了原產古巴的大王椰。

日據時期，除了醫科與少數文理科生外，很少台灣人就讀台北帝大。在日本殖民教育政策下，提供台灣人中學畢業後繼續求學的，就主要是專業技術學校，用來培養殖民統治的技術輔助人員，何況這些專業技術學校還是以招收日本學生為主。在中學校與專業技術學校的銜接上幾經變動，最後形成四個專校：台北醫學專門學校、台北商業專門學校、台南工業專門學校與台中農業專門學校；後來台北醫學專門學校併入台北帝大成為其醫學部。此外台北帝大沒有

法律學部，台灣也沒有其他法律專門學校，台灣人想當律師就得去日本就讀。從這整個教育體制可以看出，日本帝國並不想培養台灣人的政治管理人才，以及社會自我管理的能力，在全島整個行政體制裡，台灣人只居於中下層單位裡的少數。

這個自我管理人才的缺漏在光復時日本行政人員幾乎全部撤離之後就引發問題了，二二八事變的發生而終至不可收拾，難說與此無關。而我們知道，大英帝國在香港是培養了一批管理菁英，港英治理的中、下層公務員就是由這批人擔任，九七回歸後也是由這批人繼續維持香港自我治理的穩定。然而就如近年來香港問題所顯示的，這批英國所培養的在地管理菁英似乎只能在政治安定的情況下維持治理的穩定，卻還是缺乏在亂局中所需的政治領導能力。

乙未之變後，台灣人經由讀書科考爭取功名之路斷絕，然而卻出現一條新的現代功名之路。前面提到日本殖民政府由上而下強勢進行現代化改造，很多傳統的事物一一遭到摧殘，其中除了漢文學堂外還有一項很重要的是中醫傳統。傳統中醫的沒落與現代醫學校的設立是一體兩面的事，日本殖民政府亟需培養一批台灣醫療人員來維持社會的健康狀態，以遂行其殖民地發展計畫。台灣總督府醫學校在1899年即已成立，起先招收台灣人與日本人各半，由於學制銜接問題，開始的幾年只能招收公學校畢業生，而且願意就讀的台灣子弟不多，因為當時會接受西醫治療的還是以日本移民為多，並且日本人還不信任台灣人醫生。很多新一代抗日志士出自這個時期，像蔣渭水、翁俊明、杜聰明等人。

但隨著中醫的沒落以及台灣人開始接受西醫的治療，這個醫學校遂變得熱門起來，經過幾次重整、擴大與改名之後，在1936年併入台北帝大成為其醫學部。在沒有其他出路的情況下，從總督府醫學校到台北帝大醫學部這一延續的台灣西醫培養學校，遂成了台灣

人子弟的新功名標竿，直到今天未能稍歇。日據時期很多政治與社
會活躍分子都是醫生，光復之後當醫生繼續是台灣子弟的奮鬥目
標，各個醫學院網羅了大半的台灣優秀人才，他們後來也都成為社
會賢達，擁有較大的發言權，進而從政。這種畸形的人才分佈難免
影響到光復後台灣的社會發展，也造成中國傳統醫藥在台灣社會的
衰退，這是日本殖民台灣的深遠影響。香港在英國的統治下則有另
一番景象，醫生沒那麼風光，而律師的光圈比台灣亮很多，法治這
東西一直被認為是英國留下來的好的殖民遺產。傳統中國醫藥在一
般香港人的心目中也比台灣高出許多，四季如何進補都可說得頭頭
是道。

　　相較於台灣人大半還以傳統的「情、理、法」次序為行為準則，
香港人因為受到英國法治觀念的訓練而極為遵守規則，有時甚至會
到不知變通的地步。相對而言，日本殖民台灣留下來最沉重的卻是
那個「帝國榮耀」及其核心武士道精神的允諾與召喚。然而作為次
等國民的殖民地人民，尤其是男性，那又是一場虛幻的、自我膨脹
的夢幻。當帝國毀滅時，日本男人可以自安於其日本身分，重新來
過；可是受到這場夢幻所召喚過的台灣男人卻在內心留下了巨大的
創傷，這個創傷所衍生的各種心理與精神症候還代代相傳，直到今
天仍舊陰魂不散。相較於台灣戰後的這種扭曲的心理情境，英國人
在香港所栽種遺留下來的應該是另一種精神狀態吧？

四、反抗運動的不同歷史與性質

　　在日本占領台灣之前，台灣就已經有將近三百年漢人社會的堅
實歷史，因此從乙未之變的第一天起，台灣就開始了激烈的抗日活
動。漢人的武裝抗日一直延續到1915年的台南噍吧哖事件（或說西
來庵事件），足足有二十年；原住民的武裝抗日事件甚至延續到1930

年賽德克族的霧社事件。台灣人在武裝抗日失敗後，新一代知識分子改採現代政治社會運動，例如文化協會、民眾黨以及各種工人與農民組合，最後是共產黨組織的出現。然而這一波現代政治與社會運動也一直遭到日本殖民政府的嚴厲鎮壓，尤其在1930年代開始的皇民化時期，所有反抗運動都被壓制，最激進的共產黨人不是逃到大陸就是悉數入獄。直到日本戰敗台灣光復，這些人才復出活動，而在二二八事變中起了重要作用。換言之，台灣從割讓的第一天起就開啟了這個抗日的傳承，同時也在這抗日運動中塑造了台灣人的身分，在這之前的清代，台灣居民是以各自的族裔來認同的，像泉州人、漳州人、福佬人、客家人、泰雅族、排灣族等等身分。

香港在割讓的時候並沒有太多人居住，也沒聽說有任何反抗。現在的香港人是在歷史變動中分批移入的，從某方面來說是自願加入做為英國殖民地居民的，原因有多重，最主要的是為了求得美好生活的單純經濟因素，以及為了躲避大陸上的各種動亂，如太平天國、軍閥混戰、日本侵略、國共內戰、三年飢荒以及文革等。在這歷史過程中，相較於台灣居民從抗日運動中產生台灣人的身分認同，香港居民並沒有從抗英運動中產生香港人的身分意識。然而香港不只是被動地接受大陸移民，它也成為大陸各種政治運動的中繼站與庇護所。它首先是興中會的重要據點與辛亥革命的重要發動地；抗戰時期香港尚未淪陷時，它是許多抗日志士的庇護所與轉進地；中共建政後，它又成為冷戰時期各方勢力競逐與勾心鬥角之國際港埠。也就是說，香港社會在一百五十多年來的英國殖民地歷史中，與中國大陸的變化息息相關，它的人口組成也一直在變化，直到1970年代以後才在以廣府話作為香港普通話的背景下，形成香港人的身分認同。

台灣被日本統治五十年，抗日的最大力量最後集結在左翼的旗

下，然而這股力量卻在1950年代的白色恐怖時期被撲滅殆盡，最有
能力承擔反思後殖民問題任務的一批人就此消失，直到保釣運動前
後才又復甦。而香港曾經做為中國大陸現代化變革的中繼站與庇護
所，雖然一直有左翼人士存在，但左翼運動主要是在配合或呼應大
陸的運動，例如1925年五卅慘案時的省港大罷工，以及呼應文革的
1967年香港左派工會鬥爭。以此觀之，香港類似以前上海的租界區，
直到1970年代初，才有戰後新生代自發的中文法定語文運動與保釣
運動。可以說，「台灣人」這個身分在日本殖民初期漸次形成，而
「香港人」的身分則主要在1970年代當移民潮漸次穩定之後才最後
成形。

　　　1949年後國民黨退守台灣，雖然施行特務統治，以白色恐怖手
段殘害了大半的進步分子，但也帶來了不少各方面的人才，促進了
台灣的經濟與文化建設，如資委會人員啟動的經濟發展，中國自由
主義者帶來的政治啟蒙，還有其他文化界人士帶來的現代白話中文
的文藝成果。他們是台灣戰後新生代能夠順利接上現代中國的重要
媒介，然而他們在文化上的優越性，在台灣未能解決後殖民問題的
情境下也在戰後新生代心中埋下了外省人與本省人之間的文化優越
感與自卑感的心理裂痕，加強了日據時期以來本省人的悲情感覺結
構；加上在親美的國民政府的教育體制下，英文取代了日文成為新
的上國語言，國語取代日語成為新的論述語言，這種幾代相承的文
化失語感使這種悲情感覺結構更加堅不可摧，影響到後來台灣人的
公眾與政治行為。

　　　香港在其發展過程中則不斷有大陸人才來來去去，1949年時也
如台灣一樣收容了不少大陸菁英，這批人對戰後香港在各方面的繁
榮與文化的提昇起了重要作用。然而或許在港英統治下，由於他們
不涉及政治力量的分配，並沒有像在台灣那樣造成裂痕，因而在九

七回歸前似乎就已相互交融成為香港人了。

五、不同「現代身分」的難題

　　總的說，傳統中國在受到西方現代帝國侵略，被迫進行西方式現代化改造，以其規模之龐大、際遇之多樣，就有了多重不同的現代化路徑。台灣被日本帝國從上而下強勢施以日本殖民式現代化改造，香港被大英帝國有選擇地、較不強勢地施以英國殖民式現代化改造，兩地在回歸之後確實有著不一樣的後殖民情境與任務。而中國大陸若是先不管其局部殊，整體而言則是自我摸索著一條較為自主的道路，最後由中共的路線取得主導。

　　不管是哪條路徑，這個現代化的過程都造就出一批新的知識與政治菁英，接受不同的西方（或西化的日本）理念的灌輸與栽培，各自在其社會取得論述主導者的地位。例如接受日本皇民化教育的台灣的李登輝及其同輩，又如接受港英教育栽培的香港知識與管理菁英。這批新型知識與政治菁英構成現代化後的新得利者，然而也構成回歸後解決後殖民問題的巨大障礙。由於有著不同的現代化路徑而產生不同的「現代身分」，當這幾個不同身分互相碰撞時就產生了一時難以消解的現代問題。以台灣為例，這些人一方面構成反國民政府的力量，另一方面也構成台灣分離運動的基礎。二二八事變除了有國共內戰及光復後復出的左翼分子的因素外，也有大陸與台灣不同現代化過程所產生的不同現代身分衝突的因素。這個面向在九七回歸後的香港應該也構成了重要的背景。

　　不同的現代化造就了不同的現代身分，不同的現代「中國身分」、「台灣身分」與「香港身分」。光復後來台接收的國府官員與軍隊是歷經辛亥、北伐、抗戰的國民黨這一系人員，他們的「中國」觀念是帶著這段歷史的現代觀，與當時沒歷經這段過程的台灣

知識菁英的現代觀是有差異的。我們試著想像，如果沒有西方與現代化的因素，台灣在1945年的光復或許就像北宋假設真的收復了燕雲十六州，或如隋朝統一了長江以南諸國，只是傳統中國社會的分合，應該不至於會有二二八事變那樣的慘烈衝突──當然小衝突難免。可以說不同的現代化路徑所產生的歧異是二二八事變的底層因素，當時雙方都沒有機會與條件進行心靈與意識的袪殖民工作。九七之後的香港所面臨的也有同樣的情境，構成今日占中衝突的底層因素。

　　所以說，作為現代化得利者的知識菁英這一階層是特別麻煩的，他們在被各種現代化方案養成之後，往往以各自的「帝國之眼」──西方帝國的文明世界觀，來看待自己社會的傳承、下層勞動者、各種「落後」的現象，以及母國整體。例如在台灣「水龍頭的故事」自光復之後就一直被分離運動者用來貶抑大陸來台人士；或者以西方社會個人主義為基礎的「自由民主」來看待自身社會的政治安排；或者對自身社會或第三世界國家都抱著深怕被西方「恥笑」的焦慮不安。這些帝國之眼引起的焦慮不安，在台灣甚為尋常，在香港今天的衝突中也一一具現。

小結：終歸是中國問題

　　本文首先討論台灣與韓國兩地對共同的前殖民帝國日本在光復之後態度上差異的原因，指出台灣作為母國中國的一個邊緣地區，被現代帝國殖民之後產生了較為特殊的複雜性，看似台灣的特殊問題。然而在比較香港與台灣被殖民經驗的異同，以及台灣光復與香港回歸後的種種問題後，我們可以發現這個特殊性也不能過度強調，不能視之為只是台灣的個別問題，或是香港的個別問題，而是

中國被割讓的邊緣地區的共同問題。當然「台灣問題」或「香港問題」基於其不同殖民宗主國與歷史過程等因素，有其相對特殊性，但畢竟都是由傳統中國社會被殖民與現代化之後產生的問題，所以還是傳統中國社會現代化問題的一環，就是說最終還是屬於中國的問題，一個在台灣或香港的具體歷史情境下呈現出來的中國現代化過程的問題。

中國的主體大陸地區雖然在現代化的過程中有其相對自主性，而且為了取得這個自主性曾經歷經血跡斑斑的奮鬥，犧牲遠遠超乎台灣，但是就如日本在其現代化中所顯現的「自主」與「自我殖民」的雙重性格，中國的現代化也不免帶著「自我殖民」創傷。這種創傷的一個具體例證就表現在它曾經比日本更強烈地厭惡自己的過去，露出更昭彰的羞恥感與自卑感。

因此台灣、香港與大陸這三地如今所顯現的各種問題，就不應只被看作不同歷史經驗的個別問題，而應是傳統中國社會在現代化過程中的共同問題，如此就還是要回到中國現代化的整體問題上，更具體的說就是一個中國現代化過程中如何真正尋回自我的後殖民問題。

鄭鴻生，現從事寫作，著有《青春之歌》（2001）、《踏著李奧帕德的足跡》（2002）、《荒島遺事》（2005）、《百年離亂》（2006）、《母親的六十年洋裁歲月》（2010）、《尋找大範男孩》（2012）等。

作為政治實驗室的占領中環

劉世鼎

2014年9月28日：這一天是香港的政治歷史上一個轉折點。為了抗議中國全國人大常委會於8月31日關於未來香港特首選舉及立法會產生辦法所作出的決議剝奪了港人民主權利[1]，香港兩大學生團體學聯及學民思潮在9月底發動全港大罷課，並在9月27日將行動升級，發動包圍政府總部廣場的抗爭。警方拘捕了學生領袖後，9月28日有上萬市民湧上港島市中心的街道，高喊「釋放學生」。警方出動了胡椒噴霧，卻仍驅散不了群眾。抗議者紛紛持雨傘阻擋警方噴射胡椒，頓時成為一道都市奇觀。警方在驅散無效的情況下，在黃昏向示威者發射了87顆催淚彈，導致示威者向其他區域擴散並觸發了更多自發民眾占領了港島及九龍島幾個主要幹道，為這場占領運動揭開了序幕。現場一名示威者告訴我，「警方逮捕學生及發放煙霧彈觸及到許多市民所能接受的底線」。這個城市頓時陷入了局部

1 　該項決議完全否決了反對派所要求的「公民提名」及「政黨提名」，並且明確規定了特首候選人提名委員會需按照2012年特首選舉委員會（包含了四大界別、1200人）的比例來組成，候選人數方面限定在二至三人，並規定了特首候選人需要獲得提委會過半數支持的門檻。並須得到提名委員會過半數支持才可擔任候選人，最後才由市民一人一票選出。

無政府狀態。

　　這場被主流媒體描繪成是「以卵擊石」的悲壯抗議，實際上經過了縝密籌劃。早在人大決定公布之前，相關的發起人就已經開始進行串聯組織的工作，準備醞釀一場以「公民抗命」為名、但手段上保持和平理性的抗議行動。然而後續的事態發展卻沒有按照這個劇本進行。發起占領的人士沒有料想到這場運動持續了這麼長的時間，在其最高峰曾有近20萬名示威者參與，激化了香港內外支持者與反對者的兩極化矛盾，並與國家機器緊張對峙了兩個多月的時間。這場抗爭迅速癱瘓了香港心臟地帶的正常交通及秩序，並且造成香港史無前例的國際性震撼效應。事實上早在運動開始之前就有一則評論預測，這將會是一場「香港回歸祖國的決戰」[2]，然而在運動爆發後所衍生出的群眾抗議形式及對香港資本主義運作所造成的干擾，卻令所有人始料未及。中國官方以及香港親政府媒體均發表了嚴厲譴責，認為有外部勢力介入。香港部分主流媒體、台灣以及歐美傳媒出於各種複雜的原因，對這場運動進行了大篇幅及同情的報導。英國的《每日電訊報》形容這場「雨傘革命」對中共政權來說是一個「生死攸關的威脅」。11月9日特首梁振英與習近平會晤時，指占領運動是回歸以來「最大型群眾事件」，對法治造成嚴重衝擊。習近平還形容「有人想在那兒『翻天』、想借政制發展使香港脫離中央管轄，那是我們絕對不能答應的，也是絕對不能得逞的。」這場運動對於黨國政權的挑戰可見一斑。如今，長達79天的占領雖然落幕了，卻也創造了一個黨國所無法迴避的政治情勢。長遠來說這個政治情勢對於黨國的統治會造成什麼影響，似乎仍難預料。一則

2　周八駿，〈香港有怎樣的兩條路線〉，《信報財經新聞》，2013年
　　2月23日，A18版。

評論認為這場運動「看來只是全面抗命時代的序曲而已。」[3]

　　我認為要理解這場運動，需要把主體放置在歷史之中、而不僅僅是當下、現實的空間中來理解。無論從其訴求或形式來說，這是一場充滿了必然性及偶然性，同時也極富創意的抗爭事件。這次行動直接衝擊了香港三大意識型態基礎：一國兩制、法治精神及經濟發展，同時也造成了香港社會的分裂與緊張關係。雖然這場運動的導火線是黨國限制了港人的選舉權利，但人們為何參與這場運動，有著複雜的歷史原因。簡言之，這場運動綜合了香港的認同政治以及回歸以來各種深層次的民怨，然後透過一場行動總爆發。1980年代中英談判時，北京當局為了團結香港的資產階級、確保回歸後的穩定，便確立了香港「以資產階級為主體的各階層聯合政府」的方針。「維持香港資本主義社會50年不變」的原則更進一步保護了香港資本家利益，以及殖民時期所建立的缺乏代表性的政治制度。回歸後絕大多數香港人對政治制度仍舊無權置喙，主要政策議題依舊被大財團及菁英所控制。回歸以來資本家透過立法會「功能組別」對政策的控制，以及特首選舉被親政府人士控制，在許多港人眼裡是對整個香港造成壓迫的主要來源。由於過去種種歷史原因，香港的社會基礎及意識型態本來就帶有「拒中抗共」的成分，回歸後雖然中央政府透過一系列措施保持香港經濟增長，但在舊的社會矛盾得不到緩解、新的社會矛盾出現的情況下，香港反政府勢力逐漸與反中的民粹主義合流。2003年以來，香港街頭開始出現各種以「保衛香港」為名的群眾抗議，這次占領運動將這種本土主義推向了最高點。在一些學者看來，這場運動所提出的公民提名及真普選只是手段及過程，主要是想表達對於香港人生存狀態的抵抗，並希望透

3　孔誥烽，〈占領啓示錄〉，《明報》，2014年12月8日A34版。

過制度的變革來「解決香港的各種危機」[4]。然而,這場運動究竟是採取了何種政治形式來回應上述問題,似乎需要更細緻的分析。

在我看來,占領運動正是在黨國及特區政府的統治正當性(或也可說是領導一個歷史集團所需要的「代表性」)嚴重弱化的狀態下,民眾所創造出來的獨特政治形式。這裡面牽涉到不僅僅是歷史的結構性因素,也包括了回歸後香港新自由主義化加深、政府卻無力回應社會危機等一連串事件所促成的後果。過去三十年來香港的社運大多集中在單一議題、要求政府就某一政策進行調整。但這次抗議者所喊出的「命運自主」、「抗命不認命」以及「自己的香港自己救」的口號,針對的是黨國體制、甚至是香港自主性的問題,在手段上則採取了衝擊公共秩序及挑戰香港長期以來穩定的法治,的確是將香港激進主義推向了高潮。有些學者認為這場運動所實踐的直接、參與式民主,超越了香港過往為了爭取公眾同情而採取的相對自我克制、循規蹈矩的抗爭手法,因此對香港的民主運動帶有啟蒙意義[5]。

然而,這類看法或多或少帶有浪漫化這場運動的傾向,使得整個運動的複雜性與矛盾性被各種正面修辭給遮蔽了。的確,在組織形式上,這場運動與泛民政黨所主導的社運有所不同(後者有鮮明的領導權威及組織階層),但兩者的關係似乎並非那麼截然二分。有論者強調「自發性」、「無領導」在這次運動所起的作用[6],但我

4　許寶強,〈毋忘初衷〉,《明報》2014年12月14日。

5　見馬國明在 *CUP Magazine* 的一系列文章:〈為甚麼雨傘運動剛開始〉,2015年1月1日;〈為甚麼會出現占領運動?〉,2014年12月1日。

6　安徒,〈「後占領」時代的絕望戰鬥〉,《明報》,2014年12月14日。

們實在很難想像，如果沒有幾個核心組織的帶領，以及泛民政黨及各類政治團體的參與、支援，這場運動是否會發生。政黨在這場運動中所面臨的尷尬處境是一回事，但這並不意味著這場運動已經完全獨立於政黨，並且能夠在沒有政黨、組織及領導中心的情況下展開。我認為兩者的曖昧關係需要放在一個更寬廣的、更複雜的歷史框架中來解釋。占中發起人對泛民政黨的依賴、以及學生領袖要求泛民政黨以「辭職公投」方式來支援占領運動，不就說明了「自發性」、「無領導」這類說法的片面性？事實上，泛民政黨因選舉考量對行動升級的保留態度，最後也影響了這場運動的團結。

在香港，以占領中環空間為手段的民眾抗議並不是第一次[7]，但近幾年「占領中環」成為反抗整個政治經濟體制的民粹符號，其抗爭形式也逐漸被香港社運所採納。這個趨勢最早是在2011年10月中出現端倪，當時一群社運人士響應方興未艾的全球占領運動，占據了匯豐銀行總部下方的空間長達11個月之久（直到2012年9月11日被警方清場）。這場將矛頭直指全球金融資本主義體系的抗議雖然規模不大，但長時間占領城市的心臟地帶所展示的意志、以及占領者所嘗試的民主實驗，卻改寫了香港的政治地景與民眾抗議的方法。雖然那一次占領運動最終失敗了，但其抗爭形式卻為後來的民眾政治留下了一個政治遺產：作為一種抗議整套政治經濟體制的手段，抗議者長期占領象徵性的場所並進行自我組織的政治形式被確立下來。兩年後，一場全新的占領中環在警方嚴陣以待的氛圍下拉開了序幕。一前一後兩次占中都可以被視為是一國兩制深層矛盾下出現

7　以中環市區空間作為民眾抗爭空間的例子包括了1960年代反對天星小輪加價，1970年代的保釣運動，1984年的士司機罷駛，1989年聲援天安門運動，以及2007年紮鐵工人罷工等。

的社會自我保護運動，但這兩次抗爭對香港問題所提出的診斷卻難
以相提並論。

　　儘管如此，兩者之間有著緊密的內在聯繫及延續關係。占領華
爾街的代表人物大衛・格雷伯在這次占領運動期間曾指出，「深信
香港的占領運動會有世界性及歷史性影響，示威人群塞滿街道會令
政府陷入恐慌，也會在一定程度上迫使政府改變政策，就算占領最
後被清場，但經歷一次民主實踐，整個社會都會從此變得不同。」[8]
香港的占領運動是否如他所說的能夠轉化整個社會或仍有疑義，但
抗議者所表演的「預示的政治」（prefigurative politics）──也就是
將其對於黨國權力的批判化作具體的實踐──的確在前後兩次占領
運動中體現出來。不只是兩次占領行動都表達了追求新的民主形式
的慾望，內在於這兩場占領運動的「去政黨化」、「去組織化」及
「去代表化」的組織邏輯既為占領者提供了新的政治機會，卻也對
其造成了瓦解運動的內在限制。然而，這個內在矛盾並沒有被包括
格雷伯在內的一些學者及觀察家所掌握。可惜的是，既有的論述似
乎仍舊停留在非常表面的描述或缺乏反思性的讚揚，對於這兩場運
動背後的政治意涵，幾乎沒有深刻的分析。

　　我認為，香港的占領運動所表現出來的預示的政治，需要放置
在香港政治代表性斷裂這一個歷史狀態下來理解。自1990年代以
來，隨著社運界中堅分子陸續被吸納到政黨及議會政治領域，香港
的社運界面臨喪失獨立自主性的危機。伴隨而來的政黨及議會政治
的「去政治化」──具體表現在政黨的階層化、精英化、官僚化及
脫離群眾的傾向──直接或間接成為香港社運尋求一種更為民主政
治形式的動力。作為針對政府及政黨去政治化的一種回應，社運團

8　見《明報》，2014 年10 月19 日A12版。

體開始在組織上淡化領導階層的色彩，強調參與者的平等並鼓勵群眾自發參與。這些社運或多或少採納了直接民主的方法，在組織或運動內實施相對開放的、去中心化的管理形式及決策，並靈活地與其他團體或群眾形成議題式的臨時結盟[9]。近幾年，隨著泛民政黨逐漸喪失反對陣營的領導權，群龍無首的香港社運及反對派對於政黨、組織及領導的懷疑甚至是極端否定逐漸升級。兩次占領運動就是在這樣一個浮現的社運文化中展開民主的實驗，並將之化作為對於黨國（包含中央、特區政府及泛民政黨）權力的對抗方式：我們看到在這次占領行動中，抗議者及廣泛的參與者所實踐的「水平主義」——其特徵是對於橫向關係的重視、對於自我集體管理的強調以及對於運動內領導階層的抗拒——構成了整個運動主要訴求（真普選）之外的一個最重要的面向。然而我們也注意到，雖然第一次占中創造了一種獨特的政治形式，但這場運動所面臨的困境在第二次占中也再度出現。有評論形容當下的占領運動已經「變成一場沒有領袖，也不需要領袖的民眾自發運動。」[10]然而產生這個「沒有領袖」、「民眾自發」運動的歷史條件為何，會帶來什麼政治後果，絕非不證自明的。

　　我的重點將放在兩次占中發生的動態過程及行動者的分歧，並重新思考「去政黨化」、「去組織化」及「去代表化」的抗爭形式所帶來的後果。我的經驗研究是建立在實地考察前後兩次占領過程中的實踐，對於主流媒體相關報導、獨立網站以及運動官網的比較分析，對運動生產的論述的分析，以及與近70位參與者的深度訪談

9　Kai Hong Ng, "Social movements and policy capacity in Hong Kong," *Issues and Studies* 49（2013）, pp. 186-187, 197-198.

10　馬國明，〈遲來的民主回歸〉，《明報》，2014年10月5日，頁02。

的基礎之上[11]。

一

　　2011年10月中旬在香港發生的第一次占中，是受到占領華爾街
啟發而產生的一場運動。占領華爾街對金融資本、社會不公及官商
勾結的批判，與香港過去幾年逐漸升溫的反對財團霸權、反對「小
圈子選舉」及立法會功能組別為資本家護航的社會思潮不謀而合。
雖然當時香港並沒有出現政府援救金融機構的情況，但對香港的社
運團體來說，占領華爾街所提出的「我們是99%」口號提供了一個
擴大本土民粹戰線的機會。「社會主義行動」[12]在10月5日率先組織
了一場聲援占領華爾街的行動，譴責香港政府偏袒大財團打壓勞
工，社運團體「左翼21」[13]也在臉書上號召占領中環行動。中環是
香港政治經濟及交通樞紐，因此占領中環的某個區域具有高度的象
徵意義。

11　本研究是澳門大學研究委員會資助的《反對國家的政治》計劃的部
　　分成果，作者感謝林仲軒及孔夢尋的協助。

12　「社會主義行動」成立於2010年7月，關注「滯港難民、新界東北
　　發展、同性戀、新聞自由、中國工運民運、支持疆獨和藏獨、台灣
　　反服貿」等議題。該組織與反對派的激進組織社民連互動密切，曾
　　多次共同聯合參與、組織社會活動。可參見社會主義行動：〈回應
　　《大公報》抹黑長毛及社義行動〉，《香港獨立媒體》，2014年6
　　月17日，http://www.inmediahk.net/node/1023678

13　「左翼21」成立於2010年2月23日，其成員曾經參加過反高鐵運動
　　等反對政府方案的抗爭，在社會經濟立場上較主流泛民更為左傾，
　　較重視工人權益、主張社會資源公平分配。

　　左翼21希望藉由占中能推進香港的「反資本主義」運動。在一個長期「熱切擁抱資本主義」的城市[14]，主張反資本主義的確是個不太尋常的舉動。這個訴求基本上是過去幾年新本土主義式抗爭的延續（這些行動所針對的都是都市發展計劃、財團利益以及官商勾結），而左翼21則希望能將不同運動統合到反資本主義旗幟下。10月15日下午，匯豐銀行總部下方的行人穿越區域陸續被遊行的群眾擠滿。約300百名抗議者來到了現場，氣氛非常熱烈。抗議者的組成多元，以社運分子為主，配合上一些學生、上班族、救生員、自由業者、失業者及外國遊客。從現場的訴求來看，雖然這場運動規模不大，卻結集了各種不同的、沒有被政府成功吸納的訴求，可看出占中這個空洞能指的吸納不同議題的能力。其中有的訴求源自於特定的政策或賠償（雖然這部分理論上是可以被政府的資源所滿足），有的議程——像是反資本主義——則是現有系統所不可能滿足的訴求。現場有不滿樓價、反對租金過高的市民；要求雙普選的訴求；反核及爭取勞工權益的團體；要求政府廢除強積金[15]；認為銀行賠償雷曼債權損失金額過低的訴求；要求政府增建公屋的訴求；也有立法議員認為本地華人證券行一直受外資大行欺壓，認為占中可吐一口怨氣。占中訴求的多樣性可見一斑。除了反資本主義較為罕見之外，大多訴求都不是在香港第一次提出，參與的主要團體也曾經參與過不同的社運，但占中提供了一個讓不同民怨得以表達的平台。雖然表面上這些訴求和平共存，反資本主義這個訴求卻沒有能夠將其他行動者團結在一起。參與者依舊各自為政，有的在第一天

14　馬國明，《全面都市化的社會》，（香港：進一步，2007）。

15　反對者認為政府透過「強積金」，將市民的薪水投進資本市場，還需要繳交高額手續費，等於是在服務金融家的利益。

就離開，部分示威者決定留守在現場。

在匯豐銀行總部下方占地逾3,000平方呎的行人穿越地面上，有十多個帳篷留守現場。正面臨租約到期被迫搬遷的地下電台組織FM101則抬來了發電機、帳幕和沙發，準備效法占領華爾街行動在此建立社區。留守的大多是年紀介於17-30歲之間的年輕人，有的白天上學、上班，晚上回到帳篷過夜。晚上人多的時候也洋溢著嘉年華會的氣氛。他們彼此分享物資來搭建這個生活空間，逐漸開闢出客廳、廚房、電腦區還有圖書館。每個人各取所需，一起吃飯、聊天、看影片、聽音樂，甚至打起羽毛球。占領之後的數天雖然示威人數銳減，只剩下大約50人左右，但每天都有好奇的民眾前來觀看或加入，流動量很高。

雖然占中吸引了香港傳媒廣泛的報導，大部分報導也持同情的態度，但無論是與香港回歸以來幾次主要的民眾抗議的規模，還是與歐美同時的占領行動相比，參與占中的人數並不踴躍，對香港社會也沒有造成震動[16]。這有幾個不同層次的原因需要考慮。首先，儘管回歸以來連番遭到經濟危機的衝擊，與歐美相比香港受到的影響較小，香港的資本主義霸權依舊穩固。由於香港金融衍生工具仍欠發達，貨幣經濟與實體經濟脫節現象不如美國嚴重。2008年雷曼兄弟投資銀行倒閉導致香港投資者的損失，在特區政府的介入下，銀行最終賠償了大部分款項予一般投資者。這段時期除了匯豐集團裁員三千人引發爭議之外，香港金融機構並沒有出現類似歐美的問

16　在亞洲的占領行動方面，馬來西亞有200人上街，首爾約有600個示威者，台北及東京分別有300及200人。悉尼及奧克蘭約2000人。引自《信報財經新聞》，〈亞洲冷淡港搞手矢言長期「占領中環」〉，2011年10月17日，A23版。

題，也未發生政府出資援救銀行業的情況，因此香港社會並沒有形成對金融資本的憤恨。其次，與歐美相比，香港經濟受惠於大陸增長，處於恢復階段，在北京當局所推動的區域整合及自由行政策下，香港失業率極低，接近全民就業，薪資也有所增長，而最低工資法例的實施也讓基層市民平均加薪約6%，略微減緩了民怨。普通民眾不會為了一個象徵意義大於實質意義的抗議而放棄自己的工作[17]。更重要的是，反資本主義這個訴求缺乏凝聚力。在意識型態上，維持資本主義一直是香港民意主流，並未因經濟危機而產生根本的變化。這也是為什麼香港社會各階層在對待「反對金融霸權、打倒資本主義」的訴求上缺乏共識。《信報》一篇評論則說占中現場的「階級鬥爭」口號讓人「以為是共產主義死灰復燃」，很難得到香港人的認同[18]。雖然近幾年反對地產霸權的訴求一再被提出，香港大多數民眾不但不反對金融資本主義，甚至熱衷於股票及房地產炒賣，因此反對金融資本主義的訴求無法引起共鳴。香港地產霸權的結構也使得占中無法獲得小業主認可。在香港根深柢固的親資本的政治文化之下，絕大多數政黨在這個問題上保持沉默。由於占中示威的規模小，對體制沒有造成衝擊，整個行動沒阻撓道路交通的正常運作，也沒有用衝突暴力手段表達訴求，所以雖然是非法行為，政府也保持默許的態度，並沒有採取立即清場的強力措施。

　　占領者逐漸在這裡建構起屬於他們的小社區之後，占領的性質也慢慢出現了變化，從一個表達對體制不滿的行動，轉變成一場以改變生活方式為目的的社會實驗。占領者密集討論如何集體管理這

17　當時美國失業率已超過9%，西班牙青年失業率更超過40%。香港的失業率僅3.2%，是13年以來最低。占中前夕，香港股市更屢創新高。

18　卓文，〈占領〉，《信報財經新聞》，2011年10月19日，C6版。

個小社區。這個時候占中已經轉變成一個建立另類的社會關係、價值及生活方式的文化抗爭。人們自發地組織讀書會、電影放映及音樂會來積累對資本主義的反思。他們希望透過實踐一種不依賴金錢而靠互助的生活來脫離資本主義。然而在廣場上維持長期生活實際上是很困難的，因為參與者需要忍受食物、睡眠及空間的諸多限制。我觀察到有些人會在附近吃了飯再回來，或回家梳洗之後再回到帳篷睡覺。

除了少數對資本主義保持批判態度的占領者之外，反資本主義這個訴求不但沒能夠吸納更多群眾，整個運動轉向無政府主義式的社區自治也使得左翼21成員漸行漸遠。整個運動逐漸被帶有濃厚無政府主義色彩的FM101成員所主導。一名FM101的成員跟我說，這場行動一開始的目的就很明確，「其實我們在這裡生活，整個行為就已經是在反抗資本主義的那套模式了」。在FM101的推動下，參與者每晚都熱烈地討論資本主義的問題。他們的談話觸及到包括香港與資本主義的關係，勞動剝削以及資本家壟斷資源在內等問題。然而這些討論大多局限在內部。占中行動者在培養共識的同時，並沒有積極地與外界聯繫。雖然有工會及社運團體陸續來到占中舉辦活動，但彼此之間缺乏整合，活動舉辦之後並沒有後續的串聯，也未能與香港社運界的議題緊密結合，使得占中始終未能擴大影響力。

雖然究竟有多少人因參與占中而轉變了對於資本主義的看法無可考，但接下來幾個月我明顯地感覺到內部矛盾依舊存在。與其說留守的占領者都贊成「推翻資本主義」，還不如說他們想藉占中對香港既有價值、既有生活方式及文化表達「公民不服從」的姿態。有的受訪者表示希望能讓經過中環的上班族「親歷其境，喚醒他們反思金融霸權」，有的則想「體驗另類的生活方式」。持不同立場者雖然表面上和平共處，但私底下卻不認同彼此。一位年約63歲在

現場駐守的雷曼債券投資者在提到反資本主義的訴求時跟我說，他是泛民的支持者，不反對資本主義。部分無政府主義者私底下對這群雷曼迷債投資者頗不以為然，認為他們只是為了私利而抗爭。雙方矛盾始終沒有解決。反資本派不願公開排斥其他人，卻又無法有效整合群眾，使得這場人數已經不多的行動陷入了難以持續的危機。

FM101成員雖然活躍，但始終拒絕充當領導者的角色。他們推動了去中心化的組織形式，強調參與者的自我管理、參與社區生活、分享資源以及集體決策。他們批評政府、政黨及社運組織的階層化及代表機制，強調參與者的自主性不能被政黨或組織領導者所限制。這種無政府主義式的組織形式（直接參與、無代表中介以及無階層化的決策方式）最大的特色就是拒絕推派領導中心，將每個人的意見視為平等，尊重差異，強調任何安排或決策都需要經過全體的同意才能生效（因此被參與者稱之為「絕對共識」）。這個共識是經過集體討論形成，而不是投票來決定。

占領者對於「共識」的實驗，反映出他們渴望實踐一種有別於黨國體制之階層化、精英化、官僚化的民主參與形式。然而，這種決策及組織形式卻也使得這場運動陷入兩難。從民粹動員的角度來看，這種看似「無領導、尊重少數、人人平等」的組織形式對凝聚運動非常不利。首先，這場運動對於參與者的個體自由及自主性的過分強調（具體表現在拒絕被他人代表）可能會取消了運動所需要的集體性。在許多議題上，由於部分人反對，最後無法形成決定，甚至對整個運動的發展構成了阻礙。其次，所有受訪者都承認這不是一個很有效率的決策方法。占領者需要花很多時間討論如何召集會議、議程的先後次序和一些最基本的程序問題。一旦有新成員加入，先前所建立的共識，又需要重新磨合，甚至被推翻。第三，直接民主迴避了決策代表性的問題。有參與者表示占中迴避政黨、迴

避領導者，使得整個運動無法擴大影響力。再加上由於成員可以自由進出，所謂絕對共識的基礎非常不穩定，對新的成員來說很難有正當性。這也能解釋為什麼絕對共識所達到的「共識」，往往集中在較無爭議的日常事務上，然而一旦牽涉立場或意識型態的問題、絕對共識顯然無法提供任何幫助。

　　其實大約在2012年初，也就是占領開始後的三個月左右，占中已經逐漸失去了人們的關注。6月底，匯豐銀行以「業權擁有者」的身分指行動「非法侵入」其物業，向法院提出要求清場。《蘋果日報》在2012年8月進行了兩次民調，有二成三市民支持「占領中環」的抗爭行動，四成七人反對，五成半市民贊成匯豐銀行清場。儘管這場行動試圖將所有民怨整合在反資的旗幟下，最終還是難逃失敗。在被警方清場之前，占中從未真正團結在一起，也始終無法有效接合成為一個反資的力量。在最後幾個月裡，雖然交易廣場依舊人來人往、眾聲喧嘩，占中其實已經完全淪為一場表演。在多重因素交錯下，占中從始至終都未能蛻變成為一個能夠真正改變現狀的運動。這場運動最終雖然是以警方強制驅離的方式收尾，但對某些正在苦思如何收場的行動者來說，這個結局也未嘗不是一種解脫。

二

　　現在我所講的第二次占中，更確切來說應該是「後占中」的運動。我這麼說有兩個原因。首先，自從兩個學生組織強行闖入公民廣場後，示威者占領的是政府總部所在的金鐘，也沒有按照占中發起人戴耀廷的計劃以集體自首的方式來表達「公民抗命」。當我問旺角一個受訪者是否認為這場運動還是「占中」時，他回答「占領中環是一個失敗主義的運動喔，一到那裡就被人抓了，抓了以後這

件事就結束了，對吧？這是一個百分百失敗的運動，是不會支持的，就這麼簡單，這次是我們大家一起出來坐在這裡，大家一條心坐在這裡，沒結果我們就不走，這個我才覺得是一個有意義的運動」。這也有助於解釋了為什麼戴耀廷後來強調這場運動是「雨傘運動，不是和平占中」，因為整個運動已經從他的設想分裂出來了。有些受訪的占領者甚至認為占中「只屬於戴耀廷」，或甚至認為「占中從來沒有發生過」。

其次，這次占領可以說是第一次占中所創造出來的獨特政治形式的直接後果。我們觀察到兩者之間存在一個連續性：這場運動在2013年初開始醞釀時，直接沿用了2011年所創造出的「占中」這個政治空洞能指。就象徵意義來說，第一次占中所創造出來的「反體制」視野為第二次占中提供了一個寬廣的政治操作空間。然而與第一次占中相比，第二次所高舉的「真普選」訴求號召力明顯地遠遠超過反資本主義。與第一次占中不同的是，這場運動直接觸及了中央對香港的治理問題，針對的是小圈子選舉、功能組別這些帶有特權色彩的制度設計，並捲入了回歸以來香港的主要政治矛盾（香港vs.中國，泛民vs.建制派，市民vs.國家機器）。這場運動也將香港的「拒中抗共」思潮推向最高點。

第二次占中之所以能夠一呼百應，並得到泛民各派系領袖、社運界及部分民眾的廣泛支持，有幾個原因促成。**首先**，普選訴求觸動許多香港人深層精神結構的歷史渴望。「真普選」這一看似單一的訴求，雖然包括了對中國的敵視、恐懼及嫌惡，實際上包含了更大、更豐富難以言說的苦惱、怨恨及複雜的意義，不能完全簡化為反中抗共。反中抗共是這場運動的意識型態主軸，但卻無法取消整個抗爭內在的眾多複雜訴求。從殖民時期開始，港英政權並不是建立在廣泛的群眾基礎上，行政及立法部門被倫敦、殖民地官員及本

地菁英牢牢控制，整個體制將普通民眾排除在政府重大決策之外。
面臨長期以來殖民政府的統治缺乏代表性，港人普遍對於殖民式的
政治體制有所抵觸、並且具有強烈的自治意願[19]。中英開始談判香
港前途、香港的權力結構開始鬆動後，民間開始出現要求政治體制
改革的呼聲，而普選也逐漸成為1980年代浮現的香港民主運動的核
心訴求。普選的正當性在回歸前港英政府採取的一連串政治改革，
以及北京當局在與英國博弈過程中所承諾的港人治港、高度自治的
特區政府、以及香港人當家做主的論述中得到了強化。普選的民主
論述獲得香港許多知識分子、社運團體及民眾的認可。1989年的六
四事件在香港造成強烈的反彈情緒，更強化了用普選作為抵抗共產
黨政權武器的共識。在這樣一個特殊的語境下，普選「在許多香港
人心目中，其實已經是一種信仰」，回歸後這種渴望更為強烈[20]。
回歸後特首選舉被譏諷為「小圈子選舉」：特首是由1200人組成的
選舉委員會選出。特首候選人需要取得最少八分之一、即150名選委
會委員支持才可成為候選人，並取得選委會一半以上的票數才能當
選。這個設計排除了反對派當選的可能性。

其次，「普選」這個訴求在回歸之後還與反對派及各種社運議
題結合在一起，逐漸成為一個具有統攝性的空洞能指。在特區政府
正當性不足及長期以來香港「反共意識」[21]的催化下，普選被接合

19 陳景輝，〈普選，是為了地方自治〉，《明報》，2013年3月28日，
   A40版。
20 李兆富，〈香港存在危機的敵我矛盾〉，《壹週刊》，2013年3月
   14，A006版。
21 劉兆佳，《回歸十五年以來香港特區管治及新政權建設》，（香港：
   商務印書館，2012），頁221。

到「如何在集權統治之下自保其自由的生活方式」[22]的論述之中。隨著中港整合所帶來一系列矛盾、社會不公加劇，各種民怨被接合到「政府維護特權集團利益」、「傀儡政權」的論述之中，更強化了「拒中抗共」的敵我區分。由於北京控制下的政治改革步伐不符合泛民及相當一部分民眾的期待，民間開始滋生了對政府的失望與憤恨。隨著「公義」這類意義空泛的概念被注入普選這個符號，普選逐漸成為民粹動員的象徵。2003年的七一遊行開始從一種本土的角度提出普選主張，「選票能夠對執政者施壓、進而影響政策的解決之道」這類的民主論述逐漸成為社會主流。隨後每年的七一遊行都以普選作為主要訴求，並且接合了各種其他訴求，逐漸演變為全民運動。在反對財團霸權思潮高漲的背景下，普選被看作是制衡資本家的法寶，且不會直接對香港人普遍所認可的資本主義構成挑戰，因此能夠獲得廣大群眾的認同。

　　第三，隨著近幾年香港本土認同政治的崛起，普選也被接合到中港矛盾的論述之中，更能博取港人的支持。普選論述將民主與「本土利益」接合，這樣一來，普選就變成維護香港核心價值、保護香港利益、確保香港人身分認同完整的符號了。這也是為什麼戴耀廷說過普選也是一種「本土論述」，是一種「香港人管理自己」的本土意識[23]。特別是當各種民怨逐漸被接合到「小圈子選舉」及立法會功能組別保護特權階級的論述，當普選成為整套拒中抗共或香港自治論述的一個節點時，以普選為訴求的占中的號召力就不在話

22　陳雲，〈政改三十年，民運了無期〉，《本土論述2010：香港新階級鬥爭》，（台北：漫遊者，2011），頁105。

23　譚蕙芸，〈黃洋達：民眾夠堅定，沒所謂騎劫〉，《明報》，2013年3月10日。 2013年3月10日。

下。第四，隨著自治情緒高漲，香港有愈來愈多民眾認為泛民的行動過於溫和導致政治改革裹足不前，這多少能解釋為什麼戴耀廷在2013年初提出非法占領中環街道來促成普選，能夠迅速獲得社會各界熱烈討論。

　　從2013年1月戴耀廷開始籌劃這場運動以來，整個運動的主調就帶有強烈的「去代表化」及「去政黨化」的傾向——雖然這並不意味著這場運動沒有實質的領導及政黨參與成分。儘管戴一再強調自己只是運動的「發起人」及「倡議者」，不願宣稱自己是領導者的角色，但他在這個運動的準備階段的確起到了領導的作用。此外，不同於香港過去的社運是以多個組織或政黨組成大聯盟來運作，戴耀廷在籌備階段就試圖淡化政黨及組織色彩，強調這場運動不應被任何政黨主導，也不需要嚴密的組織。這種去中心化的組織模式強調要激活民眾個人自發參與，而不是讓政黨及社運界來主導運動的走向。但戴並沒有拒斥政黨或團體成員以個人名義參與，或以黨的名義各自進行動員。模糊化領導中心、模糊化政黨的角色的策略，使得占中建立了一個「中立」的形象，迅速動員社會各界的參與。於是這場運動就像滾雪球般累積了巨大能量。

　　面對因路線之爭而分裂的泛民及厭倦政黨政治的民眾，戴巧妙地借用了直接民主的方法來決定占中的具體訴求。他發起「商討日」就普選具體細節等議題進行討論，最後以公民投票的方式選出了「真普選聯盟」的「三軌方案」作為占中最後的方案[24]，並以此要求政

24　這個聯盟於2013年3月成立，成員包括12個政黨及政治團體、共26
　　個泛民立法會議員（扣除掉了中途退出人民力量的黃毓民），可以
　　說是在泛民分裂後希望促進團結的嘗試。三軌制指的是（1）公民
　　提名：1%選民聯署提名並須獲得提名委員會確認；（2）政黨提名：

府按此改革選舉制度。雖然反對派內部對發起運動的時機有不同意見，按照戴的規劃，這場運動是在全國人大常委會的決議排除了占中訴求之後才會正式啟動，但學民思潮與學聯在七一遊行當天發起了策劃多時的「預演占領中環」行動，號召了上千人通宵占據了遮打道並包圍特首辦公室大樓，結果警方共拘捕了511名示威者，其中約有一半是學生，包括了學聯祕書長周永康及泛民領袖何俊仁。這次事件是香港回歸以來，繼2005年上千名韓國農民反對世貿會議被逮捕之後最大規模的逮捕事件。這個事件也意味著占中行動開始升級。

　　2014年8月31日全國人大常委會的決議就像一顆積蓄已久的炸彈，在整個香港政壇爆炸開來。戴耀廷則形容8.31是「香港民主運動最黑暗一天」，「對話之路已走盡」，宣布占領行動正式開始。戴耀廷原本預定在10月1日發起行動，號召萬人以和平理性方式占領中環市區的人行道，然後透過集體被捕及自首來喚起「道德的感召」。但接下來的情勢卻完全脫離了戴等人所設定的劇本發展。學聯與學民思潮發起的衝擊政府行動提前觸發了整個運動。戴迫於情勢宣布提前啟動占中後，卻被學生批評為想「騎劫」（趁機綁架、控制）運動，從而失去了對於整個局勢的掌控。9月28日當天警方發射煙霧彈清場後，學聯立刻宣布全面撤離，沒想到人潮向四處擴散，占領了金鐘、銅鑼灣、灣仔、尖沙咀及旺角等區域。自發的群眾開始向中環及灣仔蔓延，並且在繁華的商業區銅鑼灣及九龍的尖沙咀及旺角形成相互聯繫、卻又各自割據的占領狀態。戴耀廷的領導權迅速被邊緣化，但學聯及學民思潮也無法有效掌控全局。彼此不認

（續）────────────────

　　於立法會直選獲總票數5%以上的政黨可單獨或聯合提名一候選人；（3）提名委員會提名：由提名委員會成員直接提名。

識的自發群眾聚集在一起後，形成新的關係及群體文化。第一次占中就地紮營及自我組織的直接民主形式則被第二次占中所挪用。在運動過程中，占領者學習自我管理、協調及合作，並自發形成了一個井然有序的小社會。一旦有占領區失守，馬上就會有人出現聲援，發展出一種持續、游擊式、流動的抗爭模式。整個運動的強度極大，但組織上是鬆散的。在運動初期，許多參與者是被電視及網絡上的畫面所觸動而走上街頭，儘管他們對於整個事件持有不同看法，但他們的分歧在一開始並沒有造成分裂，而是被共同的敵人（警方、特區政府）及高昂的同仇敵愾情緒所掩蓋。

　　第一次占中沒有代表群眾的領導中心，第二次則是有幾個核心的團體帶領並代表群眾與政府談判。然而無論是在哪一個占領區，占領者對於代表及領導的看法明顯分歧。整個運動瀰漫著一股反對領導中心、反對政黨以及反對代表的氣氛。從受訪者的談話來看，的確有不少學生認同學聯或學民思潮作為運動「代表」或「領導者」，但即便如此，普遍來說占領者還是非常強調群眾的自發性。一名受訪的學生告訴我，「他們（指學聯及學民思潮）說的東西真的都會有人聽的，但是真正的controller不是他們咯，是我們民眾，民眾才是主宰這個運動的所有東西，我們開始所有人都是自己來的……那自己也想清楚那個問題的嚴重性和責任在哪裡，需要負擔什麼承擔什麼這樣咯。」有些民眾表現出對政黨的不信任，認為無論是親政府還是反對派政黨「壟斷了香港真正的聲音」，因此主張運動應當保持民眾的自主性。有的則是出於想保護學生團體才否認他們的領導角色。但無論出於什麼考量，這些說法均並不能掩蓋這場運動實際上是被多重內在矛盾與權力關係所制約這一事實。

　　在金鐘夏愨道占領區，主事的組織有三個，包括發動罷課的學聯、學民思潮，以及以戴耀廷為首的占中派，這幾個團體組成了一

個鬆散的決策聯盟，人們稱之為「大會」，其表達言論的講台則被稱之為「大台」。暫且撇開對運動的主導權不說，這幾個團體的代表在運動爆發後一直享有極高的媒體曝光率，有些領袖（例如學民思潮的黃之鋒）的鋒芒甚至蓋過了其背後的組織。但有受訪者對我說，她並不認同「大會」這個說法，因為這容易導致某些核心團體承擔法律責任。另一名占領者則認為整個運動中「沒有一個團體認受性是高到可以稱得上是大會的」。在許多示威者看來，戴耀廷等扮演的角色是「起個頭」，後來由學生接力，但最後誰也掌握不了話語權。

就像當初占中籌劃階段戴耀廷的角色一樣，雖然學聯不宣稱自己是整個運動的領導，但他們實際上還是起到了領導的作用。該組織的領導地位一方面來自於其發動的行動引爆了整個運動，但政府在10月2日選擇學聯作為談判對象也是主因。學聯在香港社運史上曾經扮演過舉足輕重的角色。成立於1958年，學聯曾活躍於香港保釣及社運政治。1989年六四事件後，學聯加入了香港反對派的行列，經常參與反對特區政府及親北京商人的社運。目前學聯主要由14名常委組成，平均年齡20歲出頭，政治經驗稚嫩、但戰鬥力強。10月初學聯幾次關於行動召集的決策，都沒有與占中派及泛民政黨代表溝通，也引起後者不滿。在退場的問題上，戴及泛民認為可以先撤退再作長期打算，學聯則強調要與群眾「商討」。彼此的分歧隨著運動能量的銳減以及幾次重大決策上的爭議變得明朗化。

相較於金鐘有強烈的學生、白領人士及泛民支持者色彩，旺角及銅鑼灣占領區的成分更加複雜。他們有的對運動走向及中港關係的看法與位於金鐘的大會存在巨大的分歧。與戴耀廷在籌備占中階段的「去政黨化」相比，這個在運動內表現的群眾內部矛盾的性質有所不同。旺角占領區的主要勢力包括了本土激進派團體「熱血公

民」、人民力量、普羅政治學苑、左翼21，以及若干無政府主義者及自發民眾，其中熱血公民及人民力量兩個組織在該區明顯取得主導權。人民力量因路線問題與民主黨時有矛盾，熱血公民則長期以來不認同泛民、學生組織及社運分子，自然也不願意被其所組成的大會所領導。這些團體對於「大會」的批判及反對，在一定程度上是為了要爭奪運動的主導權，而不是出於無政府主義的理念或是「群眾自發性」的執著。在旺角現場不時有人拉起橫額指學聯不代表他，學生領袖上台發言時則被喝倒彩。極端本土派人物陳雲甚至在網上呼籲支持者以「對付警察清場的態度」來反對學聯。部分抗議者認為旺角及銅鑼灣是群眾自己打下來的「陣地」，不願聽從大會的指揮，主張「由人民決定運動的去向」[25]。這一區的受訪者有不少人認為學聯在運動處於高潮時接受了官方對話的邀請，使得處於萌芽階段的運動無法升級，對整個運動造成了極大的破壞。一名受訪者表示「現在這場運動，所謂代表是沒有的，我們市民很清楚沒有，不需要。你政府要對話，你就下來跟民眾說話咯，而不是抓著那些一個兩個代表，我們經常都說『你們政府所找的人不是代表我，他們並不代表我』。」一名受訪者認為「好多人落入了陷阱〔指的是運動當中要有領袖〕，現在香港人在這場雨傘運動當中正正就是告訴你們其他地方的人知道，運動是不一定需要有領袖的。」在占領區域的選擇及撤離時機的問題上，這兩區的示威者不時抗拒大會的意見。銅鑼灣一名占領者告訴我他的看法：「為什麼不找一個代表？你看看以前的新聞，比較出名的有菜園村事件、反高鐵事件、反國

---

25 旺角社區團結，〈旺角攻防戰（二）：民主決策杜絕騎劫〉，《香港獨立媒體》，2014年10月9日，http://www.inmediahk.net/node/20141009d

教事件，當時參與的人都被那些代表出賣了很多次。那些代表出來唱首歌，振奮士氣，然後讓大家籌錢。每個運動到了比較高潮的時候，就會有一些議員等等出來說一些很慷慨但完全無用的話，簡單來說就是喊喊口號，我覺得很奇怪，然後他們就會說取得階段性的勝利，但這些屢次的階段性勝利實際是失敗的。」另一名占領者則表示「因為我們要拿的沒有拿到，我們要改革的東西還未改革，說要離開的話是絕對無法過自己的底線……時間（對占領者而言）是沒有參考價值的，這場運動與過去不同的地方就在於此。」在銅鑼灣一個熱血公民所舉行的論壇，一位民眾舉著麥克風說：「其實大家不是真的在抗拒大會，而是抗拒撤退，你們可以看到，大會每次辦的活動都有退場的意思。我覺得有時確實是大家太敏感，但是到了這次，大家都知道這場革命不可能再來一次，回家了革命就沒有了。有些人說這次輸了不要緊，下次再來……根本不是這樣的，如果現在回家去睡覺那就是睡覺了，以後不可能再掀起這樣的活動。」

　　除了明確反對者，有些占領者似乎都在刻意迴避關於這場運動的領導問題，他們稱戴耀廷、周永康及黃之鋒是運動的「提倡者」、「推動者」、「呼籲者」或「發言人」，而不是「領袖」或「代表」。他們有的也不完全排斥大會，但質疑絕對的、強制性的領導關係。旺角一個受訪者說「其實我們是沒有特別的leader咯，就發言人咯，發言人如果說到我們能接受的，我們就走咯，不接受的就不走咯，就這麼簡單……而每一個人都是自己的領袖，每一個人自己做決定走還是不走，接受還是不接受，就這麼簡單。」雖然戴耀廷在籌劃占中之時強調民眾在整個運動的核心位置，現場也有一些自發的小型討論，但這些討論多半是各自表述，無法對大會的決策產生影響。而群眾自發投票表決的議題大多局限在占領區內的一些規則、空間的使用，並不觸及運動總體的方向。雖然學聯及占中派都對外強調

尊重群眾的自主性，也採取不同方式聽取現場民眾意見，仍有許多
群眾認為大會的決策過程不夠透明。在金鐘占領區，從第一天開始
大台被架設起來，但每晚的發言時間大部分是被學聯、學民思潮及
若干社運人士所控制，再加上整個運動停滯不前，抱怨大會壟斷話
語權及決策權的不滿聲音浮上檯面。在街頭及網上，對親學生的「社
運人士」以及由占中派與泛民政黨所組織的「糾察隊」的批評不絕
於耳。一名長期待在金鐘的占領者跟我表示，雖然他期待學聯能夠
擔起運動代表者的責任、「要準確、全面地為我們發聲，清楚告訴
政府我們要什麼，同時告訴香港市民我們這個運動是為了什麼」，
他認為學聯與各占領區的群眾缺乏溝通，以至於未能有效扮演領導
者的角色。由於種種因素，整個運動在10月初就開始出現訊息混亂、
進退失據的狀況，特別是在運動走向的重大決策上出現各說各話的
現象。一分調查結果發現只有35%左右的被訪者表示當學生組織的
方針與自己想法不同時會聽從學生代表的決定，有32%表示不會聽
從。在三個占領區之中，旺角的支持率只有28%，反對率則達到
39%[26]。

　　運動在10月中進入了膠著狀態。決策變得愈來愈困難。究竟該
撤、還是該將行動升級向政府施壓，是否要持續與政府對話，「大
會」始終無法作出決定。就算做出決定，也不能保證群眾會遵守。
這時的運動已經呈現疲態，整個運動靠的是占領者的意志力、對政
權的忿恨及所剩不多的道德感召來維繫。到了10月25日，大會的決
策小組又加上了「支援學界全民抗命聯合陣線」，這個組織為支持

26　Alex Tang，〈參與占領運動人士意見調查（3）學生領袖代表群眾
　　的可能性〉，《香港獨立媒體》，2014年10月30日，http://www.
　　inmediahk. net/node/3 2014-10-30 Alex Tang

學聯和學民思潮於9月26日衝擊公民廣場而成立,由包含立場較為激進的「香港保衛自由聯盟」在內的19個團體組成。大會決議發起在三個占領區舉行「廣場投票」要求抗議群眾表態。決策小組內的鷹派希望在公投內容中加入包括港府的民情報告建議人大撤回8.31決定,政府提出多方平台要確立2016年立法會選舉廢除功能組別,及2017年特首選舉要有公民提名的訴求,但以占中派為代表的溫和派並不同意2017年一定要有公民提名。消息一出,許多占領民眾對於公投的目的及代表性也存在質疑,有的認為大會在沒有經充分討論的情況下片面宣布這個決定是「出賣群眾」。一位曾經擔任醫護工作的旺角占領者跟我抱怨說,在公投議題上學聯等「全部都沒有問過旺角這邊的人⋯⋯他們沒有和我們溝通。我們絕對是門敞開等你們來溝通。但是他們沒有來和我們溝通,所以有些人為什麼說學聯不代表我們,黃之鋒不代表我們,周永康不代表我們。」由於反對聲音此起彼落,最終該計劃被迫取消。這個結果對大會的權威是一大重挫。有評論指出學聯等所面臨的是「回歸以來社會運動團體最嚴重的認受性危機⋯⋯沒有社運團體和領袖可以完全代表投身於同一個運動方向的群眾。」[27]社民連梁國雄承認這場運動「沒有統一戰線,各示威團體不能夠鞏固權力,也沒有一個討論架構,更別說決策了。」[28]由於政府堅持不讓步,欲前往北京陳情的學聯代表被拒絕入境,要求將行動升級、以更激進手段向政府施壓的呼聲不斷。11月8日晚上一群人在沒有與大會商量的情況下,自行發動堵塞海富

27　柯衍健,〈雨傘運動的危機與出路〉,《信報財經新聞》,2014年
　　10月8日,A21版。

28　Isabella Steger, "Hong Kong protesters suspend democracy vote", *The Wall Street Journal*, Oct 26, 2014.

大廈天橋通往政府總部的行動，結果遭到金鐘糾察隊的阻攔。隔天
有數十名不滿的群眾到金鐘的大台抗議，並與糾察發生爭執。後來
為了平息事件，大會開設時段讓群眾上台發言，每人限時5分鐘，但
隨後幾天仍有抗議者在金鐘占領區高喊「結束一台專政、還聲於民」
的口號，欲拆除大台。負責維持秩序的糾察隊也成為不滿群眾攻擊
的目標。11月19日，數十名戴口罩群眾在沒有得到大會認可的情況
下衝擊立法會大樓。11月30日學生組織在沒有獲得占中派及泛民政
黨代表的認可下，發動了包圍政府總部行動。這幾個事件正反映出
了占領運動一直以來沒有解決的組織問題。由於占中派與泛民政黨
不願再為這場運動背書，這場運動的瓦解已經可以預見。

　　儘管有調查顯示多數占領者反對立即撤出道路[29]，香港各界對
於這場運動的耐心及支持度卻在流失。由於暴力衝突事件頻傳，占
領運動一直以來沒有與基層建立有效的聯繫，再加上占領對大眾日
常生活帶來的不便、阻礙交通及經濟損失，使得輿論逐漸轉向不利
於運動的局面。11月中進行的一分民調顯示有近55%的受訪者表示
反對占領運動，遠高於支持的比例（27.8％）。有近83％受訪者認
為應該停止占領，僅有13%支持繼續占領。有高達68.1%支持特區政
府清場[30]。在被警方清場前，諸多跡象顯示這場運動已經陷入了嚴
重的正當性危機。

29　旺角的占領者比金鐘的占領者更反對撤離，參見Alex Tang，〈參與
　　占領運動人士意見調查（1）民眾留守意願清晰 撤離不符現實情
　　況〉，《香港獨立媒體》，2014年10月24日，http://www.inmediahk.
　　net/node/2-1
30　《信報》，〈港大民研：八成三人促停止占領近七成指政府應清場
　　暴力衝突勢再失民心〉，2014年11月20日，A18 版。

三

　　雖然「占領」這個抗議手段在香港的政治歷史上並不是什麼新鮮的嘗試，但在回歸之後，占領有逐漸成為民眾主要抗爭形式的趨勢。透過對於兩次占中的考察，我發現有幾個特徵值得進一步思考。

　　首先，香港的占領行動所針對的對象逐漸從抽象的、沒有明確及單一對象的資本主義「體系」、「價值觀」，轉向較為特定具體的「政權」及「選舉權利」的制度問題。這一轉化背後有其複雜的歷史因素：在香港，以反對資本主義為訴求的抗議很難取得社會廣泛的認同、並且只能局限在象徵層次進行小規模而零散的文化鬥爭。再加上這種反抗缺乏直接而具體的對象、及無法接合到民眾切身願望等因素，使得運動缺乏號召力，國家機器也就未認真對待。相較之下，針對黨國體制（包含了特區、中央政府及其整套治理方式）的民粹動員顯然更能夠直接觸碰到民眾的情緒，並且產生廣泛持續的影響。然而自從1967年以來，香港的抗爭大多是在國家機器所容許的範圍或法律灰色地帶進行，並沒有出現能夠震動黨國的抵抗。第二次占中的浮現似乎標示著一個民眾政治的轉捩點：香港社會抗爭的主要形式正在從短暫、零散、儀式性的街頭示威，轉化成為長時間、流動、不斷循環並讓黨國擔憂的街頭占領。雖然2011年的運動看似失敗，但透過占領的方式進行「去代表化」的民主實驗，卻被2014年的占領所承接下來，並且產生了一個意想不到的後果：雖然後者並不打算挑戰資本主義及其身體政治，但占領的形式所造成的紊亂狀態卻對香港資本主義的日常運轉造成了直接或間接的干擾。這不能不說是一個偶然的後果。

　　其次，前後兩次占中的「承接」關係不僅僅意味著資本主義所

造成的不公與國家治理的內在關係，似乎也顯示「占領」正在被一
個無權分享政治經濟權力的龐大群眾及自我組織的團體用來作為主
要的**政治形式**。這個新的政治形式同時帶有否定性和積極性：一方
面這種政治形式所演練的直接民主邏輯——去代表化、去政黨化及
去組織化——充分表達了群眾想要擺脫既有**治理方式**（包含了一國
兩制下政府及政黨代表性的斷裂、國家機器的官僚化及對民主參與
的排斥）的慾望；另一方面，這也意味著一個新的政治探索的開始。
在我看來，這個探索主要是圍繞著如何利用新的組織形式來形成合
法性，其動力主要來自於重新找回「群眾」的自主與能動，並且將
「人民」從國家機器與政黨所壟斷的政治領域中解放出來的慾望。
然而這種去中心化的、流動的、臨時性的組織形式，有時很容易使
整個運動滑入一種「去政治化」的怪圈。換句話說，這種將群眾與
傳統政治代表機構（國家、政黨）對立起來的二元邏輯，似乎容易
導致一種班撒依德所說的「逆向的拜物教」，「一種扁平的組織決
定論，將組織自然化而非歷史化」[31]。在具體的政治實踐中，我們
看到這種組織邏輯既無法切斷群眾與政黨的曖昧關係，其手段與目
的也存在自相矛盾的情況（例如以去代表化的形式來爭取「真正代
表香港的特首」）。此外，這種組織形式在面對群眾內部的差異、
權力關係與鬥爭時，很難迴避運動的持續所需要的代表、領導及策
略問題。在某些情況下，去代表化不但沒有生產性，讓群眾變得更
有能力、更有創意進行自我組織，反而為運動內部派系鬥爭的惡性
循環提供了基本條件。某些對於這場運動過度浪漫化的修辭（例如

---

31   Daniel Bensaïd, "Permanent scandal," in *Democracy in what state?*,
      （New York: Columbia University Press, 2011）.

群眾智慧、自發性、「新的社群感」、戰鬥意志等）[32]，似乎把這場運動從其所處的歷史情境中抽離出來，也無法提供對於這場運動的複雜性、內在矛盾及其與黨國的關係更為深刻的認識。同時，這類論述往往沒有關注到在絕對對立中自我與他者的糾結，並在這個基礎上進行多重批判。

　　在結束了長達79天的占領後，爭取「真普選」的抗爭形式從大規模而集中的占領轉為小規模而分散的干擾行動。抗議群眾透過網絡、手機不斷動員聚集活動，反對派則準備捲土重來。警方成為驚弓之鳥，四處監控。某種程度上來說，占領運動或許結束了，但這場運動所凝聚出來的戰鬥性並沒有終結，一個與黨國進行長期抗爭的格局似乎已然成形。這個格局對於香港、乃至於整個黨國體系自我轉化的後續效應，仍待持續觀察，目前還不宜太早下定論。但無論接下來如何發展，對占領這一抗爭形式提出一種真正的政治解釋與分析是必要的。如同我先前所一再強調的，占領的出現不僅僅是新自由主義所導致的社會危機累積到一定程度所產生的反抗，同時也是對當代中國政治危機的回應。如果香港所面臨的政治危機並不是個案，而是反映了中國各個地方所面臨的普遍困境，那麼對於這幾次占領運動的分析，也就超越了香港本身，或能對中國的政治提供若干啟示。占領本身包含了許多複雜及矛盾的元素，而占領過程中參與者所實踐出來的「政治」，也很難迴避這些矛盾共存所帶來的含混與曖昧。但似乎正是這種含混及曖昧的狀態，讓人們感覺到某種新的政治空間、新的政治可能性正在被打開。但這也意味著新的政治空間與可能性，占領所提出的質問，也隨時會被本質化的二

32　安徒，〈「後占領」時代的絕望戰鬥〉，《明報》2014年12月14日。

元框架所取消。事實上,這種將一個複雜的問題簡單歸類,或以道德化的語言將責任歸咎到某個政治人物、政府或政黨的情況正在發生。在我看來,如果香港這幾次占領運動留下了什麼有生產性的政治遺產,絕不是「反中抗共」這類退縮到狹隘的地方主義及反共主義,對世界資本主義霸權毫無批判的本質化政治,而是為了擺脫舊的政治型態所進行的嘗試與創新。如果完全否定掉這場運動,等於取消了蘊涵在這些運動深處的進步因子,把嬰兒連同洗澡水給一起倒掉了。我們需要注意到這場運動的嘗試與實驗雖然急欲脫離舊有的東西,但卻不可能放棄舊有的東西。同時,這個實驗可能會創造出新的政治動力,也可能促成更為反動保守的政治型態。如果這點沒搞清楚,空談群眾自發性和他們所創造出來的政治實踐,似乎只是一廂情願的喃喃自語,很難提供任何思想上的啟發。

劉世鼎,澳門大學社科院副教授。

極權崩潰如何可能？
緬甸的番紅花革命與緩性群眾

吳 強

一

　　在那些高度威權甚至近乎極權的國家內部，儘管革命總是難以避免，但是只要革命尚未發生，無論內部還是外部世界，通常都對革命的可能抱持著懷疑態度。1989的「蘇東波」如此，西方社會規模巨大的蘇聯問題研究和情報機構幾乎沒有人做出正確預測，2011年的北非茉莉花革命同樣如此。主流研究者們，如亨廷頓或斯考奇以來對階級、官僚、制度等等的結構分析，解釋的是傳統革命為什麼會發生；而近年來學界對威權體制及其鎮壓能力的關注，或許一定程度上可以說明威權政權有多大的可能阻止革命爆發。

　　但是，現實政治中，特別在那些封閉的高度威權內部，革命與反革命兩股力量的較量鮮有戲劇化或者公開化，革命的發生依然是個謎。更普遍的，並非那些傳統意義上的革命，例如緬甸，從1938到1962到1988再到2007，每隔二十多年發生一次大規模抗議運動。這些運動表面上不具有革命傳統型態的激烈社會變化，而且隨即隱沒在威權統治之中，但是長期來看，這一間斷性的運動型態，儘管一次次改變著緬甸的政治進程，其革命潛力卻通常被低估，其革命

型態也更容易被歪曲為所謂暴民。

　　以2007年9月爆發的緬甸番紅花革命為例,雖然在事後相當一段時間內,並不被看作一場成功的運動,甚至「既不能用番紅花、也不能用革命」來形容,但它卻在一個幾乎最不可能發生革命的威權統治下發生了。特別是當2010年11月13日昂山素姬被解除軟禁、緬甸軍政府開始了一系列措施如釋放政治犯、廢止新聞審查和允許反對黨活動之後,到今天,也許可以說,番紅花革命真正啟動了緬甸的民主化路線圖。更令人驚奇的,在一個幾乎不存在公民社會的近乎極權主義專制的國家內部,一場以彷彿過時的群眾型態為基礎的革命,以人民力量的抗爭樣式結合了以僧侶為中心的道德化運動,展現了長時段內「緩性群眾」[1]的潛在力量:緩慢,然而不可逆地改變了持久威權的進程,最終撼動了可能是東南亞最接近極權主義國家的專制。

　　本文旨在透過伴生著緩性群眾的長時段角度,先從聯結番紅花革命的軍事統治背景和民主運動及其領袖展開,他們也分別對應緬甸的軍事－佛教統治的兩面,然後再回到革命爆發與緩性群眾的關係,為讀者充分展現一種另類的革命可能和道路。

《1984》在緬甸

1　Slow crowd,由著名德國小說家、思想家、1981年諾貝爾文學獎得主卡內蒂在其1960年出版的政治人類學名著Masse und Macht(《群眾和權力》)中提出,指「抱著堅定不移的決心向不變的目標前進,並且在任何情況下都相聚在一起的」人們。見中譯本《群眾與權力》,馮文光等譯,第20頁,中央編譯出版社,2003年。

如果追溯世人對今天極權主義的想像，很大程度上應該歸功於喬治‧奧威爾所著的《動物莊園》和《1984》。但是，1984模式的極權主義更多地與史達林模式相聯。而鮮有人知的，在這些名篇之前，奧威爾還有一本以他在緬甸的員警經歷為藍本創作的小說《緬甸歲月》。無論在奧威爾自己還是今天的緬甸人心目中，他們共同構成奧威爾的《緬甸三部曲》，預示著1962年之後近乎極權主義國家的緬甸政權，卻安靜地躲在自由主義視野之外，藏身東南亞的「粉幕」後面[2]。

首先揭開這一神祕「粉幕」的，是1988年8月8日發生的大規模民主抗議。但是，時至今日，這場民主運動的發生以及其後軍方的鎮壓與屠殺的許多細節仍不為世人所知。外界只了解，參加了這場運動的昂山素姬和她領導的「全國民主聯盟」（民盟 National League for Democracy, NLD ）儘管遭遇鎮壓，仍然在隨後的1990年大選中獲勝，卻被軍方篡權，昂山素姬本人被軟禁，民盟大批領導和成員被逮捕判刑。從第三波民主化浪潮的漩渦中逃開，緬甸再次陷入了持久威權的死寂狀態。

自1962年緬甸軍閥竊據政權後，一黨制的軍人政權在「有緬甸特色的社會主義」的口號下，以軍隊和佛教為中心，建立起了一個軍事強制和宗教馴服互相支撐的專制政權。從殖民主義—新殖民主義的現代性路徑來看，緬甸軍政府極權主義精妙地依賴軍事與佛教的統治方式正是所謂東南亞持久威權的基礎，不過，也同時醞釀了反抗的路徑。

2　所謂粉幕，與對中國的「竹幕」比喻類似，取自緬人婦女喜用的化妝品「特納卡」。特納卡是用黃香楝樹磨製而成的粉劑，塗於臉上，用於防曬防蟲。

具體來說，從1962年通過鎮壓學生運動上臺，到1988年再次鎮壓學生為主體的民主運動，在緬甸軍政府的統治下，秉襲昂山將軍創立的軍事—民族主義傳統，整個緬甸的國家呈高度的軍事化[3]。如澳洲政治學者、也是東南亞專家克勞奇對緬軍事—平民關係的概括，緬甸建立了一個軍隊支配的官僚政體，也稱軍事威權主義，權力依賴軍隊和官僚體系而運行，除此之外的議會、政黨和利益集團均無多大影響力。若以軍事支出占每年GDP、占中央財政支出比例、和軍隊占人口比例等三項軍事化所汲取資源的指標來衡量，緬甸軍事支出從1988到2003年間每年都在大幅增長，到2012年軍事支出占當年GDP的4.8%，這一規模與冷戰期間所謂發展中國家的軍事化高峰期相當；而2013-14財政年度緬甸的軍費預算占中央財政支出的比例高達20%，甚至到民盟已經加入議會的2014年，軍隊提出的預算要求仍有1.2兆緬元（約12億美元），為歷史最高水準[4]；軍隊規模也從1988年的18.6萬增長到2003年的37萬，2013年達到49萬餘人，占總人口5516萬的近10‰，一個意味著軍事化對經濟增長造成負面影響的臨界點。（Bowman, 2002: 198）

所以，在高度軍事化的緬甸，軍隊猶如「國中之國」一般地存在，支配、控制著政治生活、社會和民間生活。即使在軍隊內部，圍繞對軍事獨裁者的個人效忠，通過各種特權福利如子女就學、住

3　如Vagts的經典論述，軍事化主要指軍隊對平民的支配、軍事需求
　　具優先權、國家政策中的軍事價值和地位等，例如朝鮮的「先軍主
　　義」。見：Alfred Vagts（1959），*A History of Militarism*. New York:
　　Meridian.

4　見緬甸民主之聲網站（DVB），'US\$1.2 billion proposed for Burma's
　　Defence budget,' Jan 15, 2014: http://www.dvb.no/news/us1-2-billion-
　　proposed-defence-budget-burma-myanamar/36079。

房分配等軍隊福利，來自各階層、各地區的士兵和軍官普遍被施以「以軍隊為家」的觀念。按諾德林格對軍事—平民關係的經典定義，緬甸軍隊一直地在塑造一個與社會隔絕、免受社會影響的統治集團，其極致便是蘇丹主義，或者土耳其蘇丹控制的軍事階級。（Nordlinger, 1977, 1987）這一情形與智利非常相似，即使在皮諾切特下臺之後，軍隊的效忠對象也仍然是皮諾切特，而非民選政府或者國家本身。

所以，儘管無論從國家能力或者政黨能力來看緬甸都是一個**弱國家或者失敗國家**，緬甸軍政府的軍事威權主義都更接近前英國殖民地時期的中央威權，但是這並不妨礙高度的軍事化幫助緬甸軍政府形成「一個弱國家中的強政權」，猶如緬甸邊疆地區長期存在的少數族群叛亂，雖然一直挑戰著緬甸軍政府的合法性，卻反而強化了緬甸軍政府的統治。類似的，對社會實行祕密員警式的恐怖控制也是同樣低成本、高效率的統治方式，作為高度軍事化政權的延伸，並不需要依賴經濟的成功。緬甸的軍情局便扮演著這麼一種政治員警角色，執行軍政府對社會進行直接支配和監控的職能，而非交由普通民事員警或者其他特務機構。

如艾瑪‧拉金在緬甸多年的實地觀察，緬甸社會表面的寧靜背後正是軍情局如《1984》中的老大哥一般無所不在、對公眾時刻保持監視和審查，公眾則處在普遍的恐懼中。在仰光，無論知識份子還是普通人，日常聊天絕不涉及政治，彷彿政治並不存在，或者那只是緬甸人民口語中最常聽到的「他們」的政治。畢竟，幾乎從每個仰光人都能聽到他或她的某一位朋友或親人被逮捕入獄的故事，就連在街頭最普通的茶館，人們也大都選擇那些不容易被旁聽到的座位，比如靠牆的位置，相反，那些喜歡坐在茶館中央、容易監視的精幹男人，通常就是軍情局的便衣或者告密者。任何反抗甚至連

公共討論,在如此嚴密的監視下,理論上似乎都已經喪失了可能性。也因為恐懼是如此普遍,昂山素姬在1990年獲得歐洲議會薩哈羅夫人權獎時的演講,便是呼籲「免於恐懼的自由」,以她父親昂山將軍反殖民鬥爭的用辭來表達對軍政府的抗議。

當然,緬甸軍政府在最近20年已經在悄悄地努力削弱昂山將軍——這位緬甸民族獨立和軍隊的創建者——的影響。在實施監控和施加恐懼之外,緬甸軍政府更致力於系統性地消除民眾的記憶。例如1989年,緬甸軍政府將國名從Burma改為Myanmar(Union of Myanmar),連帶仰光的街道名稱也做了大修改,並將大量仰光市民強行遷徙到郊區,似乎如此便消除了「4-8革命」(1988年8月8日)的印記,永久打破了社會運動的社區動員結構。這一切彷彿《1984》中的「記憶孔」——主人公溫斯頓的日常工作便是修改過期報紙,然後將舊紀錄扔進記憶孔,下面聯通著焚化爐——消除記憶正是極權政體維持統治的關鍵。日常社會生活中,緬甸軍政府新聞檢查官的嚴格細緻審查,對緬甸情勢的美化和遮掩,無所不用其極,大概只有《1984》堪與媲美了。

昂山素姬

不過,在一個傳統佛教國家,即使軍政府的將領們也不吝惜大肆捐獻寺廟、建設佛塔,把佛教當作維護其專制統治的有效工具。何況,1988/90年之後,緬甸的軍事威權以近乎極權主義的統治隔離了昂山素姬、鎮壓了民盟成員和反對派、審查監視幾乎所有的言論、消除任何有關反抗的社會記憶、鞏固其軍隊和官僚體制為中心的統治結構。那麼,先且不論緬甸的少數族群問題,如何理解馴服的緬甸民眾和僧侶,特別是僧侶們如何替代了政治反對派並在2007年重

新走上街頭，是一個關鍵問題。其次，番紅花革命所採取的與菲律賓人民力量相同的激進運動形式，雖然被無情鎮壓，卻為何迫使緬甸軍政府最終向國際社會做出民主改革的承諾、緩慢卻不可逆地啟動了民主化進程？從類似菲律賓人民力量運動中的「精靈暴民」（smart mobs）概念著眼，可以發現聯接上述兩個關鍵問題的所在，即番紅花革命的主體，以及這一主體之形成與佛教、軍事威權統治的密切關係，都可歸為卡內蒂所說的「緩性群眾」。卡內蒂用這一概念來指稱諸如到麥加朝聖的穆斯林信徒，形容他們是「抱著堅定不移的決心向不變的目標前進，並且在任何情況下都相聚在一起的」人們。相比於「快速群眾」（quick crowd），例如伍斯托克或者其他廣場形式的快速集結，緩性群眾的目標雖然遙遠，甚至於遠不可及，但他們可能如火車或者洪流一般堅定前進，或者依賴著網路結構發展。（Canetti, 1978: 39-40）在軍事威權的高壓統治下，包括昂山素姬在內的緬甸佛教徒和僧侶便如緩性群眾一般，以基於佛教思想而展開的道德運動，緩慢然而堅定地推動著公民抵抗。最終，「這個世界上沒有任何一個國家有辦法抵禦這種群眾。」（Canetti, 1978: 182）正是在這個意義上，以緬甸僧侶常見的袈裟顏色為誌，2007年的僧侶示威可被稱之為番紅花革命。

　　以昂山素姬來說，除了延續她父親昂山將軍的生命軌跡和集體記憶，佛教思想貫穿了她的整個政治生涯和民主訴求，最直接地將緬甸軍政府原本用於治理的工具轉化為抗議的資源和道義的積累。這意味著，無論她在1988-90年間參加選舉和抗議，還是自1989年7月20日之後處於長達20餘年的軟禁下，她都能進行卓有成效的政治反對，並且不間斷地積累反對的道義資本。這種歷時性的積累因為軟禁的持續而不斷地將反對運動轉化為一場道德運動，並不因為被隔離於公共生活之外而中斷或減少，反而不斷加強她的政治反對領

袖的地位，成為緬甸軍政府專制下幾乎唯一的政治異議象徵，猶如暗夜中的一盞長明燈，為緬甸人民提供民主的希望。

昂山素姬相信，不同於基督教背景下政治運動通常迅速有效，組織也是現成的，但是類似的正式組織在高壓下的緬甸並不存在，甚至連在寺廟舉行百人以上規模的集會都是危險的。換言之，面對高壓和社會控制，緬甸的抗爭和民主運動只能緩慢的，旨在打破現有社會組織的制度化。

所以，面對自1962年以來便已經與民主話語隔膜的緬甸民眾，這位自稱家庭婦女的昂山素姬，從1988年8月26日第一次發表公眾演講以來，便採取南傳佛教的修辭來解釋民主理念，將民主運動需要「精神價值」和緬甸需要「精神革命」相聯。（Aung San Suu Kyi, 1991: 51）在那一次及隨後的演講中，她分別引用兩個南傳佛教概念*endoxa*（公意）和*metta*（慈心），一方面表明她的民主理念並不與緬甸大眾熟悉的佛教相脫離，反而一個自由民主政府是最與佛教思想相容的；另一方面，她向軍政府發起道德的合法性質疑。

在1989年被軟禁前的〈追求民主〉一文中，她首次使用*endoxa*這個概念，以緬甸傳統的佛教和國王的關係為喻，國王被要求遵守十項道德約束，包括不能違背人民的意願。她指責1962年後軍政府的四大腐敗造成社會危機，分別對應著佛教四聖諦（苦集滅道）的反面，即：未能彌補失去的失敗，未能補償受到傷害的疏失，無視經濟需求，以及無德無才的領導力的下降。昂山素姬呼籲以昂山將軍為榜樣，進行民族革命之後的第二次民族革命。在被軟禁期間，她在修行打坐、冥想、內觀的同時，開始以*metta*為本提出仁愛的政治原則，以此反對暴力特別是軍政府的暴力，並向軍政府表明抗爭的非暴力性質。

在漫長的軟禁期間，也是緬甸民主運動的沉寂期，這一慈心政

治（Metta politics）倫理幾乎貫穿了昂山素姬全部的民主抗爭表達和
大眾動員，將民主運動轉為一場道德運動。例如，她宣導慈心原則
對緬甸的婦女和男人同樣適用；主張區分軍政府的將領與普通軍
人。（Palmer-Mehta, 2009）她以慈心 *metta* 價值觀重新解釋不分公域
和私域的緬甸傳統文化，鼓勵按照上座部佛教的四聖諦和八正道[5]
踐行「正確原則」，和三步的倫理行為，即正確演講、行動和生活。
這種強調社會入世主義的道德鼓舞，對於無論馴服的民眾還是僧侶
們走上街頭有著特別的倫理意義，為他們提供一個共同的評判標
準。（Fink 2009: 300）

　　甚至，昂山素姬所強調的非暴力運動始終是道德層面的，而不
僅是戰術層面的；這有別於甘地在特定情形下並不排斥武裝鬥爭[6]。
她相信，在公眾很少願意採取武裝行動的情形下，她只以正義和非
暴力團結起來的人們行動，就可以取得極大效果，戰勝不受人民支
持的國家的龐大機器。[7]對多數參加者來說，特別是對於那些只有
非暴力才符合教義的僧侶們，他們是以非暴力原則表達他們的尊
嚴，區別於使用暴力的當局。（Fink 2009: 295）

　　至此，至少理論上，昂山素姬以佛教修辭進行政治反對的表達
和動員構成了一個完整框架，即道德運動所需的道德資本或道德制
高點，如卡恩所定義的，包含著起因、行動、修辭／象徵、和實例
等共四個方面，確保民主目標的延續、支持政治行動、以及創造政

5　即正見、正志、正語、正業、正命、正治、正念、正定。

6　Christina Fink （2009）, "The Moment of the Monks: Burma, 2007," in
　　Adam Roberts and Timothy Garton Ash （eds.）, *Civil Resistance and*
　　Power Politics: The Experience of Non-violent Action from Gandhi to
　　the Present, p.295, New York: Oxford University Press.

7　Aung San Suu Kyi, Thakore Prize Acceptance Speech, 2 Oct. 1995.

治機會。幸運的是,來自這一道德運動所感召的人民行動和國際壓力,最終為高度威權下是否堅持非暴力抗爭提供了一個難得的經驗。

番紅花革命

　　如果說昂山素姬一身代表緬甸軍政府專制下幾乎僅有的公共政治,只具有象徵意義,那麼懷疑她所宣導的非暴力—道德運動僅僅停留在有限的言辭層面,並不是沒有道理的。甘地宣導的非暴力抗爭的主體,也非他個人,而是數以萬計的跟隨者,如靜默洪流一般,才可能對殖民當局或者威權當局產生面對面的壓力。事實上,緬甸的緩性群眾,主體恰來自佛教僧侶教團也即僧伽本身,他們也是番紅花革命的行動主體。

　　2007年8月中,緬甸軍政府突然取消了柴油和天然氣補貼,導致燃料、食品和交通服務價格大漲,燃料價格上漲幅度甚至超過500%。這種突然的政策變化,除了軍政府決策的隨意性與治理能力低下,並無其他解釋,與1987年緬甸軍政府突然宣布貨幣改革導致人民積蓄一夜間歸零而引發翌年的大規模民主運動幾乎如出一轍。先是一小群88學運世代的民主分子在仰光街頭抗議,不過他們很快被當局悉數抓捕。然後,一個「政治僧侶」的小型網路決定將抗議繼續下去。9月5日,數百僧侶出現在緬甸佛教著名教育中心蒲甘的街頭,邊走邊吟誦著《慈悲經》,吸引了數千當地居民的支持。地方當局向示威僧侶頭上開槍,並棍棒交加。如此野蠻、不敬的鎮壓迅速將抗議浪潮傳遍全境。五天後,全緬僧侶聯盟(ABMA)成立,要求當局道歉、釋放政治犯、開啟與民主運動的對話等訴求。各地僧侶開始各自組織、抗議。最初,在街頭遊行的僧侶拒絕市民參與,只想單獨以僧侶的身分表達抗議,但逐漸接受居士們組成人鏈,圍

護在僧侶隊伍周圍。到9月21日，四個僧侶組織以及88學運的民主派形成一個聯盟，並發表聲明，號召所有緬人加入「推翻邪惡政權」的行列。22日，六百名僧侶在此次番紅花革命中的著名政治僧人「國王零」的帶領下，走向昂山素姬的住宅，看守昂山素姬的員警居然罕有地打開大門，允許昂山素姬和僧侶們見面。此前，軟禁中的昂山素姬已經四年未與公眾見面了，僧侶們的行動極大鼓舞了公眾的勇氣。儘管這些僧侶拒絕使用民盟的孔雀橫幅，堅持使用佛教的六色旗。在9月24日，抗議達到高潮，兩萬名僧人遊行穿過仰光大街，約十萬民眾匯入隊伍，僧人們甚至允許那些民主人士走在隊伍中間，不再有僧侶和居士的區別了，《慈悲經》的吟誦迴盪在仰光上空。當晚，官方控制的僧侶理事會敦促所有僧人離開街道、回到寺廟，發出清場信號。第二天清晨，緬甸當局的血腥鎮壓開始，軍隊、民兵、和執政的團結發展協會聯盟（USDA）的成員都參與了街頭抓捕和暴力鎮壓，至少15人被打死，包括一名日本攝影記者，另有4,000人被捕。

如何評價這次番紅花革命，或者不是革命？勝利還是失敗？連「國王零」本人都否認這是一場革命，他認為所有僧侶不過是在街道上吟誦《慈悲經》。的確，無論是道德運動的潛力，還是緩性群眾的遙遠目標，都難以用短時間的結果或者成功與否來評判。當局如何認識並反應，包括是否主動下臺或者啟動民主化進程，相比之下，也許並不那麼重要。反而，偶然性的因素，例如番紅花革命過後的2008年5月納吉斯風災對緬甸軍政權合法性的打擊，可能反而起到更直接的作用。也就是說，對群眾運動來說，它的挑戰結果是開放的、不確定的，端賴群眾運動本身如何轉化，即從群眾蛻變為民主運動或者公民社會。在緬甸近乎極權主義的統治下，1988年的民主運動從成功和失敗兩個方面都證實了群眾運動並未過時，群眾運

動可能隱含、繼承著民主運動，最終在2007年推動公民社會的生成。

　　所以，更重要的也許是緩性群眾的形成本身，其靜默洪流一般巨大的道德挑戰本身。如夏威夷大學著名緬甸問題學者昂—丁教授的歷史觀察所示，即使在強大的國家統治之下，僧伽的強大也主要來自自身的團結和反抗，然後回復鬆散狀態，如此迴圈。番紅花革命中僧侶的組織與集結，很大程度上可以看作這一迴圈的繼續。（Aung-Thwin, 2013）這一基於緬甸國家—佛教關係的歷史主義假說，符合阿倫特對革命的歷史循環往復的定義，也從長時段印證了緩性群眾及其力量的存在。而在緬甸軍政府治下，僧伽從未放棄的反抗，即緩慢、堅定、且分散的僧侶為主的龐大抵抗主體，卻是通過與世俗的民主運動的結合，實現了傳統的創造性轉化。

　　這一結合，是從昂山素姬的民主反對到道德運動宣導，通過引領著人民力量而實現的：十幾萬僧人和居士的聚集和抗議，充分展示了道德運動潛在的革命性，即主體性的回歸。而其含義卻是兩方面的：一方面，從民主運動的88世代到2007年番紅花運動的僧侶們的替代，很大程度上，可說1988年民主運動正是2007年番紅花革命的起源，後者是前者的繼續。另一方面，僧侶們的反抗又並非88民主運動簡單的繼續，而是自有其傳統，代表著回歸緬甸歷史上的僧侶革命，也因此甚至可以視昂山素姬無論領導1988年的民主運動還是隨後的道德運動，都是長時段的佛教革命的世俗代理人，從而確認了番紅花革命的意義。

　　作為緬甸軍政府統治下兩種醒目顏色之一的番紅花色袈裟（另一種是軍裝的橄欖綠色），所代表的約40萬的僧侶規模與軍隊相當。自1962年奈溫軍政府上臺，至少其「緬甸特色的社會主義道路」就部分地建立在從佛教教義來解釋現實的基礎上。由於擔憂軍政權的合法性，奈溫試圖從古代佛教與國王的關係來指導他的軍事威權政

策和宗教政策，建立兩者間如德國佛教學者貝克特所說的「軍隊主
導的緊密關係」。協調國家象徵與佛教已經成為將軍們確認的國家
和平與發展委員會（SPDC）的政權戰略。而其具體實施，則依賴
對僧伽的控制。這並不奇怪，如佛陀過世前所言，他沒有遺囑，只
留下大法和僧伽——僧團制度；僧伽是佛教最重要的組織基礎。國
家與僧伽的關係也是緬甸歷史的基本線索，昂山素姬政治化的佛教
修辭，其中最為重要的正是國王與僧伽的關係。一方面，緬甸軍政
府多管齊下：利用對高級僧伽理事（Supreme Sangha Council）的控
制，限制普通僧侶介入世俗事務，1990年7月專門頒布法令，禁止僧
伽的非宗教活動，特別是政治活動；利用傳統的僧侶大會，奈溫執
政期間先後於1965、1980、1985三次召開，以改革的名義，試圖重
建傳統緬甸社會國王在僧伽信仰中的領袖地位；另一方面，向那些
有著傳統王室色彩的寺廟提供鉅資捐獻，強化民眾眼中軍政府與傳
統王室的象徵意義；向那些高級僧侶理事會的47名高級僧侶們提供
優厚待遇，如豪華汽車、電視機、冰箱等等，這些僧侶每人還得到
約1,000萬緬元的捐獻。

　　這似乎印證了人類學者孟德爾森（Michael Mendelson, 1975）頗
有爭議的論斷，即緬甸歷史上弱的世俗政權總是伴隨著僧伽制度的
衰弱，而強的世俗政權總是伴隨著強大的僧伽。然而，沿著昂山素
姬對緬甸的佛教組織與基督教教會體制的區別，僧伽並不是一個完
整的制度，而有著諸多分支，更接近一個大型、鬆散、自治的秩序。
（Matthews, 1993） 緬甸軍政府所嚴格控制的僧伽，如夏—丁提出
的，充其量算是正統教會，而緬甸佛教歷史上一向存在著正統與非
正統的並存，且正統的衰落其來有自（英國殖民時代起，由於當局
採取類似在錫蘭的不承認政教合一、放棄對高級僧侶的國家任命
權，事實上鼓勵了僧伽的自治傾向和鬆散結構）。以至於，即使在

緬甸軍政府大力加強僧伽控制的同時，外界普遍相信僧伽存在著相
當的自主性，僧侶的實際規模始終存疑，可能只有不到一半的僧侶
屬於高級僧侶委員會控制的體系。例如，官方1984-85年的普查數字
是約31萬僧侶，而實際規模可能多至125萬。

　　而這一時期，作為錫蘭發端的佛教改革運動以及錫蘭與緬甸佛
教密切交流的結果，緬甸出現了著名政治僧侶如吳歐塔曼（U
Ottama, 1879-1939）、吳威薩拉（U Wisara)，和一批政治僧伽組織，
如佛教精進會（Buddha Sasana/Noggaha Association, 1897）、青年佛
教徒協會（Young Men's Buddhist Association, 1906）。而且，這一
時期幾乎每一個政治組織都有相應的佛教組織，如緬協總會
（General Council of Burmese Associations, 1920）下的僧伽總會
（General Council of the Sangha Samettgyi, GCSS）等。

　　這些最初的民族主義政治僧侶群體，其存在和結構，便構成了
緬甸的間斷性抗爭，聯結著殖民時期的民族主義抗爭和反對軍政府
的民主運動。從歷時性順序來看，有1930-31年的薩亞桑反叛（Saya
San Rebellion），1938年蒲甘發生的約10,000人參與的反印度人抗
議，獨立前夕針對英國殖民政府的罷工、抗議，1974年聯合國祕書
長吳丹葬禮時發生的抗議等等。特別值得注意的，在1988到2007年
的漫長沉寂中，僧侶們並未停止抗爭：2003年在皎西25名僧侶被捕
後僧侶們抵制為軍政府辦法事，2004年在曼德勒同樣的抵制招致至
少一名僧人死亡、20名僧人受傷、數百僧人被捕。由於這些難得的
堅持，1988年的民主運動和2007年的革命因而保持了連續性。抵制
為軍方舉辦法事的行動，最終在2007年演變為拒絕接受軍人家庭布
施的抗議口號。

　　而且，從組織結構來看，民主運動和政治僧伽也始終保持著緊
密聯繫。在1962年和1988年的兩次學生運動，僧侶均以政治僧伽的

動員參與其中。尤其全緬青年僧侶協會（Yahanpyo Aphwe/All Burma Young Monks Association, ABYMA）和住持協會 （(Kyaungtaik Sayadaw Aphwe/Presiding Abbots Association, PAA)，是1988年民主運動中最為活躍的兩個佛教團體。前者成立於1938年，完全由善法派（芙蓉派）組成的民族主義佛教組織，接近錫蘭同期的准軍事佛教組織，有著反俄、反華、反印色彩，是1988民主運動的主要組織者之一。 住持協會PAA成立於1950年代吳努政權時期，1980年後則因為官方組織的高級僧侶理事會而受到削弱，在1988年民主運動中重新組織。

2007年的番紅花革命，幾乎繼承了全部傳統，特別是僧侶們以分散的方式組織政治團體。不過，持久的威權統治，包括英國殖民時期和軍政府時期，對抗爭的嚴厲壓制所造成的長期沉寂，卻以代際間傳承和輪替的抗爭，匯成緩性群眾的洪流。其中，如同大學四年也學不到任何有價值東西、只能在仰光街頭終日無所事事、依靠啤酒打發時光的青年們一樣，青年作為持久威權的最大犧牲品，往往便成為緩性群眾爆發的主力。這一情形與前述東帝汶1989教皇保羅二世來訪和1992年桑塔‧克魯茲公墓屠殺案後的青年抗議類似，與2011年埃及占領塔希爾廣場的「剩男剩女」們也相近，也是昂—丁否定88運動與番紅花革命的繼承性，一味堅持從大歷史來突出僧伽主體的問題所在。

2007年8月底，大約10名民盟成員在蒲甘的執政黨部（SPDC）外舉行了最初的小型示威，隨即遭到逮捕。此後才是運動發起的關鍵。一小群約15名年輕的政治僧侶發起了聲援，包括34歲的「國王零」，他們大多有著佛教大學的學位，決議將那些老學生們的抗議繼續下去。隨後，便是9月5號蒲甘數百名年輕學術僧侶的抗議和9號國王零發起的全緬僧侶聯盟（All Burma Monks Alliance,

ABMA）。這一聯盟包括了全緬青年僧侶聯盟（All Burma Young Monks Union, ABYMU）和分別來自幾個重要地方的組織：曼德勒的全緬僧侶聯盟聯合會（the Federation of All Burma Monks Union, Mandalay）、仰光的青年僧侶聯盟（Rangoon Young Monks Union），和緬甸杜塔僧伽理事會（the Sangha Duta Council of Burma）等組織，以及88世代民主派成員，包括著名的敏哥奈等[8]。其中，全緬青年僧侶聯盟成立於1938年中第一次大規模的僧侶抗議[9]，1964年軍政府上臺後被禁，1988年民運中重組，擔當僧侶介入的主要組織者。

以國王零為代表，這些青年的政治僧侶，以南傳佛教特有的對學習的強調（聲聞派），自1988年後積極學習英語和電腦，建立圖書館和學習交流網路，並積極運用互聯網、行動電話召開秘密會議，建立起一個地下的非正式網路。這種基於學習建立起來的青年僧侶間的非正式網路，與1938年蒲甘起義發動的情形非常相似。而對「學習力」的強調，如佛的啟蒙以幫助他人，居士應當學習並理解大法和接受慈心

家庭和國家應當學習、通過學習和教授大法獲得意義等，便是佛教改革運動的社會入世主義的另一個版本。基於慈心的學習和傾聽，僧侶們從每天清晨的布施中感受到了人民生活的困苦和燃料價

8　　敏哥奈，Min Ko Naing，原名包烏敦，是1988年學運被認為僅次於昂山素姬的最重要的領導人。另見：Megan Clymer（2003），"Min Ko Naing, "Conqueror Of Kings' Burma's Student Leader," *Journal of Burma Studies*, Volume 8, pp. 33-63.

9　　1938年7月31日，在蒲甘爆發針對印度人實則反抗殖民統治的抗爭行動。1886年後，緬甸被納入英國殖民下屬於印度的一個省，印度人隨後大批進入緬甸。1937年緬甸脫離印度成為直屬英國單設總督管理的殖民地。1938年反抗運動爆發時大約7%人口為印度裔。

格上漲帶來的痛苦；在學習力的驅動下，青年的政治僧侶們能夠逐漸運用最新的互聯網交流，建立起與海外（特別是1988年後流亡泰國）的僧侶、反抗組織及海外媒體的聯繫；運動之初，新出現的博客便活躍地發帖、上傳照片，業餘拍攝的視頻資料也紛紛出現，這在言論表達受到嚴厲管制、民眾普遍恐懼的緬甸是極其罕見的變化，新生的互聯網對當局的威脅居然如此強大，以至於緬甸軍政府在9月底只能斷網兩周，切斷互聯網和手機運營；國王零所代表的青年僧侶們在運動中不斷擴大組織聯盟，並在9月21日正式宣告要求「驅逐邪惡政權」（banish the evil regime）、拒絕軍人家庭布施的口號，儘管可能絕大部分抗議參與者都不認為他們能夠推翻緬甸軍政府[10]。而對軍政府的這一強烈批評，在政治僧侶們自己看來，並不是政治聲明，而是法（*dhamma*）。（Gravers, 2012: 15）

　　可以說，雖然2007年番紅花革命以年輕的政治僧侶為主，但是普通民眾和民主派從始至終都參與此次運動，世俗居士與僧侶的結合程度相比1988年學運並沒有根本減弱。只不過，在近乎極權主義的統治下，這一靜靜的洪流，因為更多地存於地下，隱藏於分散的網路中，只有當它爆發的剎那間，才為世人所知，才可能破除人民心中的恐懼，最終匯成向軍政府威權面對面抗議的人流，顯示「緩性群眾」的存在和挑戰。

結語：並未過時的群眾

10　Kyaw Yin Hlaing （2008）, "Challenging the Authoritarian State: Buddhist Monks and Peaceful Protests in Burma," *The Fletcher Forum of World Affairs*, 32（1）: 125-144, Winter 2008.

　　從西元5世紀古羅馬的「尼卡暴亂」到1789年法國大革命，從啟蒙時代的馬基雅維利到19世紀末勒龐的暴民理論，群眾始終都以「暴民」的面目出現在政治精英的話語中，這一情形直到1960年卡內蒂出版了他的《群眾與權力》才發生改變。卡內蒂徹底扭轉了蒙在「群眾」上的汙名，而此前的各種暴民說不過是從統治者視角的辯護。另一方面，大革命之後，在1848年、1871年歐洲一系列轉折性事件中，群眾已經開始作為人民參與政治的集體形式，得到了社會學者以及馬克思主義者的重視，被當作現代性形成的一個重要方面，甚至在幾乎整個20世紀的共產主義和社會民主運動中扮演著重要角色。只是，群眾在這一現代進程中更多地與領袖相聯、與革命動員相關，並未根本擺脫被統治者的地位。卡內蒂群眾理論的貢獻，特別是緩性群眾概念的總結，則肯定了文明史以來群眾一直具有的自主性：與領袖無關，群眾本身內含著潛在的革命力量。

　　當然，隨著公民社會概念在冷戰後的復活，群眾的概念似乎變得過時、不合時宜了。尤其是「革命後第二天」的難題始終困擾著，群眾能否作為民主鞏固的力量？而緬甸的經驗卻給民主化轉型提供了另一種可能：以信仰而團結、以道德為力量的洪流，在高度威權統治下仍然結網、擴展，但在日常生活中保持靜默，彷彿不存在一般，以長時段的或者代際更迭的方式來傳續抗爭的記憶，並且在若干代際的間歇突然爆發，然後復歸平靜。這一緩性的群眾主體，不同於快速群眾的激烈行動，不以接管政權為目標，也不如公民社會一般希冀改變社會，只在相互聚集到身體的靠近足以克服個體的恐懼的那一刻，或曰卡內蒂時刻，才釋放出解放的力量。

　　在這意義上，緬甸的番紅花革命如同一次成功的社會運動，卻更接近無政府主義的行動。一方面，群眾無意接管政權，只為尋求恐懼的克服，即自身的解放。在《1984》的無邊恐懼之下，這一解

放的渴望也許超過抗議的非暴力本身。而另一方面，結構上，這種群眾運動更接近歐洲新社會運動的樣式，高度碎片化、網路化、和認同化，嵌入在特定的人群之中，如僧侶和學生。他們先後、輪流擔當了1938、1962、1988和2007年革命的主力。只是，抗議通常持續時間較短，電光火石一般爆發過後，雖然沒有特定具體的政治綱領，也無意取代反對黨的角色，與威權當局表面上強大的鎮壓能力對比極不相稱，不對威權當局構成直接挑戰，但其解放性足以產生持續的政治效應，其潛在的力量足以對威權當局的維持造成巨大的不確定性。接下來的問題，是反對政治如何迅速形成、公民社會如何迅速生長，以及威權當局如何理解與應對。那是群眾之外的政治力量出場的時刻，也是民主轉型的發端，革命的意義從此得到體現。

參考文獻：

艾瑪・拉金，《在緬甸尋找奧威爾》，台北：衛城出版社，2012。

Aung San Suu Kyi, 1991: *Freedom from fear: and other writings*, London: Penguin Books.

_____, 1997: *The Voice of Hope: Conversations with Alan Clements*, New York: Seven Stories Press.

Aung-Thwin, Michael, 2013: "Those Men in Saffron Robes," *Journal of Burma Studies*, 17(2): 243-334.

Bechert, Heinz, 1966: *Buddhismus, Staat und Gesellschaft in den Ländern des Theravāda-Buddhismus*, Schriften des Instituts für Asienkunde in Hamburg XVII/I, Frankfurt, Berlin: Alfred Metzner.

_____, "Neue Buddhistische Orthodoxie: Bemerkungen zur Gliederung und zur Reform des Sangha in Birma," *Numen*, 35, July 1988.

Bowman, Kirk S., 2002: *Militarization, Democracy, and Development: The Perils of Praetorianism in Latin America*, University Park: The Pennsylvania State University.

Canetti, Elias, 1978: *Crowds and Power*, translated by Carol Stewart, New York: The Continuum Publishing Corporation.

Fink, Christina, 2009: "The Moment of the Monks: Burma, 2007," in Adam Roberts and Timothy Garton Ash (eds.), *Civil Resistance and Power Politics: The Experience of Non-violent Action from Gandhi to the Present*, p. 295, New York: Oxford University Press.

Gravers, Mikael, 2012: "Monks, morality and military. The struggle for moral power in Burma—and Buddhism's uneasy relation with lay power," *Contemporary Buddhism: An Interdisciplinary Journal*, 13: 1(1-33).

Matthews, Bruce, 1993: "Buddhism under a Military Regime: The Iron Heel in Burma," *Asian Survey*, 33(4): 408-423.

Mendelson, Michael, 1975: *Sangha and State in Burma: A Study of Monastic Sectarianism and Leadership*. Ithaca, NY: Cornell University Press.

Nordlinger, Eric, 1977: *Soldiers in Politics*, Englewood Cliffs: Prentice Hall.

Palmer-Mehta, Valerie, 2009: "Aung San Suu Kyi and the Rhetoric of Social Protest in Burma," *Women's Studies in Communication*, 32: 2(151-179).

吳強，北京清華大學政治學系講師，研究方向為社會運動、新媒體和東南亞。

跨文化張力中的儒家政治思想：
康有爲與孫中山的現代化方案與大同社會理想

劉滄龍

　　19世紀下半葉歐洲與日本挾其現代化成果，實行帝國主義擴張策略，接連戰敗的中國被迫加速現代化。清末之際秀異知識分子的共識是吸收西學的必要，關鍵的爭議只在於如何調配取捨中西文化。1895年甲午戰後政治體制的變革要求更形迫切，保皇派的康有為與革命派的孫中山分別主張君主制與共和制，然而他們對中國現代化的願景則相當一致，都追求民主自由、社會平等，他們政治思想的來源除了西方之外，還有個相當重要的共同出發點，即是儒家的大同社會理想。本文以康有為與孫中山的儒家思想與「大同」理念為焦點，探討百年前的知識分子如何構想一個以儒家理想社會為目標來因應現代化挑戰的方案。

　　儒家思想從春秋戰國以來，尤其是在遭遇時代變局與文化困境之際，屢屢絕處逢生再創新局。在破敗中重塑文化再生力量，既聯結傳統資源又吸收新知開放創新，此一文化自我更新的能力始終是儒者實踐的特性──自孔孟以來如此，面對佛老挑戰的唐宋儒者如此，清末的知識分子亦然。假如儒學有個道統，它是在既斷裂又連續的歷史處境中，以開放的態度來涵融多元文化，在內外交迫的文化張力中生發創造力的跨文化思想。21世紀的今天，文化保守主義與民族主義不僅未成昨日黃花，由之引起的爭端在歐洲與東亞再度

興起，自由與平等的政經矛盾對民主社會的威脅與日俱增，追求自由民主、社會平等的理想與傳統文化的認同之間的關係錯綜複雜，要梳理蘊涵其中的矛盾糾結，是否可能藉由回顧百年前中國知識分子的現代化方案獲得啟示？

　　中日甲午戰前，中國對日本現代化的激進政策並不欣賞，當時的主流方案是「中體西用」，只引進西方的機械、技術，而不打算採取日本所謂的「文明開化」，即捨棄舊制度、文化，全面向西方學習。當時中國的菁英似乎認為，日本因為沒有值得保守的偉大文明才會如此冒進輕率。但甲午之戰敗得徹底而屈辱，證明洋務運動並無實效，對上向西洋人學習的東洋人尚且如此不堪一擊，遑論要趕上歐美列強。康有為的變法、孫中山的革命都和甲午戰敗有密切關聯。中國已面臨存亡斷續之秋，只有透過對舊制度的改良或革新才能擺脫列強的侵略[1]。甲午之戰節節敗退，上書李鴻章遭拒，改革無望的孫中山於是在檀香山與香港建立了興中會，決意推翻帝制、創立共和。1898年康有為則以明治維新為榜樣積極推動戊戌變法，以因應「三千年未有之大變局」。孫中山、康有為或許並非典型的儒家學者，但是他們均懷儒者救世之心，身處變局亟思回應之道，在理想社會的構作上都以孔子的大同世界為依歸，並且憑藉融鑄中西、調和古今的思想與實踐，啟動了中國現代化最為關鍵的一步。康、孫兩人在手段（改革／革命）和目標（立憲／共和）均有差異，但是在政治理想上，都主張建立現代意義的民主國家，並追求儒家大同社會的實現。改良主義的君立立憲和武力反清的共和革命這兩股追求變革的現代化思潮，雖然勢如水火，但是他們之間構成具有

1　〔日〕佐藤慎一著，劉岳兵譯，《近代中國的知識分子與文明》，南京：江蘇人民出版社，2006，頁71-74。

衝突性的張力卻也互相滋養，共同推動了中國政治的現代化進程。孫中山提倡革命效法的是「湯武革命」，至於擁護君主立憲的維新思想家則聲稱，中國早在堯舜禹三代就實行過君民共主的君憲制度[2]。革命派和維新派在吸收西方民主思想的同時，都仍然深信中國的古代儒家思想有其優越性而不可取代，因此常有「西學中源」的比附之說。溯源儒學以融會西學，基本上是當時維新派與革命派的共識。

　　儒家思想在康、孫的現代化方案中雖然具有關鍵性的地位，但在他們之後，五四反傳統文化的思潮佔了上風，毛澤東的文化大革命更進一步要全面摧毀傳統文化。國民政府在台灣的中華文化復興運動雖然帶有政治目的，但至少在形式上為傳統文化保留了一線生機，當代新儒學研究能在台灣開花結果，跟民國文化在台灣綿延不斷的歷史條件當有關聯。民主化的台灣雖然早已遺忘了孫中山的終極理想，大同世界彷彿只是烏托邦的幻想與口號。然而台灣被掩蓋的優勢與潛能，或許正是克服當前政經困局可資憑藉的關鍵之一，

2　孫中山在香港西醫書院的老師何啟便有這樣的想法，參見莫世祥，《中山革命在香港》，香港：三聯書店，2011，頁27。至於何啟所倡導君主立憲更是直接啟發了孫中山的革命思想。當時何啟主張「君民共主」，倡議君主立憲以改革中國政治。孫中山則是到了1903年才正式與保皇派絕裂，反對擁護帝制而主張推翻滿清建立共和政府。啟發孫中山革命救國的思想來源雖然很多，包括了他早年津津樂道的洪秀全、在夏威夷與香港親聞西學與西方制度的優異、甲午戰敗的直接衝擊等，但是最能提供孫中山思想養分的仍是當時的維新思想家。若非兩次上書李鴻章未有下文，孫中山恐怕未必會愈來愈堅決地排滿反清、主張革命。關於何啟等維新知識分子與君憲主張與孫中山在香港時的政治思想，請參前揭書，頁19-60。

意即在歷史的機遇中有意無意地仍然保有接通古典儒家資源的能力，同時又堅持民主共和的政治理想。康孫的理想不能在百年前落實，但有機會在台灣得到實現，並且成為東亞社會發展的重要參照。然而，跨文化的思想交錯既帶來多元交融的創造力，卻也可能因為多元力量的衝突，使文化整合發生困難。康有為、孫中山的現代化方案雖然不同，但指向大同社會的理想一致，此一終極理想的落實，仍得克服內在思想的矛盾。正視此一矛盾，是讓儒家的王道精神與大同主義超越烏托邦式的宣言，落實於政治作為的重要工作。

一、虛構的真實——托古改制的《春秋》學與大同理想

《春秋》是記載魯國自西元前8世紀至5世紀的史書，這樣一部歷史記實之書為何具有超越時代意義的規範性？對康有為來說，這是因為表面看來是魯國一時一地之史，經過孔子修史的春秋之筆，便成為具有普遍價值的經書。換句話說，魯史已經不限於經驗性的敘事，更具有超越性的規範意涵，經由孔子的規範性史觀，讓上古虛擬的大同之治，不因為它不曾存在就沒有意義。康有為如此稱述《春秋》大義：

> 「三世」為孔子非常大義，托之《春秋》以明之。所傳聞世為據亂，所聞世托升平，所見世托太平。亂世者，文教未明也；升平者，漸有文教，小康也；太平者，大同之世，遠近大小如一，文教全備也。大義多屬小康，微言多屬太平。為孔子學，當分二類，乃可得之。此為《春秋》第一大義。[3]

3　康有為，《春秋董氏學》卷二，《康有為全集》（二），上海：上

　　照三世進化之說，文明的進程該當由據亂世提升至升平世，但時代的推移竟是每下愈況。可見《春秋》未必如實道出史實，而是聖人在史書中依託了理想社會的藍圖，他把理念以隱微的筆法注入「事實」，甚至創造出虛構的真實來寄託理想，這是「經」才有的「微言大義」，一般意義的史書因為只記實，不可列入「經」。至於「傳」，則因為可以正確闡明聖人理念，和「經」享有同等的價值位階。康有為是今文學派，認為東漢以後推崇的《左傳》等古文經都是偽書，不可採信，所以他依《公羊傳》來闡揚《春秋》及孔子的聖王之道[4]。

　　古文經學重《左傳》，以《春秋》為史，推到極致便是章學誠「六經皆史」的論斷。章氏重周公甚於孔子，孔子因而與諸子無別。古文學家堅持孔子述而不作、經史無別。六經為先王之制，周公是集大成者。清代今文經學派則認為六經為孔子所作，他們的出發點則為公羊，尊《春秋》為經，目為治世之典。康有為認定《春秋》為素王孔子改制的微言大義，視六經為孔子所定律例。今文經學以《春秋》為中心且視為六經之首，康有為論《春秋繁露》時說：「春秋非詩書禮樂可比，詩書禮樂略而不詳。」[5]康有為之所以高抬《春秋》，跟清代經學研究的內在動力有關，清中葉以後今文經學復興，到了晚清倡導變革的公羊學家便探究先王典制以為變法改制的藍本。由於禮義與律法的重構比心性天命之學更受清儒重視，既然《春

（續）
　　　海古籍出版社，1990，頁671。
4　參見〔日〕佐藤慎一著，劉岳兵譯，《近代中國的知識分子與文明》，
　　頁86-87。
5　康有為，《萬木草堂口說》「春秋繁露」條，《康有為全集》（二），
　　頁383。

秋》並非單純的史書，而是內蘊聖王政事典律與道德規範，因此康
有為便在清代經學的脈絡下探究《春秋》，以考察先王政典與孔子
的變法理論[6]。

　　《新學偽經考》和《孔子改制考》這兩部被清廷一再查禁銷毀
的禁書，是康有為維新變法的思想基礎。《新學偽經考》批判古文
經學，力圖還原（或塑造）孔子為假託三皇五帝的德治以革新現實
政治的改革者，而非述而不作的守舊者。《孔子改制考》則具體闡
明孔子如何改制立度，並在其中宣揚興民權、限君權的思想，為維
新變法尋找歷史與理論的根據。《孔子改制考》一書序言屢次提及
大同太平之治，並且認為這才是《春秋》行仁救民之制，然而後世
偽經出，又有佛老之雜，太平大同之義因而未彰[7]。

　　康有為一方面承認中國與西方各國相較，文明化的程度顯然落
後，但是文明的進化卻不能只靠模仿西方，他主張真正進化的基準
還是在於孔子，大同之世不過就是實現孔子在經書中所傳達的理念
而已。換言之，表面上看來，康有為提倡民權似是主張西化，其實
他以為西方的民權在孟子的民貴思想中早已蘊涵。但是孔孟之道既
然古已有之，為何中國沒有在二千多年前就邁進理想的文明社會，
還會落後於西方呢？康有為主張，原因就在於劉歆偽造了古文經
書，遺害了漢代以後的學者，使儒學的真義埋沒了二千多年。變法
的目的，就是要拯救生民於黑暗之中，一掃二千多年來的迷妄，因
此變法就不能不是狂風驟雨式的全變[8]。

6　汪暉，《現代中國思想的興起》，上卷第二部，《帝國與國家》，
　　北京：生活‧讀書‧新知三聯書店，2008，頁498-501。
7　張耀鑫、劉媛，《康有為大傳》，台北：五南圖書，2014，頁57-70。
8　〔日〕佐藤慎一著，劉岳兵譯，《近代中國的知識分子與文明》，

　　康有為的政治思想有兩個目標，近程是建設富強的中國，遠程是以大同理想來克服西方列強的禍亂。問題是要實現這兩個目標所依據的實踐方法與思維規則是否相同？孫中山的目標與康有為相同，但是在實踐的策略與思維上的衝突與矛盾，導致兩人終難合作。當中國從天下的中心成為列國中的一員，甚至是資本主義與強權政治的邊緣時，如何在理論上重構儒家思想，使其普遍主義的大同理想不只是烏托邦空想，而具有可落實的社會基礎，便成為康孫等當代中國知識分子的難題。

　　甲午前夕（1894）孫中山曾有意與康有為合作一同救國。他那時已從香港西醫書院畢業，並在廣州以行醫的名義招攬革命志士，當時康也正巧在廣州講學。透過一家藏書樓樓主左鬥山，孫想與康結交，康的回應是，要訂交宜先具門生帖拜師乃可。孫中山認為康有為妄自尊大，卒不往見。後來在日本，革命派和維新派曾有短暫合作機會，但是1896年6月光緒下詔維新，康有為得到重用，儼然以帝師自居，並去信要求他弟子徐勤停止與革命黨人合作，以免牽連維新變法事業。對革命黨人而言，康有為與革命黨的疏遠是得勢後的小人行徑，放棄共和與異族帝王合作，則是變節分子。康孫不能合作，除了為人風格[9]與機會等外緣因素外，還有更深層的原因。雖然兩人都嚮往儒家大同社會的理想，並努力吸收西學以救亡圖存，但是思想上的分歧所形成政治立場的差異更為關鍵。孫在甲午戰前便已有革命的計畫，戰後更加堅定。康則始終堅持君臣之道，

（續）────────────────

　　頁82。

9　在人格上，孫中山廓然大公，屢次相讓為國，康則不免有私情私意。
　　改革與革命雖然同有救國救民的遠大理想，一旦某方摻雜私意，終
　　得分道揚鑣。

只願走改革之路。即使是最後維新失敗，清廷通緝康梁已亟，受到
孫中山及其日本友人之助康梁得以逃往日本，但康有為仍自認受過
光緒「衣帶密詔」，不願負皇恩，始終拒絕與孫中山合作。即使孫
中山表明若兩派可以聯合救國，願奉康有為為革命派首領，還是未
能成功。維新派將政變失敗歸諸慈禧，之所以失敗後仍不願與革命
派合作，乃是因為康有為認為，要推翻的不該是滿清，而是后黨，
即使不是和平政變，要使用武力，目標也只在起兵勤王、圍園捕后，
對光緒帝康有為不僅感恩而且深寄希望，乃至於以為光緒可勝堯舜
湯武[10]。

　　康有為深受儒家君臣忠義思想的浸潤，看似已到迂腐愚忠的地
步，相較之下孫中山則毫無傳統士大夫包袱。然而，康有為對革命
的忌憚尚有另一層的原因，即有懍於法國革命後的亂局，他主張歷
史進程得循序漸進，從君主專制到立憲再到民主，否則即使革命成
功也難穩立。驗諸辛亥之後袁世凱與軍閥之亂，康有為確然有其識
見[11]。此外，康有為忠於光緒帝還有其深層的思想背景，他心目中
變法的重心在於制度性的改革，並沒有反滿的民族主義。康有為的
夷夏觀念不是絕對而是相對的，是文化的而非種族的區分。[12]因此，
康有為的大同思想具有一種突破民族國家限制的潛能，國家的共同

10　張耀鑫、劉媛，《康有為大傳》，頁170-173。

11　張耀鑫、劉媛，《康有為大傳》，頁181-182。

12　汪暉，《現代中國思想的興起》，上卷第二部，《帝國與國家》，
　　頁517-518。另一方面，不論是維新或是革命派都不再以血緣、地
　　緣的關係為基礎來建構社會共同體，即使是以正統儒學自居的康有
　　為，也不認為他跨越家庭倫理所重構的天下與國家觀念，具有解構
　　儒家政治倫理的意義。參見汪暉，同上，頁738-739。

體意識建立在文化與法律的基礎之上[13]，而不是狹隘的種族、民族意識，這一點與孫中山在辛亥革命成功前的態度大不相同。或許，孫也只是策略性地運用民族主義的動能推行革命，革命成功之後才揚棄了排他性的種族區分，而提出五族共和的主張，以打造一具有現代國家意義的全新民族國家。

二、未完成的革命——天下爲公的三民主義

三民主義是孫中山的革命思想基礎與建國實踐方案，然而它是否被革命黨人理解？辛亥革命真是靠三民主義的理念宣傳得以成功，還是主要仍承續了太平天國式的反滿民族主義？孫中山當時便抱怨他的同志，心中只想推翻滿清（乃至打倒帝國主義都是以民族主義為動員力量）[14]，卻忽略了三民主義必須同時完成政治民主、

---

13 康有為主張立孔教為國教，用儒家思想來凝聚國民意識，以克服國家內部多元民族分裂的危機。近年來大陸學界出現了康有為思想研究的熱潮，背後暗合一共同的政治思想趨向，即是康有為本諸公羊學家大一統的學術與政治立場。干春松指出康有為思想具有前瞻性，因為他很早便認識到如何保全中國統一是個當前依舊棘手的難題。干春松，〈康有為的「建國方略」〉，《讀書》，2014年，8月號，頁113，全文頁107-114。

14 Karl A. Wittfogel, *Sun Yat Sen. Aufzeichnungen Eines Chinesischen Revolutionärs. Herausgegeben und eingeleitet durch eine Darstellung der Entwicklung Sun Yat Sens und des Sun-Yat-Senismus*, Wien/Berlin: Agis-Verlag, 1927, S. 65, 95. 雖然孫中山主張民主共和，曾抱怨同志不在意民權主義即政治民主化的問題，然而孫中山對「民主」的理解相當複雜，在組中華革命黨的時期更重視絕對的服從，民主國家與政黨的實踐在民國初年走得跌跌撞撞，要落實民主的理念還有很

經濟民主，也就是說民主憲政是個關鍵，以民主為媒介的同時要解
決經濟上的平等問題。孫中山晚年愈來愈留意社會主義，強調要結
合農民、勞工的力量便是這個道理[15]。可惜孫太早過世，他的路線
被分裂為意識型態化的極左和極右，結果是毛的中國共產黨和蔣的
極右三民主義，那麼三民主義是不是未分流為左右前的一種綜合性
的方案？中華民國的憲法與政府以它為根據，蔣介石的國民黨政府
自認是孫中山總理的唯一的法統繼承者，毛澤東則推崇孫中山是革
命的先行者，並自命為新三民主義與真三民主義的實踐者，以與偽
三民主義及半三民主義相區別[16]。《三民主義》曾經被意識型態化，
並成為政爭的工具，但是其思想資源是否真的被充分理解與開發？

　　孫中山所領導的革命建立了亞洲第一個民主共和國——中華民
國，他的革命思想包含了民族主義的自決思想、民主主義的自由思

(續)

　　長的實驗過程，孫中山在這個過程中並未堅持一貫的理念，原因可
　　能是時勢的變化往往超出他的估計。

15 法蘭克福的漢學家魏特夫（1896-1988）主張孫中山不是社會主義
　　者，而是「資產階級的變革者」（bürgerlicher Reformer）。Karl A.
　　Wittfogel, a. a. O., S. 112-137.

16 國民黨理論家戴季陶曾撰寫《孫文主義之哲學基礎》，蔣介石則手
　　著多本闡釋孫中山思想的著作，如《總理遺教六講》、《總裁對三
　　民主義的詮釋》等力圖證明自己是唯一正統的國父思想繼承者，毛
　　澤東則曾經提出「革命的三民主義」及「新民主主義」，強調中共
　　才是孫中山國民革命的正統。關於國共兩黨對孫中山思想詮釋及法
　　統建構關係的研究請參考李金強，〈辛亥革命的研究〉《六十年來
　　的中國近代史研究》，台北：中央研究院近代史研究所，1989，頁
　　751-809；賀淵，《三民主義與中國政治》，北京：社會科學文獻
　　出版社，2002。

想與民生主義的社會思想[17]。雖然三民主義的思想在國民黨政權統治臺灣的歷史中曾經被意識型態化而顯得過時，但中華民國的憲法的確是以三民主義思想為核心，在中國政治現代化的歷程中扮演了關鍵的角色。然而，三民主義思想真的過時了嗎？在它的思想架構中，除了橫向移植西方的自由民主與社會主義思想，也試圖縱向聯結中國傳統儒家思想[18]，換句話說，孫中山體認到，西方的民主自由必須在地化，民主自由與儒家文化不僅不衝突而且有銜接轉化的必要。然而此一想法不論在民國初年的五四運動與近三十年來臺灣的民主化歷程中似乎都未發生外顯的作用，相反地，民主自由與反傳統聯結的意象卻普遍流行。此一表面印象即使其來有自，但要充分解釋當代華人儒家社會在民主化歷程中與傳統文化複雜的關係，卻不能單憑表層外顯的現象。民主在東亞社會仍有種種挑戰，孫中山思想力圖結合儒家思想，反思當代資本主義社會自由競爭與社會平等（如貧富差距）的內在矛盾，此一思想路對於東亞儒家社會如何調適現代化困境，以解決自由與平等的內在矛盾，仍具有啟發性的意義。

　　台灣在政黨政治的惡鬥陰影下，三民主義與國民黨的淵源成為它卸不下的歷史包袱，民主化一方面雖然成功地去意識型態化但同時也去歷史化，致使三民主義的思想潛力隱而不彰。如今，排他性的民族主義在21世紀捲土重來，代議民主與政黨政治陷入僵局，自

17　魏特夫認為，孫中山的一生和他的思想就是現代中國自由運動的力
　　量展現和困境糾結的發展縮影。Karl A. Wittfogel, a. a. O., S. 5.

18　Wolfgang Bauer, "Die Synthese Sun Yat-sens," in: ders. *China und die Hoffnung auf Glück: Paradiese, Utopien, Idealvorstellungen*, München: Carl Hanser Verlag, 1971, S. 476.

由市場經濟弊端叢生，當代社會的病癥與百年前孫中山所遭逢的問題似曾相識。台灣與東亞各國雖然政經結構不同，但是儒家文化傳統都是社會構成的重要部分。台灣在1949年之後接收了以孫中山思想為核心的民國文化，儒家傳統也一直活在民間社會中存續不斷，然而被日本殖民的歷史經驗、國民黨白色恐怖、民進黨的本土化政策都讓孫中山思想與儒家文化在台灣的發展纏結著歷史的創傷。回顧三民主義與儒家思想的關聯，不僅有助於清理台灣承繼民國文化的歷史經驗，對東亞儒家各國或許也有更為普遍的參考意義。

　　不同於康有為先有深厚的國學基底再吸收西學，孫中山早年受西學影響較多，對四書的理解，是看了漢學家的英譯，才有相契之感[19]。但是這並不妨礙孫中山看到西學的限制，並冀望透過中國傳統文化來救治西方現代文化所衍生的弊端。《國父年譜》記錄了民國10年12月23日孫中山在桂林答俄國顧問馬林的問話：

　　　　馬林問先生曰：你的革命思想，基礎是什麼？先生答曰：中
　　　　國有一個正統的道德，自堯、舜、禹、湯、文、武、周公，

19　孫中山受的是英式教育，他也與英國漢學家翟里斯（Herbert Allen
　　Giles）有書信往來。1916年7月孫中山在上海尚賢堂茶話會的演講
　　中說：「我亦嘗效村學生，隨口唱過四書五經者，數年以後，已忘
　　其大半。但念欲改革政治，必先知歷史，欲明歷史，必通文字，乃
　　取西譯之四書五經歷史讀之，居然通矣。」《孫中山全集》（共11
　　卷）第3卷，北京：中華書局，1981-1986，頁321。筆者猜測，孫
　　中山此處所讀譯本可能便來自翟里斯。關於孫中山演講與著作中涉
　　及儒家思想的部分，本文主要參考黃明同、張冰、張樹旺著，《孫
　　中山的儒學情結──中華文化的傳承與超越》，北京：社會科學文
　　獻出版社，2010。

至孔子而絕。我的思想，就是繼承這一個正統的道德思想，
來發揚光大的。[20]

　　孫中山對傳統中國文化十分傾慕，但是既不同於康有為的托古
改制，更不是復古的文化保守主義。他認為中西文化應該要兼容並
蓄，因此三民主義的內容結合了西方的政治思想，並且從文化進化
的觀點主張孔子的大同世界是人類政治社會的最高理想。1924年在
廣州所作的民生主義演講中，他說：

　　　　我們三民主義的意思，就是民有、民治、民享的意思。這個
　　　　民有、民治、民享的意思，就是國家是人民所共有，政治是
　　　　人民所共管，利益是人民所共享。照這樣的說法，人民對於
　　　　國家不只是共產，一切事權都是要共的。這才是真正的民生
　　　　主義，就是孔子所希望之大同世界。[21]

孫中山引用《書經》：「德惟善政，政在養民」，主張民生主義的
目的在於「養民」，也就是希望解決西方資本主義在現代化的生產
過程中所產生的貧富差距與失業問題。孫中山留下來最多的題字墨

20　羅家倫、黃季陸主編，秦孝儀、李雲漢增訂，《國父年譜》下冊，
　　台北：中國國民黨黨史委員會出版，1994，頁1168-1169。
21　《孫中山全集》第9卷，頁394。1921年的另一個演說中則說：「在
　　吾國數千年前，孔子有言曰：『大道之行也，天下為公。』如此，
　　則人人不獨親其親，人人不獨子其子，是為大同世界。大同世界即
　　所謂『天下為公』，要使老者有所養，壯者有所營，幼者有所教。
　　孔子之理想世界，真能實現，然後不見可欲，則民不爭，甲兵亦可
　　以不用矣。」《孫中山全集》第6卷，頁36。

跡就是〈禮運〉篇的「天下為公」，他也抄錄〈禮運〉中「大同」
篇章多次，孔子大同思想受到他重視的地步幾乎人所共知。他說：
「民生主義就是社會主義，又名共產主義，即是大同主義。」[22]孫
中山對天下為公的大同思想不只是真心信奉，他念茲在茲的是透過
具體的政治手段來解決西方現代化所衍生的社會問題。

　　孫中山對儒家思想的重視不只是一種簡單的文化認同，而是希
望藉著儒家的資源矯正西方政治思想的流弊。歐洲現代政治哲學的
奠基者霍布斯對人性不信任，他提出的契約論思想影響了西方政治
的發展，近代西方國家理論的形成便是以人性自利為前提而發展出
來的制度性思維。孫中山似乎看到了西方政治思維的缺陷，他認為
〈大學〉所蘊涵的政治哲學有很高的價值，且是西方政治思想從未
思及的：

> 就人生對於國家的觀念，中國古時有很好的政治哲學。我們
> 以為歐美的國家近來很進步，但是說到他們的新文化，還不
> 如我們政治哲學的完全。中國有一段最有系統的政治哲學，
> 在外國的大政治家還沒有見到，還沒有說到那樣清楚的，就
> 是〈大學〉所說的「格物、致知、誠意、正心、修身、齊家、
> 治國、平天下」那一段的話。把一個人從內發揚到外，由一
> 個人的內部做起，推到平天下止。像這樣精微開展的理論，
> 無論外國什麼政治哲學家都沒有見到，都沒有說出，這就是
> 我們政治哲學的知識獨有的寶貝，是應該要保存的。[23]

22　《孫中山全集》第9卷，頁355。
23　《孫中山全集》第9卷，頁247。

　　西方近代政治思想的起源因為預設人性自利的傾向，後來結合效益主義倫理學，認為追求幸福是人的普遍欲望，因此政治與法律的設計都在保障個體追求幸福的權利，在此一思維中政治哲學的思考無關乎德性與教化。雖然在古典希臘哲學如亞里斯多德的政治學中，德性仍佔了相當重要的位置，但是亞里斯多德的美德政治論對近代西方政治哲學的影響較少，到相當晚近有新亞里斯多德主義的興起，才漸漸發揮了作用。然而，孫中山在百年前看到的西方政治思想，仍籠罩在霍布斯以來的國家理論與政治哲學，他用〈大學〉當中治國之本在治身的話來稱揚古典儒家的政治思想，當是看到西方資本主義社會只保障個人追求利益的權利，最終導致社會上經濟的不平等，民族國家之間為爭奪利益展開的惡性競爭與帝國主義的對外侵略，凡此弊病或許正與近代西方政治思想的出發點有關。孫中山認為儒家思想可補偏救弊，應是出自切實的觀察與體認。然而，古典儒家認為從修身到治國是一個連續的過程，此一看法如何與公民（當時的用語則是「國民」）意識銜接轉化，孫中山似乎並未觸及。

　　1897年3月1日孫中山發表〈中國的現在和未來〉，詳細的解釋了為什麼必須打倒滿人政府。在他眼中，滿人政府缺乏管治效能，又毫無反省改造的意願，只知緊握權力，而由「道地中國人」（即漢人）所建立的政權會較為純潔而有效能。然而，孫中山並沒有提供好的理由說明，為什麼漢人政府就一定會較滿人政府優良；他只是一逕地把貪污、疫病、缺糧、瀆職、官僚主義的政治與社會問題都加諸在滿人之上，排滿的民族主義修辭成了當時的主調。直到1905-1906年間，孫中山才較仔細地梳理漢滿關係和未來中國的民族構成問題。他開始主張一方面要興漢，但也強調要民族融和。愈來愈明晰的主張是，要打倒不平等的貴滿賤漢的政府，建立一個以漢

人為主體但各族平等的政權。以漢人為主體並融和其他各族為一中
華民族，建立一「民族就是國族」的民族國家，成了孫中山後來民
族主義的思想方針。革命成功後，即使有「五族共和」的口號，但
漢人本位主義的色彩仍然濃烈[24]。康有為則力斥革命黨人漢族中心
主義的民族意識，他否定本質主義的夷夏觀念和漢族單一性。自北
魏以來魏文帝改姓，便是否定單一民族神話的例證，「今之大姓，
十九魏裔」，何來單純的「漢種」[25]？

　　在政治領域中究竟只有力量的折衝協調、制衡競爭關係，還是
也可能平等對話、和解合作？在革命時期，孫中山顯然只相信前者，
他認為要打倒因為社會制度所產生的不平等，只有通過革命的手
段，他認為「革命之功用，即在使不平等歸於平等。」[26]至於保皇
派主張「各國皆由野蠻而專制，由專制而君主立憲，由君主立憲而
始共和，次序井然，斷難躐等。」孫中山認為此一循序進化的論調
是「爬行哲學」，因為當時中國已到救國保種的存亡關頭，唯有革
命才能徹底解決社會矛盾。然而，愈趨晚年孫中山愈強調仁愛互助
的儒家思想。1919年在《孫文學說》中明確提出「物種以競爭為原
則，人類則以互助為原則。社會國家者，互助之體也，道德仁義者，
互助之用也。」[27]孔子的修己以安人、修己以安百姓，孟子的不忍
人之心、不忍人之仁，形塑了儒家信奉者的政治社會理念，影響中

24　麥勁生，〈1912年前孫中山先生思想的幾條線索〉，收錄於麥勁生、
　　李金強編著，《共和維新：辛亥革命百年紀念論文集》第四章（頁
　　61-74），頁69-70。

25　參見汪暉，《現代中國思想的興起》，上卷第二部，《帝國與國家》，
　　頁823-824。

26　《孫中山全集》第2卷，頁439。

27　《孫中山全集》第6卷，頁195-196。

國知識分子至為深遠，孫中山即使早年浸潤於西學較多，但在關鍵的理念抉擇上，特別可以發現傳統儒家文化發生的作用。[28]在1924年民族主義第六講中，孫中山這麼闡述中國若是強盛起來應負的責任：

> 中國古時常講「濟弱扶傾」，因為中國有了這個好政策，所以強了幾千年，安南、緬甸、高麗、暹邏那些小國，還能保持獨立。現在歐風漸，安南便被法國滅了，緬甸被英國滅了，高麗被日本滅了。所以如果中國強盛起來，我們不但是要恢復民族的地位，還要對於世界負一個大責任。如果中國不能夠擔負這個責任，那末中國強盛了，對於世界便有大害，沒有大利。中國對於世界究竟要負什麼責任呢？現在世界列強所走的路是滅人國家的；如果中國強盛起來，也要去滅人國家，也去學列強的帝國主義，走相同的路，便是蹈他們的覆轍。所以我們要先決定一種政策，要濟弱扶傾，才是我們民族的天職。我們對於弱小民族要扶持他，對於世界列強要抵抗他。[29]

　　孫中山希望以儒家大同思想來超越西方的民族國家與帝國主義的限制，對同是儒家文化圈內的日本也有其冀望。1925年11月28日

28　孫中山對儒家思想的理解及其現代轉化其實也有不少問題，例如他在關於民權主義的演講中屢屢提及堯舜禹湯文武，並且主張由賢能的人來統領「萬能政府」，聖君賢相的人治色彩揮之不去。黃宇和，《孫逸仙在倫敦，1896-1897：三民主義思想探源》，台北：聯經出版公司，2007，頁406。

29　《孫中山全集》第9卷，頁253。

孫中山最後一次公開演講是受日本之邀在神戶高等女學校大禮堂演
講「大亞洲主義」（Pan-Asianism），同年4月30日，他也曾在廣州
接受日本廣東通訊社記者訪談時答說：「余企圖亞細亞民族之大同
團結已三十年，因日人淡漠置之，遂未具體實現以至今日。」孫中
山主張，聯合亞洲各民族以平等為原則團結合作，發揚王道精神，
反對日本走向歐洲帝國主義的侵略道路。此一主張和日本在二戰期
間侵略擴張的政策——「大東亞共榮圈」截然不同[30]。「大亞洲主
義」是孫中山以儒家的王道思想跨出狹隘的民族國家界限，逐漸邁
向大同世界的和平國際秩序的一個階段性理想，對當時的日本可謂
諄諄勸誡。可惜日本對當時來自中國的告誡並未理會，孫中山似乎
預見了民族主義走向帝國主義的災難性後果。如今中國如20世紀初
的日本，終於已然崛起，中華民族的偉大復興與強國夢背後是否真
是王道精神與和平主義，還是仍是走上帝國主義的擴張邏輯？歷史
殷鑑不遠，著實令人憂慮。富強崛起與和平共生是否如表面看來的
相容一致？面臨關鍵利害之際，要維護的是自己的利益還是真心奉
持「天下為公」的胸懷？

三、大同主義與進化論世界觀的內在衝突

　　康有為和孫中山想要藉由大同主義來克服優勝劣敗的邏輯，不
僅在歷史的現實中是失敗的，在思想中的矛盾也未能解決。當前中
國是否還停留在百年前追求富強的思考軌道上？探索康孫現代化方
案的思想軌跡，會發現其中蘊涵著難以克服的思想衝突，使我們不

30　李台京，《中山先生大亞洲主義研究——歷史回顧與當代意義》，
　　台北：文史哲出版社，1992，頁1-7。

得不懷疑，中國是否真的有另類的現代化進程，跟歐美、日本有本
質的不同？康有為與孫中山共同追求的理想——大同社會，究竟只
是不現實的高遠理想，還是真有落實可能的政治手段？或者至少有
規範性的位階？天下為公的大同理想是藏天下於天下[31]而不是藏於
一人、一黨，因此，儒家天下為公的理想在現代國家中必然要轉型
成民主政治，這點康孫有共識，差別只在於民主形式的不同選擇。
真正的難題在於，大同主義追求解除壓迫求自由、平等的理想，在
康有為和孫中山看來是文明進化的目的，也是必然要實現的理想。
然而，倘若文明進化的邏輯是優勝劣敗，與大同主義反壓迫、求平
等的衝突如何化解？

　　甲午戰敗後，自英國留學歸來的嚴復開始大量翻譯與介紹西
學，其中赫胥黎的《進化與倫理》（1893）影響最大。嚴復以桐城
派古文翻譯了這本以社會進化論為主題的書，書名譯為《天演論》，
設定的讀者是菁英知識分子。將社會進化論介紹給一般知識大眾，
並產生普遍影響的是使用接近口語的「新民體」來介紹西學的梁啟
超，他尤其醉心於社會進化論。梁啟超曾經信奉康有為的「三世進
化」說，如今在赫胥黎的社會進化論找到了更好的表達。然而「三
世進化」內部演進的規則是什麼？在不同的階段是否有不同的運作
規則？對梁啟超來說，赫胥黎的社會進化論只有一個規則，就是「優
勝劣敗」。赫胥黎將達爾文生物生存競爭的規律類比地套用在人類
社會當中，認為人類社會如同有機體一樣遵循同樣的自然法則。梁
啟超似乎毫無保留地接受了赫胥黎的主張，在他大力推介之下，社

31　「藏天下於天下」語出《莊子·大宗師》，孟子的用語是「天子不
　　能以天下與人」，朱熹的注為「天下者，天下人之天下，非一人之
　　私有故也。」《孟子集注》卷9。

會進化論成了當時知識界最有影響力的學說之一。梁啟超並且認為
戰國時代多元競爭的時局，有利於文明的高度發展，大一統帝國未
必具有此一創造性的動能。換句話說，若升平世是多元並列的格局，
在此一格局內就可以實現理想社會，未必要進入大一統才是太平之
世。人類社會在不同階段的進化，同樣根據優勝劣敗的邏輯，並沒
有外於社會進化論更高的原理或別的進化原則。預設並追求大一統
理想，反而阻卻了內部多元力量的競爭。秦漢大一統被認為是好的，
因為它結束了戰國混亂的局面，此一先入為主之見，使中國兩千多
年來中斷了競爭，防礙了社會進化，造成清末社會結構性停滯的主
因。[32]梁啟超和康有為師生之間的思想差距，其實比康有為和孫中
山這對政治論敵還更大，梁是務實的力量主義，康孫則是理想的道
德主義。百年來中國社會所追求的富強政策，走的是梁啟超的路線，
康孫則不免是不切實際的烏托邦空想。

　　康有為與孫中山一方面接納了社會進化論的思想，卻沒同時看
到此一思想與他們所信奉的儒家大同主義之間有不可調解的衝突。
當時受到赫胥黎影響的知識分子認為，中國再不進步就會被列強淘
汰，這是百年來推動中國進步的主導性思維。康有為和孫中山冀望
大同之世的來臨可以止息戰爭，然而優勝劣敗的邏輯卻否定消除戰
爭的可能性。康有為和孫中山認為，傳統儒家的王道精神可以超越
物種競爭的習性，然而驗諸中國歷史，結束戰國競爭局勢，秦漢大
一統憑藉的是兵家和法家的政濟軍事力量，也就是霸道而不是王
道，儒家只負責國內禮法秩序的建立，在對外政治、外交、軍事的
政策上，儒家思想可以發揮的空間相當有限。儒家的王道精神在古

32　關於梁啟超與中國社會納受社會進化論的過程參考〔日〕佐藤慎一
　　著，劉岳兵譯，《近代中國的知識分子與文明》，頁91-100。

代若未能實現，為何能落實於當代？康有為根據公羊春秋的思想，
預設了「一統垂裳」的大一統國際秩序，具有超越於民族國家的規
範性力量。但是在主權國家的時代是列國並列的格局，多元力量之
間若權力落差不大仍有平等對話、互惠合作的可能。一旦出現獨大
的權力，要打破多元力量之間動態平衡的關係輕而易舉，那時要用
王道或是霸道難道只存乎擁有獨大權力者的一念之心？關鍵仍在於
多元力量之間的動態平衡如何維繫，國際秩序絕不能依托在大國一
念之仁的主觀基礎之上。

　　時為同仁館總教習的美國傳教士丁韙良，在1864年翻譯刊行了
惠頓（Henry Wheaton）所著的《萬國公法》（*Elements of International
Law*）。王朝朝貢體系崩潰之後，中國知識分子接受了《萬國公法》
中的國際秩序規範，這是系統地向中國人介紹國際法最早的書籍之
一。《萬國公法》具有濃厚的自然法思想，認為制約國際關係的法
規體系，就如同自然秩序一樣是既定的存在。作為普遍的法規體系
的《萬國公法》，是建立在如主權國家彼此之間平等原則等幾個基
本原理之上，這些原理對中國人而言聞所未聞，而且和中國以冊封
和朝貢為主軸構成的傳統對外關係相衝突。王朝朝貢體系是規範君
臣的禮儀，《萬國公法》則是對等國家之間的外交原理[33]。

　　汪暉則認為，丁韙良翻譯這本書有其深刻的動機，一是在實際
上讓歐洲的國際法準則成為中西交往的規範，二是從理念上力圖讓
來自於歐洲的自然法原理，以帶著啟蒙主義的特點來讓中國人接受
「原初只來自於歐洲」民族國家間的規範秩序，成為普世的國際秩
序。自秦漢以來，中國作為大一統帝國沒有外交，也不需要國際法。

33　〔日〕佐藤慎一著，劉岳兵譯，《近代中國的知識分子與文明》，
　　頁32-33。

直到鴉片戰爭之後，中國才被帶入這個「被公平地稱之為文明世界的公法之劍下」。然而，丁韙良同時主張，中國在春秋時代已有與歐洲國際公法的類似理念，孔子被看成魯國的外交部長，列國的縱橫家也是職業的外交家。只是在秦漢大一統之後，中國才沒有了對外關係，即使早期曾與羅馬帝國有所接觸，後來也與歐洲西亞之間有若干有限的貿易，但是對遙遠的強權與歐洲國家內部的多樣性，中國既無認識也未在政治上產生任何實質的影響。秦漢以後的帝國被理解成一個與「現代」相互對立的歷史存在，缺乏任何形成國際法的條件。中國在秦漢以後並無「國家」（只有以王朝為核心的「天下」），但在春秋戰國時期則有類似近代西方的國家。春秋戰國分立的國家，雖然在儒者看來是禮樂征伐不由天子出的禮崩樂壞，但在歐美現代性視野中，列國分立的局面卻隱涵著現代化、理性化的因素[34]。

　　丁韙良對先秦的理解和梁啟超的看法相通，回到戰國多元力量的交往規範，來為現代的中國國家觀念與國際法原理找到合法性的根基。但是這便意謂著，中國的現代性與西歐並無不同，中國在春秋戰國時期的文明，至少已有足以媲美西歐現代性的一定思想與社會基礎。然而若是現代歐洲與古代中國分享著相同的現代性，其實質的內涵究竟是以歐洲為規範的基準還是古代中國？答案似乎不言自明。汪暉認為，丁韙良的目的是把中國納入歐洲《萬國公法》的秩序之後，通過對《周禮》等同一時期文獻的考察，證明歐洲法律與中國古代文明遺產不謀而合，於是強加於中國的國際秩序便得以

34　汪暉，《現代中國思想的興起》，上卷第二部，《帝國與國家》，
　　頁710-714。

合法化[35]。

　以天朝自居的中國，是以君臣的不平等關係來看待自身和周邊的國家，直到1842年之後中國陸續簽訂了南京條約、天津條約、北京條約等對中國單方面不利的不平等條約，以及吸收了《萬國公法》的觀念，才產生了對不平等條約的批判意識[36]。康有為的《大同書》想要泯除國界、消除戰爭，是以孔子學說為據合法化現代國家的平等意識，並讓儒學走出地域、歷史的限制，成為有如《萬國公法》的普遍規範。康有為想要用新的世界性框架重構儒學，他加入了西方的地理與科學知識，想要去除種族、階級、國家的界限。打破界限要求平等是他的大同理想，然而，要用什麼方式、什麼標準來打破界限？例如在種族的問題上，汪暉敏銳地注意到，康有為還是在不同種族之間設定了等級化的高低區分，實現大同的過程，是以轉化或消滅低等種族為目的。汪暉批評康有為的普遍主義並沒有認可差異，而是取消了對差異的認可，康有為的平等主義「導向以白色人種為標準而取消種族差異的平等主義。這種普遍主義毋寧是一種以白人為中心的社會達爾文主義。」[37] 我們再次看到，想要以大同主義來化解優勝劣敗的社會進化論邏輯是如何地自相矛盾，康有為想要取消民族國家藩籬的限制，但是仍然運用了造成此一限制的相同邏輯。關鍵在於，「大一統」的同一性若是透過政經軍事的外在力量強加於差異性之上，想要泯除差異性的多元力量，後果便是來

35　汪暉，《現代中國思想的興起》，上卷第二部，《帝國與國家》，頁717-718。

36　〔日〕佐藤慎一著，劉岳兵譯，《近代中國的知識分子與文明》，頁37。

37　汪暉，《現代中國思想的興起》，上卷第二部，《帝國與國家》，頁772。

自多元力量的創造性趨於貧弱化，或是聚集力量，伺機反撲，以瓦解外在的強制性為目的。「大一統」的同一化和「多元性」的差異化是兩種互相需要的力量形式，積極的跨文化張力，來自對於同一化和差異化的相互關係的肯定而不是掩蓋與否定。如何釋放此一跨文化張力的動能，而不是讓「大一統」和「多元性」成為互相否定的消極關係，是回顧20世紀初的中國現代化方案可以得到的啟示。

劉滄龍，臺灣師範大學國文學系副教授，研究尼采與儒學。

惡的平庸與政治判斷：

從阿倫特的角度看

張 念

一

　　關於漢娜・阿倫特這位獨特的政治哲學家，漢語讀者最為熟悉的可能就是「平庸之惡」（the banality of evil）[1]的說法——這個說法出自1963年出版的《耶路撒冷的艾希曼——關於惡的平庸的報告》。但是，在這份當年引起軒然大波的報告裡，並沒有明確論述這個提法的實質含義，在阿倫特的其他著述中，也找不到有關「平庸」與「惡」之間關聯的論證，或者對於這兩個概念的明確界定。出於一位思維嚴謹尊重概念明確性的哲學家，面對納粹大屠殺的具

1　按字面，banality還有乏味、膚淺、刻板的意思，應該是惡的平庸性，據阿倫特著作的中文譯者孫傳釗先生介紹，「平庸之惡」的譯法見於學者徐賁〈平庸的邪惡〉一文；台灣學者蔡英文將此譯為「罪惡的浮淺性」，可能更切合阿倫特的原意，緊扣思考習慣及思考能力，關乎人的心智生活。可參見孫傳釗編，《耶路撒冷的艾希曼——倫理的現代困境》，吉林人民出版社，2003年，頁1；漢娜・阿倫特：《反抗「平庸之惡」》，上海人民出版社，2014，蔡英文的中文版導讀。

體執行者艾希曼以及這椿似乎超出理性思維的歷史事件，使用「惡的平庸性」這樣有待分析的副題，顯然缺乏闡釋力。

　　正是這份報告，將一位自稱不喜歡當公眾人物的思想家推到了沸騰的公眾情緒之中，人們的第一反應就是「惡的平庸性」有為納粹辯護之嫌。被引用最多的就是這份報告的結語部分，在此，阿倫特質疑耶路撒冷審判的合法性，這包括反人類罪的立法根據何在？反猶太與反人類的邏輯關聯是什麼？以色列法庭能代表全人類宣判反人類罪嗎？在漫長的排猶歷史中，歧視、驅逐、屠殺層出不窮，但在這場終極審判中缺乏審慎的區分。由於出發點不是艾希曼做了什麼，而是猶太人遭受了什麼，結果這次審判建構起了一種超出國家司法權限的受害者邏輯，法庭變為展示慘劇的舞臺，不僅使程序正義蒙羞，其效果也就成了以國家司法名義所實施的一場前於政治的復仇行動。如果在現有的國際法與司法概念的框架內，這場審判充滿疑點與困難，那麼就應該在法律範疇之外重新尋找思考的方向。阿倫特更關心的是「大屠殺」這種罪惡的性質是什麼？其根源在何處？和人類歷史上其他的屠戮行為相比，其特點又是什麼？她廣為人知的結論就是「惡的平庸性」。阿倫特認為辯方僅僅將艾希曼當作官僚機器上的齒輪不夠；首先應該將他當作人，在這樣的前提下，作為人所犯下的罪行才能受到思考，更何況被告席上坐著的並不是叫做極權主義官僚機器的某個零件，而一定是某個人。阿倫特在這份報告的結語中寫道：「我想如果是我的書的副標題，正是引起真正爭論的原因的話，那也是一件好事。我是在專門的嚴密的事實層面上，觸及審判中無論誰的眼睛都不能不回避的某種不可思議的事實時，提出『惡的平庸』這一概念的。」[2]

2　《耶路撒冷的艾希曼：倫理的現代困境》，頁54。

　　這裡的問題就變成了：惡是可思的嗎[3]？作惡之人的道德缺陷究竟和什麼相關？如果不援引宗教，那麼在理性主義的範疇內如何思考惡，或者說如何以理性的方式，在道德哲學層面來探討這樁不同於一般刑事犯罪的罪行？再者，理性該如何區劃寬恕與這場充滿司法漏洞的審判之間的界線？阿倫特為自己設下的這個理論難題，已經涉及理性主義自身的局限了。正如一位讀者提出的問題：如果審判席上坐著的是戈培爾呢？這惡怎麼會是平庸的呢？雅斯貝爾斯在給阿倫特的信中也提出了這樣的疑問[4]。如果「惡」不在司法懲治的具體罪行之列，同時又不願意在形而上的層面予以思考，那麼作為現代政治的倫理困境，我們就只能循著康德所談論的「人性惡的起源」去思考：一個起源是宗教層面的，即人生而有罪；另一個就是道德理性的悖論，恰恰是法則的確立，才有所謂遵循與破壞的行為。由此康德感歎道：人不是惡魔，但人性的脆弱與不純粹會讓人趨向於惡。現代之後，神性退場，自由被放在道德個體的手中，即人為自己立法，對此，除了道德律的邏輯自洽之外，有關善與惡的經驗性內容，並不在康德考慮的範圍之內。

　　2013年公映的傳記片《漢娜‧阿倫特》，讓我們有幸獲得關於艾希曼審判爭論的視覺印象。有個場景值得深究：坐在玻璃罩子裡的艾希曼正好患上感冒，不停地拿紙巾擦拭鼻涕，庭外是看著視訊

3　阿倫特是在她老師海德格爾的意義上使用這個詞。根據柏拉圖的傳
　　統，能夠被理解的也一定能夠被表徵，思考的對象早已被限定，從
　　而區別理性主義的主客觀二元性。阿倫特更關注可思性，即能夠被
　　思考的條件，以及作為現象的思考本身，思並不包含確定性的理解
　　之意。
4　伊莉莎白‧楊—布魯爾：《愛這個世界：阿倫特傳》，孫傳釗譯，
　　江蘇人民出版社，2012，頁412。

轉播的阿倫特，她的表情從不屑到嘲諷式的冷笑，隨後不耐煩地離開，跑到房間外抽煙。對此，我的疑問是艾希曼是可笑的嗎？她的反應不像一位記者，她極度蔑視她的報導對象，這蔑視是為了維護自尊嗎？她當時有一種猶太身分的自覺嗎？她的不屑與其猶太同胞那強烈的悲憤在何種意義上是等值的？但「悲憤」豈不恰恰是阿倫特的報告中極力要避免的受害人心理嗎？讓阿倫特在感覺上難以接受的是：艾希曼，正是這個看上去形容猥瑣的宵小之徒，他的肉體也會受病毒侵擾，他有些緊張，言辭不清，總而言之，他如此普通，卻幹了椿令人類震驚的事情，隨後畫面是阿倫特在給丈夫的電話裡說到自己的困惑。

電影如實展現了在這次爭論中阿倫特自身所遭遇的倫理困境及情感風浪。因這份報告，辱罵、威脅和抗議蜂擁而至，最為切身的打擊是：她的猶太朋友與其絕交，其中有她最珍惜的、在她困難時曾解囊相助的布盧門菲爾德。當她心愛的朋友躺在以色列家中的病榻上，拒絕她遠道而來的探訪時，她沒有請求原諒，只是一再強調你應該理解我。這就是漢娜——她的密友、女作家瑪麗·麥卡錫面對親友們的傷心與憤怒，總是這樣為她辯護。這就是漢娜，意思是阿倫特不會因為情感而在真理面前退讓。

的確，傷痛和屈辱感會擾亂人的冷靜思維，這是康德有關純然理性的教導。克制情感與固有的冷漠是兩回事情，有關耶路撒冷審判的「報告」隨後在《紐約客》登出，就影像文本傳遞出的感知性而言，與其說阿倫特堅持自己超然的理性立場，還不如說她被自己預設的問題纏繞。這問題於她來說，是一種有關思考能力的扭結（「扭結」何意？是「糾纏」嗎？），並促使她晚年的寫作必須直面這個扭結。因此，影像文本似乎在某個罅隙處，製造了某種不安，這不安來自一種先於理性的情感共鳴。作為阿倫特的讀者儘管有充足的

理智為她的超然立場辯護，但作為電影觀眾，似乎又在法庭審判那
濃烈的悲情場景中無法自拔。巨大的悲痛需要宣洩，這個閥門必須
經由審判開啟，但阿倫特肯定不這樣想。她認為眼淚和控訴應該控
制在法庭之外，法庭正是她要維護的、且只能安放強悍理智的地方，
這是她遭受責難與攻擊的關鍵點。

　　阿倫特在這份報告的結語部分，花了大量篇幅來澄清與論證的
觀點是：耶路撒冷法庭所要處理的並不是一樁普通的刑事案件，這
裡要面對的甚至也不是通常意義上的傷害罪，而是一種古老敵意如
何沉澱、聚集、發酵，最終爆發在集中營這個地方；一個政治集團
針對一個非政治的種族群體的屠殺，後者分散在各個不同的國家，
且完全喪失了作為公民人身權的保障，賤民身分導致了普遍的被驅
逐的命運。那麼接下來的問題就應該是，這上千年的憎恨最終演變
為有組織有規模的「終極解決」行動，這個時間節點是現代國家高
度成熟之後，空間則是以理性為基礎的主權、憲政、民主和法制已
經普遍化的歐洲。基於此，就影像文本的可視性而言，很難讓觀眾
將法庭與古希臘悲劇劇場作嚴格的區分。因此，當我們的理智與視
覺形象出現分歧的時候，理解阿倫特所受到的責難必須釐清這個前
提，即彼時彼地的事件、氛圍與情緒經由電影再現，視覺的脆弱性
就在於僅僅根據如我所見的那樣，看與感受共時共在，影像自己也
在思維。在這個前提之下，人們的感受與阿倫特的論證陷入一種悖
論性的處境之中，即耶路撒冷法庭與普遍意義上的法庭，是邏輯上
的特殊與普遍的衝突嗎？顯然，阿倫特是在用普遍性的概念處理作
為事件的耶路撒冷審判，而她的猶太同胞卻試圖以特殊性取代法理
概念之下的法庭。

　　電影沒有帶動觀眾和阿倫特一起思考，但可以「看見」何謂「惡
的平庸性」：那個玻璃罩子裡的人如此普通，他說自己只不過是在

服從命令，為了晉升，他的行動得有效率，聽起來殺人這事和執行
一件日常公務沒有太大的區別。讓阿倫特震驚的也正是這種心安理
得的服從，這個普通人所犯下的罪行，阿倫特歸因為思考能力的匱
乏，她將這種匱乏定性為「惡的平庸性」。熟悉阿倫特的讀者都知
道，「平庸」所引發的惡關涉政治責任、道德、真理以及人的自我
反思能力。將思考顯現為行動，並承擔思想倫理的典範是古希臘哲
人蘇格拉底，他欣然赴死為真理殉道。這真理不是形而上的規定，
而是有關真理的真理，即任何真理都應該放在前提條件不充分的情
形下受到懷疑。正如諾齊克所言：並不是說蘇格拉底不知道真理，
而是他不擁有真理，他只不過提出了「詰問」這種理解真理的方法
並躬身實踐，以死明志[5]。深知任何判斷的諸種困難，不是迴避而是
冒險迎向這種困難，正是哲學的良善意志。因此，電影傳達了阿倫
特所秉持的思想勇氣，但問題是阿倫特很少談及「惡」本身，這個
概念的源頭在基督教，而「罪」卻經由理性主義的努力改裝成了「不
法」。

　　普通與平庸有什麼關聯？影像文本擔當不起這樣的論證功能，
影像敘事和文字的區別也在此。影像如此直觀並激發人的感受性，
影像和人的感受性一道，重新製造了那個稱作「艾希曼審判」的現
象，這現象第一次與人遭遇，與你閱讀阿倫特的知識經驗無關。那
麼「惡的平庸性」的概念形象是什麼？

5　羅伯特‧諾齊克，《蘇格拉底的困惑》，郭建玲、陳郁華譯，北京
　　大學出版社，2013，頁173。關於真理問題，諾齊克是從邏輯層面
　　強調命題的非充分性，比如F是什麼，應該像蘇格拉底那樣保持一
　　種「無知狀態」，inquiry使得這種狀態得以展開；而在道德判斷層
　　面，諾齊克發現面對不公、可恥等具體現象，蘇格拉底馬上會給出
　　答案。

二

　　缺乏思考能力就是平庸，平庸性即惡，這說法在理智層面依然
是模糊不清的，更何況艾希曼並不缺乏思考能力，他知道自己在做
什麼——艾希曼留下了近500頁的回憶錄可以為證[6]。另一方面，我
們知道阿倫特要處理的難題是，在法理框架之外，在哲學和政治層
面，這場不同尋常的屠殺該如何來理解？但是她的結論和判斷過於
急促，在當時人神共憤的氛圍中，顯得格格不入。

　　進入現代之後，有關「惡」的思考並不屬於政治理性範疇，與
此相關的就是道德被排除在政治行為之外。這想法，發端於現代政
治學的奠基人馬基雅維利。權力的構成、運轉機制以及獲得成了政
治學的核心議題，權力被客觀化、對象化，權力的運行如同一台自
動裝置，與人的情感、意志和道德的關係越遠越好，而民主制度所
能擔保的僅僅是權力向所有人開放，至於誰掌權和古希臘人所珍視
的德性無關，掌權者的職能就像儀器管理者一樣，監測儀器運行狀
況並保障運行狀況維持在正常範圍即可。因此政治成了一門有關社
會事物的管理科學，意識型態的衝突也被限制在不同黨派的議會辯
論中，人與人之間的利益衝突則可望在完備的法律體系之中得到解
決。這是人們所熟悉的民主社會的政治形象。

　　制度信賴正是理性法則的普適性實踐。康德的那句名言「人為

6　電影《漢娜‧阿倫特》公映後，哥倫比亞大學教授里拉在《紐約時
　　報書評》撰文稱，對艾希曼的評判，有「過度複雜的簡單化」之嫌，
　　阿倫特被艾希曼假裝的無辜所矇騙，參見劉擎，〈2013年：西方知
　　識界回顧〉，《東方早報‧書評週刊》2013年1月12日。

自己立法」，乃是他權利哲學的根據，法的意志與普遍的人的意志達成一致。這樣一來，法的正當性基礎建立在道德理性之上，不法就意味著不道德。因此在理性主義者看來，針對個人進行道德討伐本身就是不正當的，審判與懲治的權力只屬於合乎程序的執法機構。一個法治觀念深入人心的社會，必然會堅持：「我們應當維護自由，但同時也不應該成為道德上愛管閒事的人。」[7]因此，自由作為人的本質性目的，就能夠在作為法權共同體的國家之中得到滿足。道德觀念的這種變化，在黑格爾那裡更加明顯：道德是一種有關人的自我意識，這種自我意識的顯明與客觀實踐只是倫理與習俗，並不是法律。

在《純然理性界限之內的宗教》中，康德甚至認為人不可能故意作惡，作惡的能力只有精靈具備——正如引誘夏娃的蛇；精靈作惡，人聽之，則有罪[8]。這樣一來，根據康德的絕對律令，作為理性存在的人，作惡在邏輯上無法證成，也就回避了宗教意義上行「惡」的自然起源問題。就康德指出的人性的基本構成而言，人的脆弱性和心靈的不純正，也就是自私與自愛有可能讓人趨向惡。但這個論證依然無法回應大屠殺這樣的惡行，因為我們不能說納粹因為自私、軟弱和因自愛所產生的自利動機，導致了他們對猶太人的屠殺。具體到艾希曼，理性原則的無效也並不能反推出他的行為是非理性的，因為「屠殺猶太人」如果成了納粹的絕對律令，這在邏輯上沒有任何問題，他像任何一個現代人一樣，以守法的原則來遵從上級

7　傑佛瑞・墨菲，《康德：權利哲學》，吳彥譯，中國法制出版社，2010，頁110。

8　康德，《純然理性限度內的宗教》，見《康德論上帝與宗教》，李秋零編譯，中國人民大學出版社，2004，頁317。

的命令。你要說這是「惡」，理由何在？

　　就屠殺猶太人是惡行這一點而言，需要補充相關論證：針對某一種族的屠殺意味著否決了人類族群的多樣性，否決多樣性就是在否決人類存在的基本樣態，然後才是反人類罪。怎麼思考與思考能力是兩個概念，前者是哲學家的職責，而後者在康德那裡是不言自明的。啟蒙哲學家的核心議題不是善惡而是自由，配享幸福的只能是自由之人，自由概念和道德律令密切相關。為了讓普通人都能理解，康德的論證非常簡潔，一般來講就是人不能自相矛盾，你如此意願和如此行事的原則只需滿足這個條件就夠，即這原則可以適用於任何人。如果像阿倫特所做的那樣，將艾希曼當作人而不是惡魔，這裡所說的人只能是啟蒙意義上的先驗規定的具有理性能力的人。道德律令不涉及內容，僅從邏輯形式上規範人的行為，由此，這樣的理性在艾希曼身上，就表現為忠於職守，而在法的層面，他堪稱第三帝國的忠誠模範。因此，阿倫特的這份有關艾希曼審判的報告，就出現某種錯置。一方面她堅持嚴格的理性主義立場，認為這場審判混淆了復仇行動與法律制裁的界線；另一方面，她意識到了艾希曼的罪恰恰在於他的「服從」，集權制度下的服從就是配合，配合就是有罪，這正是「惡的平庸性」的基本內容。

　　問題是艾希曼要在服從之前辨別極權是什麼？他的判斷根據來自何處？正如當時生活在納粹政權下的德國人，「他們以為他們是自由的」[9]，屠殺猶太人與他們平靜的生活有直接關聯嗎？要找到答

9　密爾頓·邁耶，《他們以為他們是自由的：1933-1945年間的德國人》，王崚興、張蓉譯，商務印書館，2013。該書以微觀人類學的調研方法，採訪記錄了背景各異的十位小人物在納粹時期的生活、作為和所思所想，並在此基礎上反思德國民族性以及戰後意識型態

案，必須直面加害者自身，觀察他們怎麼思考，採取何種視點，為
什麼只在一個方向上面對自己的所作所為。現象學的方法是阿倫特
針對理性界限進行的智識補救。她不願意使用共同罪責、行政屠殺
這類泛泛的措辭，她對那份厚重的堪稱猶太受害史以及猶太人抗爭
歷史的起訴書——如今被以色列官方列入歷史教科書——也不感興
趣。與泛泛的集體責任相比，這個個人在良心上產生過騷亂嗎？思
考行為是怎麼短路的？如果艾希曼不知道集權主義這回事，他罪責
何在？作為猶太文化愛好者的艾希曼曾這樣為自己辯護：我並不仇
恨猶太人，這工作我不做別人也會去做。對此，阿倫特的詰問是：
「這裡引起我們的關心的是你所做的事情；你的內心生活和你的動
機，也許不具有犯罪的本性……假定只是因為運氣不好，你成了大
屠殺組織的服從工具；但是即使如此，你制定實施大屠殺政策、積
極支持這政策的事實依然存在。這麼說，因為所謂政治不是兒戲場
所。在政治中，服從等於支持」[10]。作為個人你可能自認倒楣，意
思是你的忠心耿耿成了一種罪，再者就是你的盡職勤勉恰好與一椿
極端的罪行相關。但是艾希曼怎麼可能像小孩或者神經錯亂者一樣
無辜？因此，「惡的平庸性」並不是某種性質的罪，一個就制度而
言負責的人，恰恰在另一種責任面前喪失了擔當能力：阿倫特在此
強調的是「政治中的服從」，以此區別於制度結構中的遵紀守法——
現代之後政治與法治合體，並在原則與實踐上完全滿足個人責任的
表述。這樣一來，如果出錯，一定是制度的問題，與具體個人無關。
儘管阿倫特很少使用「現代性」這個術語，但她針對的正是啟蒙邏

（續）————————————————————
　　的結構性問題。
　10 漢娜‧阿倫特，《耶路撒冷的艾希曼》，見《耶路撒冷的艾希曼——
　　　倫理的現代困境》，孫傳釗編譯，吉林人民出版社，2003，頁47。

輯所建構的現代性狀況，提出與個人責任相對的政治責任。制度不
是客觀化的裝置和機器，彷彿制度運行良好一切便井然有序，從而
助長了思想的懶惰；思考作為行為本身就是一種責任。與此相應的
就是，政治責任拒絕以制度的名義逃避自我，而要直面自身，在沒
有神性尺度的前提下，人藉著和自己對話這樣的思維活動擔負起政
治責任。

　　因此，根據自由主義的理性原則，合法性的犯罪是不是一種罪？
這是一個邏輯性的扭結，艾希曼的辯護也是基於這個理由，我不幹
這事別人也會幹，因為這是國家所規定的職責，總有人得來承擔。
對此，阿倫特要做的是讓那些隱藏在邏輯、法令、制度、結構背後
的抽象面孔變得具體清晰，但這裡的具體性和龐雜的經驗性事實無
關，因為針對不同的處境，每個人都可以說出我服從的理由是什麼。
隨之而來的難題就是，目前還沒有任何現成的認知框架讓我們獲知
「這個個人」的完整面貌──存在主義宗師齊克果終其一生的努力
似乎也只提出了有關「這個」存在的問題。但阿倫特堅持的原則就
是人與自身性必須得到充分的思考。這個原則對施害者與受害者同
樣適用。在這個前提下才引出這樣的問題：一件可怕事情的發生，
任何一方都必須承擔的責任是什麼？惡行怎麼僅僅只和惡魔相關，
更何況人世間並不存在「惡魔」這回事？

　　按照阿倫特的提示，自由主義的個體自保的優先原則不可能回
答這樣的問題。當然不是說僅僅針對大屠殺這樣的極端事件，自由
主義才顯露出其脆弱性，即法的邊界與道德上的無能為力交織在一
起。在《極權主義的起源》一書中，阿倫特慎重地保留了自由主義
的普世價值在法律層面的意義，即對人身權的侵犯在文明世界是絕
對禁止的。但當這條抽象原則遭遇意識型態蠱惑的時候，侵犯行為
就涉及價值設定了。極權主義漠視成文法，但並不意味他們墮入了

前政治的野蠻狀態，其偷樑換柱的做法就是將自己改裝成自然法則
或歷史法則的直接執行者，僭越針對個人的、克制的現代司法體系，
直達法的源頭，即神一般的普遍正義之中，並代表人類和歷史宣稱
自己絕對優異絕對進步。作為《極權主義的起源》的作者，阿倫特
非常警惕艾希曼審判中法庭所代表的絕對正義的調子。看出這一
點，我們才能獲得「惡的平庸性」這一說法的基本邏輯鏈條，與自
由主義的路徑一樣，前提依然是針對個人說話，這個個人因思考能
力的匱乏，將自我信靠的基礎建立在具有迷惑性的意識型態說教之
中。那麼在質詢政治責任的時候，是否應該考慮個人受到誘惑的成
分而減免政治上的罪與罰？政治問責的困難恰恰在此，即針對的是
個人所必須擔負起的集體責任，但是如果這個個人具體的參與動機
是基於自我保存與自身安全——「參與」在阿倫特這裡有個極端的
界定，即不抵抗就是參與——那麼自由主義對此會不會無可奈何？
因此，在個人動機與與集體行動的責任之間，還應該加入一個屬於
哲學範疇的中間環節，這個環節就是康德沒有回答的那個問題，人
為什麼會聽從誘惑？或放棄抵抗，或積極參與，或者基於何種理由，
卻從不思考與什麼樣的人該怎樣共同生活在這個世界上？又基於什
麼樣的理由，拒絕與某類人共處？一旦追問這些問題，政治責任就
已經包含著政治判斷了。

三

　　就樸素的道德觀念而言，良心（**法文conscience也指意識**）是天
賦之物，做了錯事，人會自動不安，不安是因為總有一雙眼睛在看
著自己，這自反性的目光，之於基督徒就是上帝；之於普通人，就
是生命個體的自尊心，知道生命存在的規定性是什麼，或確認存在

感的自我意識，在黑格爾那裡是指人之為人的普遍的意識現象。在此，還沒有觸及應該與什麼樣的人共存或者拒絕與某類人共存這樣的政治問題，但在政治之前，個體必須在心智上做好準備，即對自身性的關切是一切思考的出發點。阿倫特曾無數次援引蘇格拉底的例子，來表明思考行為自身所蘊含的倫理屬性，懷疑越多就越道德。用蘇格拉底作為思考行為的典範，這對常人來說是不是要求太高了，是要求所有人都成為哲學家嗎？更何況哲學家很少向世人宣告他們的思考經驗本身，但只要是人，就會有思考行為這一點，阿倫特充滿信心。

　　現代政治奠基於個人主義的世俗原則，在沒有上帝之眼的情況下，這個個人是在一種抽離狀態中展開思考的。可見，現代政治的統治對象不是有德性的人，而是有思考能力的人。僅就思考行為的原初狀況而言，抽離意味著從文化、社會、歷史和政治的既有說法中解放出來，懸置與這一切的聯繫。在〈思考與道德關切〉一文中[11]，阿倫特區分了求知行為和思考行為，並將後者做一種現象學還原：思考是日常性的中斷，「停下來……思考」，此刻沒有穩定的概念作依傍，我和自我進行對話。這古老的蘇格拉底式的反諷，既非迴圈式推論亦非邏輯運作，也沒有對具體結論的期待，能做的只是從一種情景轉向另一種情景，這樣的轉換使得任何一種結論都面臨難以自足的局面。思考活動可以說是無限的，這無限性使得思考如風暴，你看不見但能感受其存在，因為當你搖晃的時候，就正是在承

11　漢娜・阿倫特，〈思考與道德關切〉，見《反抗「平庸之惡」》，傑羅姆・科恩編，陳聯營譯，上海人民出版社，2014。該文的英文標題是 thinking and moral consideration，與知性意義上的思維區分開來，即正在思考行為本身是怎樣的。

擔思考風險的時候。蘇格拉底正是在否定的意義上製造思考行動的肯定性。那麼，在權力的眼中，這充滿困惑的思考著的人一定是一個危險分子，因為統治／服從厭惡思考。正義、幸福、勇敢之類的說辭，在思考行為中都喪失了穩定性。

當然，對於任何政治體來說，這充滿困惑與猶疑的個人是危險的，在最低程度上，這個個人不僅是在執行層面上鋪設障礙，更為關鍵是他是其自身的障礙：任何判斷、選擇和行為得通過自己這一關，就變得不是那麼容易了。在思考行為的發生現場，沒有信仰、知識、概念以及道德教條為標準，而是作為一種純粹的意識經驗，顯現為這個個人在為難自己——其典範就是蘇格拉底式反諷的現代傳人齊克果[12]，在這無限的充滿困難的過程中，敲打出的那個「自我」才值得信任。因此現代意義的自我信靠在這個層面上，並非是對神性的遺忘或對於神性的僭越；在存在主義者看來，審慎品質也不是功利主義的理性計算，而是源自懷疑。懷疑是在孤獨無依的狀況下產生的，越是無所依傍，對那個甩不掉的自我就越是慎重，越是珍惜，就是說即使被全世界所遺棄，而人不能放棄自我，就越需要有個說得過去的自我，人與這自我惺惺相惜，交談對話，和平共處。阿倫特正是從這裡出發，提出「在這種情況下，可靠得多的則是那些懷疑者，並非因為懷疑是好的，或者懷疑有益，而是因為他

---

12 齊克果的博士論文以蘇格拉底為研究對象，發現思考的絕對起點只能是「個人」，而真理、觀念總應該與這個個人的生活經驗共生共在，在此前提下才可以說，人之於真理算是「理解」了，他認為反諷是嚴師，誰要忽略它，誰就缺乏個人生活這一思考的絕對起點，見《論反諷概念——以蘇格拉底為主線》，湯晨溪譯，社會科學文獻出版社，2005。

們習慣檢審事物並且自己做出決定。」[13]

因此，思考行為在最平常的意義上就是：人有腦，腦的存在就意味著會自行轉動，正如人有手腳一樣，會行動。如果手腳行動是外顯的自由，那麼動腦子就是內在的自由，這是無須爭辯的天賦能力。哲學家與普通人思考的唯一區別就在於，前者能夠熟練地掌握思考的方法，這包括預設前提之後的嚴密推論，如理性主義哲學家那樣；或者能夠把存在經驗整合進辯證邏輯之中，用哲學語言來描述經驗，像黑格爾那樣給人類經驗定制秩序。

就思考能力即是自由而言，有兩位哲學家在不同的方向上，將自由在最根本的層面理解為如呼吸般自然的現象：一個是蘇格拉底，他經典的詰問法適用於普遍的個體；另一個就是啟蒙思想家康德，他的道德律適用於任何心智正常的人。兩位偉大的哲人在悖論性與證成性這兩個角度，宣示自由不僅如生理官能一樣是天賦的，而且與這種官能的正常運轉相關。因此，針對像極權主義這樣無任何歷史經驗可參照的現象，阿倫特只能求助於先驗的自由個體，來檢視極權主義中的思考行為是如何發生變異的，即她所說的極權主義的構成性因素包括：總體性思維、經驗感知性的麻痺以及觀念強迫症[14]。極權主義是怎樣與個體的思維活動產生關聯，並發揮作用的？——這是阿倫特的論證路徑，就是說在你參與其中之前，必須要問的是：你怎麼想的？

反之，我什麼都沒有考慮，就被捲進去了，與那些參與其中並振振有詞的人相比，阿倫特認為前者更沒有道德性可言，身不由己

13　《反抗「平庸之惡」》，頁69。

14　漢娜・阿倫特，《極權主義的起源》，林驤華譯，北京三聯書店，2008，頁586-588。

和盲從於某種意識型態相比更可惡。身不由己就是完全放棄自己作
為人會思考這樣的天然屬性，是頭腦的癱瘓，而盲從可能還想了點
什麼。更徹底的盲從就是被意識型態那絕對的漠視經驗的自證邏輯
侵蝕，即這個從外部強加於人的思維方式，被人內化成其行為的自
動邏輯。在這種狀況下，即使看起來想了點什麼，但與自我懷疑者
在經驗中展開的的詰問相比，依然是不道德的。

你怎麼思考就怎麼行動，這好像無須質疑；這是所有道德判斷
的前提，即意圖和故意。這個世界上並不存在無緣無故的行為，大
腦指揮行為已成共識；即使關注無意識的精神分析，也是運用語言
隱喻的方法，針對不可理喻的行為作出結構性的分析。因此，思維
活動與道德是經由意識—意圖產生關聯的，怎麼想就怎麼行動，道
德判斷正是針對某種已經發生的事情，逆向質詢作為行為的思考過
程。如果如康德所說的那樣，有誘惑存在，那麼這裡的問題就是：
如何揭示出某種意識型態的誘惑，以及人為何接受誘惑？

阿倫特依然援引理性主義的立場，將人與自我的關係放置在人
與世界關係之前，這個前提是邏輯性的——康德與黑格爾的權利哲
學，將此表述為服從法律就是服從自我，法的意志是個體自由意志
的延伸。但當災難發生的時候，僅從普遍的邏輯推導，很難辨識極
權主義的強制性力量究竟來自外部還是內部？借用康德對惡行現象
的描述，精靈作惡人聽之，看起來惡行的發生需要雙方的配合。為
此，基於對先驗個體的普遍信任，我們須要來檢審極權主義的構成
性因素針對人的何種存在狀況產生效用。在《極權主義的起源》結
尾部分，阿倫特細緻地分析了與思維活動相關的三種生命現象：孤
獨、孤寂和孤立。

孤獨感來自人敏感的神經，孤獨是感覺到自己被遺棄，是人發
現自己的第一處境；一個總是與他人聯成一片的人，不會有孤獨感，

同樣也就沒有自我意識。意識到他人的存在並將他人視作自我的敵對面，孤獨為思考行為營造了一個氛圍性的條件。在孤獨的氛圍中思考，人便進入孤寂狀態，孤寂之人開始與自身的對話，就是說人不僅被他人所遺棄，還會被自己所遺棄，當然這種自我遺棄感所產生的自我憎恨，會幫助個體創建一個新的自我，在背離與共處的往返交互之中，選擇什麼樣的自我是可以容忍的，什麼樣的自我是不能容忍的。經歷了這番自我搏鬥之後，這個孤寂的自我將自己思考成型的自我意識外推給世界，這就是一般意義上的倫理原則或風俗習慣。這倫理、習慣和習俗活躍於人際空間，就政治而言就是公共空間，反之，進入公共空間之前，人已經做好了道德意識的準備，或者說一種清晰可辨的自我意識。

　　一種強悍的自我意識恰恰是與一種同樣強悍的他者意識相伴而生的，換句話說，就是意識到他人存在的一種更強烈的自反意識。天才般的哲學家本雅明將此描述為一種直觀的現代性體驗：人群之中的閒逛者，在巨大的噪音之中聆聽自己的心跳。主動與周遭隔絕是思考行為能夠發生的條件，人因自憐而孤獨，敏感的心靈總是覺得自己被世界拋棄了，或者與世界不和。孤獨之人蜷縮在世界的某個角落，和自己的內心竊竊私語，但這自言自語是說給他人聽的，設想有一個他人在場，是有關思考的體驗性練習。對此，當艾希曼審判沉浸在民族性的巨大悲憤之中時，當阿倫特的猶太朋友肖勒姆提請她關切自己的猶太身分時，阿倫特的回應有種徹底的理性主義的「冷酷無情」：「我從來沒有把自己打扮成自己之外的什麼人，也不想成為自己以外的什麼人……。我尚在孩提時代也沒有猶太人的自我意識……。我至今沒有愛過某一集團或某一民族……我只愛自己的朋友，而且相信的唯一的愛，是對個人的愛……。正因為我

自己是猶太人……我不能愛自己或者自己人的一部分。」[15]阿倫特將愛自己的民族與自愛等同，愛自己—民族無疑就是自私，會喪失自我檢審的能力，或者蘇格拉底意義上的自我懷疑。

　　不愛自己的民族，不自愛，時刻都在檢審自我的人，正是現代意義上的個體。這種個體存在的風險在於，一旦自我檢審的行為被某種外部力量強行終止——在法律上指言論自由的權利，即極權主義的高壓政策阻斷了人的自由思考，這種個體的脆弱性就暴露無遺，他們彼此就處於普遍的第三種生命狀況，這就是孤立。問題的關鍵還不是思考行為的中斷，「思考」這種最基本的自由是任何力量都無法剝奪的，除非物理力量或者酷刑對大腦造成損傷。孤立意味著思考行為與道德判斷的短路，人們彼此為敵但又相互需要，這是最為不堪的一種可怕的處境。當思考行為本身成了一種罪，在長期的壓抑的清洗運動中，那個與思考如影隨形的自我就萎縮下去了，或者人與自身對話的兩種路徑出現阻滯：一種是蘇格拉底那種豐富的感知性資源，一種就是康德自洽的邏輯形式，因為任何思考，不管是理性主義的嚴格推論，還是經驗主義的詰問法，它們共同依賴的基礎「自身性」已經被摧毀。看不到自己的人也就看不見他人，但他們卻如物質材料般麇集在一起，相互擠壓碾磨。

　　阿倫特將孤立定義為行動能力的喪失，是因為極權主義的意識型態邏輯，其強悍而冰冷的自證力量像老虎鉗一樣將個體緊緊地攫住，從而使得個體鮮活的感知能力處於麻痺狀態。在此，彷彿極權

15　1963年7月24日，漢娜・阿倫特致猶太朋友肖勒姆的一封信，重申自己在耶路撒冷審判中的立場，尤其關於民族身分，民族情感等問題，阿倫特有自己的理解，認為thinking中的個人是絕對的，見《耶路撒冷的艾希曼——倫理的現代困境》，頁161-162。

主義和理性主義彷彿共同享有某種不證自明的前提性推論，只不過推論主體不同，一個是政治集團，另一個是某個個體。因此，人喪失思考能力，這喪失不管出於強制的還是主動，總有某種邏輯力量在起作用，從而依然無法建立起思考能力與政治道德的直接關聯。阿倫特也曾說到，一提政治道德，任何政治行為總是標榜自己的正義、進步與善，並總是佔據某個道德高地[16]，那麼整個倫理體系有關善的解釋是否本來就是成問題的呢？說人被誘惑，究竟被什麼誘惑？如果惡的對立面是善，那麼被善誘惑而行惡事，這悖論豈不是被極權主義巧妙地吸收了，並運用自如？

四

　　一般情況下，我們指責別人沒有良心，隱含的前提是良心是自明的，良心是人的道德官能，良心麻痹就等於說這個人喪失了人格的健全性。這依然是一種預設性推論。人無能作惡，相對而言不啻說惡也許是種強悍的力量，像梅菲斯特那樣，是挑戰權威的精靈。因此，所謂良心泯滅人便作惡，這樣的推導並不成立，但我們可以說道德官能性的障礙，會導致人的軟弱。軟弱不是指體能，而是頭腦裡空蕩蕩的，別人灌注什麼就是什麼，那麼輕信也可以說是一種道德上的軟弱。因此，在阿倫特看來，如果不援引宗教意義上的靈魂說，良心就只能被看做是自我懷疑的「副產品」[17]。如果惡的平庸性與靈魂被誘惑有關聯的話，那麼就沒有自我懷疑的立足之地。這並不是說一個總是自我懷疑的人，同時也不相信世界上存在善

16　《愛這個世界：阿倫特傳》，頁418。
17　《反抗「平庸之惡」》，頁188。

惡；如果取消善惡的差別，判斷就無法形成。善惡之分如果脫離神的注視與安排，就政治行為這項人間事務而言，善惡的判斷必須把靈魂品質的定義引入其中。既然靈魂品質需要得到鑒定，那麼鍛造高潔靈魂的精神鬥爭自然讓人聯想到極權主義的清洗運動：大清洗的對象正是那些必須被消滅的階級和人，理由在於他們靈魂的骯髒，而不是他們的存在威脅了政治體的穩定。但我們知道，現代政治學的奠基人馬基雅維利有句名言：愛城邦高於愛靈魂，不是說政治高於德性，而是將兩者切割開來，政治行為與個人人格的完善沒有必然聯繫，只有保守主義者才相信好人統治就是好的政治。但問題是誰會認定自己是壞人？史達林和希特勒也不可能認為自己是壞人，沒有任何文獻證明他們承認自己有罪。列奧·斯特勞斯是這樣界定好人的：之於政治而言，有功績的人才配享榮譽，這榮譽將他們推向權威的位置，而一個正義沛然的世界就是每個人依據自然做他最為合適的事情[18]。但問題是何種功績？是古典意義的戰功，還是像共產運動那樣將人的靈魂進行徹底清洗的績效？人如何才能知道哪些事情合適他，哪些不適合他，正如1910年代，在維也納街頭為生計惶惑不安的小畫家希特勒，他根據什麼判斷哪些事情適合還是不適合自己做？當然斯特勞斯會這樣回答：這些人被權力腐化，他們並不配稱為領袖。但人在走向權力巔峰之前，怎麼知道自己會被腐化？

　　那麼「愛城邦」究竟說的是什麼，是誰在愛？當然是公民。公民愛城邦，教徒愛靈魂，這樣對比起來看，靈魂的純潔彷彿是一目了然的善，人人在內心都會趨附的善好；前者就不那麼乾淨了，因

18　列奧·斯特勞斯，《自然權利與歷史》，彭剛譯，北京三聯書店，
　　2011，頁150。

為人們總是認為政治是骯髒的。但極權主義將這兩者混淆在一起，對黨的忠誠就等於靈魂的純淨，這正是現代極權的政治伎倆。這樣的誘惑將個人與世界的邊界予以模糊化處理，「城邦」置換成了某項偉大的事業，從事這項事業的人，靈魂亦是高潔的。沒有人去質疑這套說教，這說教應和了人的內在需求，兩種愛交融在一起，鍛造出一種人格性的鎧甲。

面對極權主義這樣的政治現象，奠基於德性的古典政治學也好，還是根植於自然權利的現代政治學，都會捉襟見肘。更為微妙的是，保守主義者會以德性缺位的理由指責說，極權主義是現代政治科學製造的災難；而現代政治學則認為，正是對於靈魂工程的迷戀，以及常識的毀滅，造就了極權主義，這災難不是道德問題，而是絞碎了自然權利的人道災難。阿倫特的獨創性就在於，她既不是保守主義者也不是自由主義者；她將康德的道德哲學進行現象學還原，她的論證並不針對領袖、黨魁和黨棍，而是從參與其中的千千萬萬普通人出發，追究在人群之中的這個個人究竟深陷怎樣的政治—道德處境？唯一能夠撿起來的線索依然是，你是人，就應該進行思考。

阿倫特發現，和十誡首條「汝不得殺人」相比，康德實踐理性中例舉的最為絕對的道德命令是：人不得撒謊[19]。根據古希臘哲人超驗的靈魂等級說，金子般的靈魂稟賦導致了理性之光只有哲學家的心靈之眼才能看見。而啟蒙邏輯建立在大寫之人這一普遍的概念上，思考不僅是人的天賦能力，還是人的權利。這個設定比起靈魂等級更少爭訟紛紜。因為這個設定不關乎判斷，如果有判斷，也是

19　漢娜·阿倫特，〈論道德哲學的若干問題〉，見《反抗平庸之惡》，
　　頁84。

將判斷權交給那普遍的個體，於是認識自我的是「我」，並沒有哪個睿智之人來告訴我：我是誰。阿倫特將這條命令還原成思考行為，在自我質詢的過程中，進行思考的人不得自相矛盾，如果容忍矛盾，你就在撒謊。

當然這個純粹個人的思考行為的不矛盾律構成了一種義務：你應該你就能夠；如果你發覺自己應該但不能夠，這就是你對自己撒謊。但這個「應該」正如古老的賢人政治，怎麼會是自明的呢？那麼人是否可以放棄自己呢？阿倫特提出了一個有意思的中和方案：她說如果這個「應該」和「我能夠」之間的距離過大，那麼這個人就是不道德的[20]。但是康德的絕對律令是不能夠被量化的，一掂量即陷入了他所批判的功利主義窠臼。絕對義務不牽扯任何外部力量的強制或誘惑，如果接受強制或聽認誘惑，在康德看來就是道德腐敗。一旦將這條律令放進具體場景，更多的時候人往往處在薩特所說的自欺（bad faith）之中，因為生命的普遍處境往往正是被「我應該但我不能夠」所圍繞。「應該」預設了一種應然的價值理性，可是在世俗生活中人的選擇與行為僅有這種價值理性是不夠的，或者說生命根本承載不了這沉重的精神或價值，人的行為更多的時候是被具體問題與具體動機所促發。「我不能」在存在主義那裡是以牢獄形象而被反復描述的「處境」。但就政治道德而言，「我不能」在阿倫特那裡反而是對於「惡」的最低限度的消極防禦，以此去應對外部的誘惑，無論這誘惑是善的還是惡的。 這樣一來，「我不能」是經由思考活動針對自我的判斷，其結果就是行動能力的消解。一個充滿懷疑的人肯定是行動能力最弱的人，但猶疑與徬徨是人最

20 〈論道德哲學的若干問題〉，見《反抗「平庸之惡」》，頁99，注釋1。

後的權力了。那麼思考活動如何才能與政治行為發生關聯？畢竟思考是一種個體化的行為，而政治則是人在一起共同進行的事業。如果完全依賴人與自我的關係，人們的聯合與協作如何可能？

「我不能」當然不是指行動能力的癱瘓。人在被誘惑或者作為體制零件時，那個微弱的挽救自我的聲音才響起，此刻的「我不能」是一種心理活動，人反復掂量自己應該處在何種恰切的位置之上。主動將自己置於邊緣狀態，作為自我策動的應急方案，乃是人性事實中普遍存在的一種意識現象，比道德標準更常見，比理性原則更加容易上手。因此，道德首先應該與人的思考活動（thinking）相關，作為一種意識反應，在無任何外援的情況下，人與自己對話，展開獨立的思考活動，是為了敲打出那個自我。因此，在決定做還是不做某件事情的時候，人對自己提問：這樣的行為是不是與自我相符？相符就去做，不相符就不做。那麼「我不能」的意思就是，我不願意和自己產生矛盾，不願意被我所不是的那個「我」糾纏，這裡就涉及古典政治學所沒有考慮到的一個問題：政治生活的善好如何抵禦人的自我分裂？或者更進一步，聽從哲學王還是聽從人自身，關乎政治責任的不同取向。如果天性決定了人的所作所為，那麼完善性就無從談起，而思考正是可以幫助我們趨向完善的能力。

放棄對自我的質詢，在阿倫特看來，人就和愚蠢照面了，而愚蠢乃是道德敗壞的直接原因。寧可更聰敏，而不是更道德，相應地，現代人的普遍處境並不是道德的敗壞，而是思考能力的喪失。人們躲在制度和產品的背後，人的面目被格式化。針對極權主義通行的洗腦策略，阿倫特尤其關注現代人的思考行為和思考能力的問題。在她的晚年，她把自己的寫作焦點鎖定在「精神生活」這個議題上。

如果思考是我與自我的漫長對話，這是一個合二為一的過程，這裡已經出現了多於一的現象，這正是精神生活與政治生活（複數

的行為）的連接點。而「我能」或「我不能」恰恰是處於思考和判斷的交會處，判斷的到來還需借助一種綜合能力，猶如人對自己的發現一樣，發現他人的存在，不正是從這個思考的習慣中養成的嗎？判斷並不是根據在人之上的超驗規定；尤其政治判斷，乃是在人之間產生的。在眾人之間，就會產生衝突與矛盾，這時候任何概念或者哲學意義上的推論均可能無濟於事。因此就政治領域而言，意志與判斷才是兩種最為緊要的精神因素。

其實康德也意識到了道德律那嚴格的理性形式，對於具體的人的行為無所幫助，因為一個完全的理性存在者根本不會遭遇任何困境。但我們知道，不完的理性存在者隨處可見，因此，在道德知識和經驗性知識之間，以成文法的形式加以調控，法也就成了理性實踐的典範。在《道德形而上學》中，守法之人就是理性之人，其實就是把思考的困難抹除了。日常經驗中，人們遵守制度性的規定，做這做那，沒有人會停下來思考，停下來與自身照面，反正根據制度行事不會出錯的。於是「應該」就異化成了一台自動運轉的制度機器，顯然與針對人自身的道德律沒有什麼關聯了，這台機器一旦以極權主義的面目轉動起來，那麼政治責任就成了一個被徹底遺忘的問題。

因此，重新思考政治，並不是重新陷入意識型態的紛爭之中，或者假裝自己可以超越意識型態。當人們說意識型態的時候，似乎每個人都站在它的外面指指點點。根據「意識型態」的原意，是指一套邏輯自洽的觀念體系，這好像是說個人對它沒有任何責任，正如制度機器的運轉，人參與其中乃是被力學原理所決定，其動力學機制是哲學家才關心的問題。但在政治思想史中，我們又會發現，恰恰是啟蒙邏輯以其強悍的理性力量，以法制的形式終結了政治，即終結因眷望權力，而產生的人與人之間的險惡爭鬥。

　　如果按照阿倫特對於政治的現象學定義，即作為複數人的行動在創造一件新鮮的事物，那麼政治就和權力的爭鬥以及攫取沒有任何關係。阿倫特在《人的境況》中將權力界定為人們聚集在一起的力量，一旦聚集目的完成了，這個權力也就消失了。可見，只能從阿倫特所理解的政治方向上才能建立起道德、政治責任和思考行為的關聯。無論政治的消亡也好，政治的重生也好，或者在自由主義和保守主義的視野裡，理性也好德性也好，都無法解決現代之後政治所面臨的困境。對於極權主義所製造的政治災難，在理性認知力不從心的地方，僅有人道主義的責任追究是不夠的。阿倫特的言說則為我們提供了一種新的思考維度。

　　對於現代人來說，一切紛爭都和利益相關，人要這樣而不那樣，只是根據自身利益來決定自己的行為方向，利益總是具體的，無法抽象化。利益只分得出遠近輕重，一個快要餓死的人能吃到食物，就是他最緊要的利益。這樣一來，不同的人具有不同的利益訴求，難道人僅僅是根據利益來辨識自我的？同理，權力也同樣會根據利益原則來裝扮自己的正當性，權力會說這符合人民的利益，那不符合人民的利益，而人民在極權的眼裡，實際上是無人存在的荒漠，由極權者來代表就夠了。由此可見，利益原則只會讓人們的政治判斷跌入重重迷霧之中。

　　在馬基雅維利之後，政治究竟與什麼密切相關？在歷史性的面向上，政治判斷的權力閥門往往陷入意識型態之爭；在當下語境中，又總是以利益為中心，以現實利弊的權衡取代政治判斷。經常，政治科學與公共管理學已經難以區分了。在這樣的狀況下，政治哲學重提有關政治的古老含義：好的生活如何成為可能？好的還是壞的又要如何界定？一個答案是政治清明人倫井然，不管西方智慧還是東方智慧，都這樣認為。但是現代之後，真假取代了好壞的判斷，

在這樣的前提下，阿倫特提出的政治判斷，使得政治的目光穿越古
典意義上的權力德性，以及馬基雅維利意義上的權力理性，折返回
人自身，針對個人心智活動，提出人對自己的正確判斷與政治判斷
息息相關，即你是什麼樣的人和你想過什麼樣的生活息息相關。

五

　　現代之後，從實驗科學而來的知識理性，要求人們面對任何事
物，儘量做到客觀與中立，這意味著人必須將個人的任性與偏好排
除在外，也就是說遵循規律和規範——在康德那裡是道德律的範
導，個人心智活動中的判斷應該隱匿並加以抑制。在知識理性看來，
日常生活經驗中對事不對人的說法，是強調評判的精確性與有效
性，至於人是什麼這個問題，儘量懸置起來。與此相應的就是，「你
是誰」這個問題乃是不可理喻的；知識理性不會從這個角度提問，
而是將人的行為，社會性的也好，心理的也好，分別交給社會學家
和心理學專家，就是說把自己交給專業知識，在專家那裡尋找答案，
專家就是知識的化身。聽從自己的聲音並不可靠，一方面是意識到
了個人的有限性，但另一方面，恰恰是將思考的權利出讓給除了自
己之外的任何人。越多的知識意味著越來越稀少的思考，於是，我
們獲得的自然、社會、心理、文化、歷史等等的知識是如此豐富，
而唯一貧困的現實就是自我：我沒有判斷，把我排除在外；對不起，
我無能為力，這是制度。這樣的日常意見隨處都可以聽見，我們自
己這樣說，也聽別人這樣說，其實沒有說出的真相就是：我沒有判
斷，我就沒有責任。當然在沒有聖徒的世界，道德指引是虛弱的；
由於好與壞只與道德相關，粗陋的道德譴責也沒有太大的說服力，
但這並不意味著所有人都有成為艾希曼的潛能。阿倫特的要求只是

去判斷；這是人的政治官能，就像你去看去聽去嗅一樣地自然。

　　人的事實真相，跟自我的事實真相並無二致，在這真相裡盤桓，就會發現人與自己爭辯就足以構成政治。因此，我看見自我，正如看見一幅畫，馬上能說上兩句，這是官能的天賦，或稱直覺，在這個意義上，阿倫特將康德的品味判斷力轉化成一種旁觀能力。旁觀能力依賴於共通感，就是說人可以回想某種食物的美味，但無法交流，不可能通過語言去說服另一個人相信某種食物必然是可口的，但是你相信別人也可能有相同的感覺，這共通性存在但無法證成。但不能交流是否就意味著沒有標準？康德的純然理性給出的解決之道就是先驗的想像圖式，比如三角形，既不是事物本身，也不是概念，而是訴諸視覺感官的三角形，是可見的概念形象。而在理性思維之外的審美或品味判斷，却沒有這種先驗圖式可依賴。當你說一幅畫好還是不好的時候，你也相信任何人都能對此有所評價，並不是評價的結果一致，而是說官能正常發揮功效，你如此，別人也如此，這就是阿倫特強調的判斷之所以能夠產生的事實基礎。品味是任何人都具備的感官能力，而品位說的是一個人有良好的感受力，這針對感受力的判斷就和任意的私人性感受有所區分，是可交流的，因此「尤其品味判斷，總是反思他者以及他者的品味，把他者的可能有的種種判斷納入考慮。」[21]從品味到品位，其中想像力和共同感就參與進來了。

　　在康德的《判斷力批判》中，區分了兩種愉悅：一種是你正在進餐時的愉悅，還有一種是你回想那頓美餐時的愉悅。更多的時候，恰恰是後一種的愉悅體驗更加強烈。事後將令你愉悅的事物告訴他

21　漢娜・阿倫特，《康德政治哲學講稿》，曹明、蘇婉兒譯，上海人
　　民出版社，2013，頁101。

人，這本身也是令人愉悅的，因為在分享時，這樣的好也會變得更大。總期望向他人展示美好之物，並且相信他人也能感受到這美好，這是人的品味使然，但此時此刻，那頓美味既不在你的口腔也不在別人的口腔之中，你是根據你對美味的理解，與你的夥伴一道，重新創造了一種「美味」，一種內在的感覺，這比你當初大快朵頤時多出來的部分，康德稱之為「判斷著的快樂」[22]。

　　品味判斷中不可能有概念的參與。康德比較了五種感官能力，他認為味覺和嗅覺更私人化、更挑剔、更加敏感，更加不可交流，就是說這兩種感覺天生含有更強的判斷性，這判斷性近乎一種生理本能，遇到難吃的與難聞的，身體立刻做出排斥的反應，這是最為始源的判斷現象學。當我們思考判斷力的時候，不應該遺忘判斷行為中的身體反應成分，因此，康德在《判斷力批判》前言中聲明，有必要補充理性概念和實踐當中的這個仲介環節，他稱之為判斷力。這樣一來，作為道德概念的善好，在其發生現場，尚涉及品味判斷力發揮作用，這正是人的心理官能所賦予的一種內在意識。由此可知，現代之後的道德概念與古典主義的德性概念一個最為重要的區分在於，前者出自個人意識，後者出自超驗的規定。

　　那麼想像力就可以理解為我感覺到了我的味蕾感受，如何將這如此個人化的感受與他人分享？這感受別人也許有也許沒有，如果他人也同我一樣的反應，這就是康德所說的「共通感」（common sense，也譯作常識)。共通感的發生必須有他人的在場，這樣我的感

22　康德，《判斷力批判》，李秋零譯注，中國人民大學出版社，2013，頁46-48。大陸譯本在此部分內容中，將品味判斷譯作「鑒賞判斷」，本文根據阿倫特英文譯法，全部採用「品味判斷」（Judgments of taste）。

受就變成了我與他人一起來感受，這感受可能會產生一些共通性，和愉悅相比，我們會厭惡什麼的共通性彷彿是更為明顯的。但有時候人們的感覺會相互衝突，因此會沮喪，不過這不重要，可交流性並不意味著一致性，可交流性內在於品味判斷，自我感覺能夠被回想起，並且能夠與他人一道回想起。思考亦如此，需要孤寂，同時也需要走向他人，在世界中顯現。這時候，在想像力和共通感的助力下，有距離的再現就從感受變成了旁觀，在場—旁觀共同形成了人們所說的公共理性。

就像電影，訴諸你的看，僅以畫面進行判斷，同理，想像力和共通感使得再現成為可能。任何再現都是某種既在眼前又不在眼前的，既非主觀又非客觀的存在，正如你不能說電影是主觀的，因為畫面是實存的，但也不能說它是客觀的，因為它並不是真實發生的事情。正如我們不能看見自己眼睛，「看」需要距離，看就是旁觀。旁觀能力其實是一種意識重播的能力，一件事情發生了，儘管你不在場，你的判斷依然成立。人向自己要求這判斷，就是政治責任顯現的時刻。

但極權政治運用美學原理進行意識型態鼓動的時候，這裡的美和官能享受相關，那種整齊劃一的恢弘氣勢僅僅是崇高美的概念形象，就像前述那個先驗的三角形。判斷在此被抹除，沒有留下看見個體自身的環節。對崇高概念的癡迷，就好像人對某種口味上癮，沉溺於味蕾的私人性感受，變成美的饕餮者，人的感官共通性只能束手就擒。這時候，旁觀能力應該作為一種防禦機制出現，讓你觀看藝術品而不要成為藝術品。可見判斷所依賴的前提是距離，回想本身就是距離，但僅有回想還不夠，判斷一定要回答好還是不好，並與他人一道，去檢審作為道德官能的判斷是否還在發揮正常功效。

正因為概念的存在，品味判斷的鬆弛是因為語言接管了一切，

當每個詞保持住了穩定的意義之後，人們就疏於運用感知力、直覺和悟性，去詢問一個概念究竟被體驗為什麼？感覺當然不值得信任，但這並不意味著就必須去主動關閉這樣的官能；哪怕作為自閉症，主動關閉身體與世界的接觸，那也是因為她感覺到了自己的憂鬱和絕望。因此，阿倫特發揮了「品味判斷」中的想像力與共通感這兩個條件，品味判斷隱沒，惡的膚淺就會冒出來：人像機器零件一樣運作，在忙這忙那，不會停下來思考。思考行為的現象學還原，在阿倫特那裡就是人與自己對話，那麼這個對話的習慣來自哪裡？這個問題推動她走向針對人的心智活動的現象考察。心智活動依賴人的官能，去做品味判斷，如果我能回想起我的感受，並期望這感受能夠與他人一道分享，在他人那裡得到回應，那麼判斷能力就成了人與自我、人與世界的一種天然的紐帶，而真理總是要經由這樣的能力，抵臨政治領域。

　　與早期關注政治行動的現象發生學不同的是，阿倫特將康德的品味判斷力與政治判斷力聯繫起來，政治判斷就不是一般意義上的意識型態之爭。阿倫特關心的是，在對某一政治現象進行判斷之前，應該對此現象有充分的理解，這理解就像品味判斷動用想像力和共通感才能達成一樣。因此政治判斷作為行為表現，可分為服從與抵抗，兩者各有消極與積極之分。人如此這般行為，總是可理解的。如果意志指揮行動，政治判斷也應該先於行動。要麼抵抗要麼服從，就政治而言沒有中間地帶來安放人性的脆弱，或者所謂人性的晦暗不明。那麼政治判斷的想像力從何而來？阿倫特認為只能依靠典範來啟動這樣的想像力，沒有必要去述說一樁事件有多悲慘──悲慘程度與判斷無關，政治判斷的源泉在歷史故事、神話和史詩之中。這裡沒有康德意義上的先驗圖式來幫助我們論證什麼是三角形，什麼不是三角形，這無條件的必然性就是有關三角形的理念，但在政

治這人類獨有的現象中,判斷發生在直覺和品味之中,不能被證實,但能夠被了悟與傳頌[23]。

在荷馬史詩中,殺人最多的被奉為英雄。英雄們是神的後裔,每個英雄都有自己的保護神,有的還因為稟賦特異而受到神的嫉妒。他們和神的唯一區別就是終有一死,但英雄與凡人的區別是,他們的生與死關涉某位神的意志。英雄之所以為英雄,關鍵在於他們知曉自己的命運,從不藉口逃脫——《伊利亞特》與《奧德賽》的區別也在此——並甘願承受一切,但會因非凡成就而成為不朽。摧毀特洛伊城滅絕依里昂人,不是凡人能決定的,而是天后赫拉的旨意,因此悲劇的動力機制是超驗的命運框架,古希臘人傳唱的正是這不可理喻的生命現象。奧林匹亞山上的眾神即使是真理(必然性)本身,他們彼此之間也相互爭吵,而凡人,具體地說是行動中的凡人,他只能根據手裡的弓箭是否得心應手這樣的事實,去領悟神的意志。

典範可以幫助我們形成一定的政治判斷,史詩中的英雄不是歷史人物,而是作為典範切入我們的想像力。阿基琉斯穿越幾千年依然能被今天的人感受到,品味判斷力讓我們確信這位英雄的存在。重要的不是說他勇敢;他的勇敢不僅在於他受神的護佑,還在於他也會被神所遺棄,他知曉並欣然接受這兩個相互矛盾的事實,但他自己不會自相矛盾,戰鬥是他唯一能做的選擇。在典範面前,正如喬治・斯坦納說到自己閱讀史詩的感受,「經典會問我們,你了解了嗎,你負責任地重新想像了嗎……你準備好以此行動了嗎?」[24]

---

23 漢娜・阿倫特,〈真理與政治〉,見《過去與未來之間》,王寅麗、張立立譯,譯林出版社,2011,頁231-232。

24 喬治・斯坦納,《斯坦納回憶——審視後的生命》,李根芳譯,浙

政治判斷就是說我們與政治打交道的時候，概念性真理似乎不太得心應手。阿倫特試圖在哲學真理之外，思考政治的可能性，提出判斷力總是與事實真理在一起。儘管阿倫特未曾明確提到，但從她思考的方向上看，已經將政治哲學與古希臘的詩學傳統聯繫起來了。想像力製造了概念所排斥的幻象，這幻象的客觀屬性被保存、記錄和描述。不得殺戮是真理，但事實卻是殺戮伴隨著歷史；共通感不是說對悲慘的事實共同感到恐懼，恐懼只會讓人閉上眼睛，想像恐懼；共通感是指為了免於恐懼讓我們一起來信守真理。政治判斷需要永不停歇地與殺戮這類令人沮喪的事實照面，因此政治判斷需要想像力。想像力可以製造出這個稱作客觀幻想的對象，當災難擦身而過的時候，即使你可以慶幸自己並不在其中，但你的想像力不允許你產生這種僥倖的想法。斯坦納所說的「負責任地想像」，正是這種從品味判斷的官能性而來的政治判斷，與真理一樣，也具有某種強制力。這種強制力與知性認識不同在於，概念不會帶給你恐怖，恐怖情緒來自事實真理，這真理不用演繹法也不用歸納法，它像電影畫面一樣，佔據你的意識活動，這個被佔據的意識空間可以外顯為政治空間。

像康德思考品味判斷的可能性那樣，阿倫特思考的是政治判斷的可能性。想像力讓人能夠記憶，共通感讓人設定了一種他人立場，正如藝術真理能被人汲取一樣，政治判斷就具備了理性能力之外的詩學力量。記憶和他人立場伴隨，使得政治判斷超越一己之見，記憶的頑固性自有其政治內涵，正如荷馬所奠定的詩學傳統那樣，這

(續)─────────

    江大學出版社，2012，頁23。斯坦納的回憶錄以examined life 為副
    題，行文之中，學問知識與其生活經驗相互纏繞，彼此盤問，向讀
    者顯示了這位人文巨匠怎樣運用想像力和直覺，踐行「檢審」二字。

表現在當人人面對悲慘事實都轉過頭的時候，有人不會放棄講故事的習慣。阿倫特常常說他們那代人是大洪水的倖存者，倖存並不意味著大洪水退去之後，倖存就與洪水毫無關聯，大洪水的事實真理被保留在人們講故事的習慣之中。事實真理不是在理性形式中被論證出來的，而是在講述之中，在回想之中，一次又一次地向人們顯現出來。述說與傾聽的行為存在，故事就存在。如果故事在冒犯常識，就會引發喜劇般的笑聲，這大笑的動作就成了即刻的判斷力，而人的愚蠢就在笑聲中顯形；如果故事觸動了品味判斷的共通性，那就會會引發人的愉悅、反感、悲傷、恐懼等等心理活動，進而去思考那故事當中令人反感的惡行，畢竟是人針對人的行為事實，不是惡魔針對人的行為，也不是人針對一塊石頭的行為。因此，與政治判斷密切相關的正是這樣的詩學經驗，事實被想像力固執地保存下來，過去與未來彙聚在此刻，直面慘痛，與他人照面，在感受力的鏈條上建立起人的信心。

　　負責任地去想像──斯坦納的這條人文箴言不僅適用於文學經典，也適用於如何面對所發生的一切。正如古希臘的行吟詩人荷馬那樣，他不會選擇性記憶，也不會選擇性失憶。作為品味判斷的典範，當情感無法承受事實的嚴酷時，他籲請心中的繆斯女神給他力量，把故事說下去。兩部荷馬史詩，貫穿其中最多的就是人神對話，用現代的理解其實就是人與自己對話。接受自己，接受事實，是人理解自身的唯一起點，最基本的責任，而無論基於何種理由撒謊，或者躲藏在美好動機之後，以強權的面目出現，即使可以掩蓋扭曲事實，但事實本身的強悍會照見這脆弱性。阿倫特認為講故事的人暗中對抗的是兩種危險，一種是把已經發生的事實當成無可奈何的必然性，另一種就是禁止記憶以便抹除事實。當人們說歷史會評判一切的時候，當然不是指司法意義上的審判，歷史學家其實就是那

個講故事的人。故事是說給眾人聽的，說者與聽者暫且放下一切所謂的基於各種理由的對抗，按照事情的本來面目去接受，接受，然後自己去判斷，這正是阿倫特所說的人性事實的最後權利。

科學理性之後的公理演繹，似乎遺忘了這最古老的懇切的科學態度，在政治領域之內判斷，墜入黨派利益和意識型態的重重迷霧之中；再者就政治而言，觀念性真理是軟弱的，能夠改變現實的只能是行動，一旦行動，總會有人不願意接受的事情發生。政治冷漠已經成為普遍的現象，如果基本的生物性活動能夠維持下去，政治就是多餘的。還原這冷漠立場就會發現，冷漠出自人對自身性的故意遺忘。尤其在經過集權文化洗腦運動之後的社會，這洗腦也可能被理解為我被欺騙過，我不會為自身利益之外的任何事物所打動了，曾經的熱切變成了對熱切本身的厭惡，誰要以道德情懷的名義來鼓動我，都不會再起任何作用了。如此冷漠的微妙性就在於，這裡還殘存著微小的反思，但反思的結果不是思考我還能期望什麼，而是變異成一種心如死灰的玩世不恭；這裡也有判斷，但判斷的發生為逃避事實找到了理由，這裡的事實是某種結果的衍生物，這事實就是活著，但不用去關心活在怎樣的環境與世界裡。

從相信某種真理走向不相信任何真理，那麼對於正在發生的一切，人就會出現官能性的障礙，不去判斷，結果就意味著感知力從搖晃不定變成徹底麻痺。當然你也可以說，我願意接受麻痺的自己，和麻痺共存，這樣的說法從語義上也是矛盾的，因為麻痺是自我感知力、自我認識能力的喪失，但你知道麻痺這一事實本身，就證明你還沒有徹底麻痺。就正常人而言，你可以迴避全世界迴避任何人，但不能迴避你自己，這是人的官能性所決定的人性事實。以此為基礎，我，感覺到我自身，感覺美味、愉悅，更為重要是感覺傷痛，感覺阻力，感覺空氣裡令人窒息的東西究竟是什麼？

　　歸根究柢而言，人即使被剝奪一切，但無法剝奪感覺的權利，這權利與生命同在。而權利意識與感覺能力的保存、維繫與練習密切相關。這樣一來，阿倫特思想的兩個主題：積極行動與政治判斷，在不同的面向上回應著這樣的基調，這就是「愛」。

　　認真對待自己，常常和自己對話溝通，愉悅自己的方式不僅僅是感官層面的享樂。你讀一本書、聽到一段好曲子、品嘗到獨特的美食，這是淺層次的愉悅。不要忘記納粹黨徒也會這樣愉悅自己，他們也聽巴哈讀荷馬，但這樣的藝術欣賞不會形成他們對自身的判斷。正如艾希曼所承認的那樣，他只通過接受命令來認識自己，但他們忘記了巴哈的悲憫和自己的關聯，忘記了史詩中的英雄也有對神意的不屑。愉悅自己在更深的層面必然包括認識自己，在這樣的過程所發生的那種出自判斷的愉悅，已經從感官的直接刺激走向了意識覺醒。在此，康德所說的品味判斷是獨自完成的，如阿倫特所說的孤寂之中的獨自思考，不需要別人的參與，沒有原理和概念，但這獨自思考得借助想像力的翅膀，這獨自經由想像力變成了你和你自己，在史詩中是人和神，在歷史學家那裡是現在和過去，因此判斷才將我們從盲目與聽命的殘缺之中解救出來，獲得人自身的完整性。

　　品味判斷能夠幫助人走向自尊，尊嚴不是外部力量能賦予的，外部力量最多能幫助你維護尊嚴，但不能產生尊嚴。一個有自尊感的人，不可能忍受自己活在豬圈裡，這種求好的心態必然會要求好的環境、好的社會和好的世界，和他人一道，共善同好，這也是傳統文化中所說的君子能興能群。「興」是想像的能力，感知的能力，與自己對話的能力，「群」就是與夥伴一道共在共存，能興能群就是政治判斷與政治能力，而啟蒙思想的巨匠康德意思是，此話可以反過來理解，能興能群的真君子，就是擺脫蒙昧獨立思考的普遍的

現代人。

　　「你負責任地想像了嗎？」，喬治·斯坦納接著問，「你準備好如此行動了嗎？」，那麼從愛自己就走向了愛世界。儘管理論上無法論證大屠殺會不會重演，大清洗會不會再次發生，但對於已經發生的一切，都在記憶裡。記憶的政治屬性與感知力相關，回想、記憶然後接受，接受的是你無法接受的事實，明確這一點非常關鍵。無法接受但的確發生過，既然無法接受，就意味著人不能和自己矛盾，再次去接受不願意接受的事情重演，於是邏輯推論裡的偶然性和必然性不會幫助我們免除責任。試著去阻止、去改變，去創造、去著手做一些事情，即阿倫特所說的政治—積極生活就聯繫起來了，因為想像力和共通感所孕育出的政治判斷，總是會讓人們趨向於在糟糕的世界中去爭取小小的勝利。

　　誰也無法事先告訴我們政治生活的具體內容，但政治生活已經在愛自己和愛世界的方向上展開了，它以這樣的面目來到我們面前，阿倫特寫道：「那種處在我們同伴當中，和我們的同伴一起行動，公開展現自己所帶來的快樂與滿足，那種讓自己的言語和行動切入世界，因此獲得和保持了我們人格同一性，並開啟了全新事物的快樂和滿足。」[25]

　　張念，同濟大學人文學院副教授。研究方向為女性主義理論、政治哲學和文化批評理論。著有《性別政治與國家——論中國婦女解放》，《女人的理想國》，《持不同性見者》。

---

25 漢娜·阿倫特，《過去與未來之間》，頁246。

大馬華人與族群政治

與其他各國的海外華人社群一樣，在很大的程度上，馬來西亞華人社會的形成與近代中國的危機息息相關，它可說與兩岸三地分享著相同的「現代」命運。然而，與其他海外華人社群相比，馬來西亞華人卻有其獨特性，這和它的人口比率有極大的關連。馬來西亞華人人口逼近700萬，曾占全國人口比率三分之一強，至今也還有四分之一，這使得它與屬於絕對少數人口的歐美各國華人社群不一樣，更與佔人口絕大多數的新加坡不同。但也正由於此，馬來西亞華人形成了獨特的問題和命運。它雖是少數族群，卻又被認為是對「土著」構成威脅的少數，因而在二戰之後的解殖民化過程中，在新興的民族國家建構中遭受不平等待遇，然而也由於同樣的原因，它在社會各個領域中具有自成體系的能力，堅韌地存在著。

　　簡單的說，在文化上，馬來西亞華人的獨特性體現在其社會自成體系下形成的文化（語言）再生產能力，華文教育體系得到基本完整的保存，「馬華文學」就是其文化再生產的顯例。在政治上，它老早就是馬來西亞獨立建國中的重要主體力量，脫離了北美洲華裔僅能偶而參政而當選議員或市長的模式。同時，在長期深受種族主義政治霸權斫害下，華人在追求自身平等地位的過程中，在當代思潮或意識上逼迫出了一種民主化、泛人權的政治現代性，並且形成為一股促進馬來西亞民主化的關鍵力量。可以這麼說，馬來西亞華人的「現代」遭遇與當代命運，在學理上頗值得追問與發掘，它與當代兩岸三地有所聯繫但又不同，這之間其實有許多可以對話與對比之處。本期「大馬華人與族群政治」專輯，各篇文章主要即圍繞上述馬來西亞華人群體的特殊語境，嘗試從政治、觀念、語言及人文各個角度，回顧及探問華人的基本問題與處境，以期提供華文知識界一初步的理解。

——許德發

公民可以差異而平等嗎？

馬來西亞的69年糾結

黃進發

一、1946年問題：公民可以差異而平等嗎？

　　西方帝國主義在全球各個角落建立、爭奪殖民地時，一般都促使各國──不管能否避免淪為殖民地──同時在經濟上現代化和國際化。因為原有社會被殖民地統治者裂解或併合、同時人口大量遷徙，帝國主義和現代化往往使得殖民地形成多元社會（plural society），而這些國家的人民後來大量移居原殖民地宗主國，也讓後者逐漸變成多元社會。這兩者都不符合語言、文化、認同單一的「法國式」民族國家，促使後來應運而生「多元文化主義」。然而，在戰後如火如荼的去殖浪潮中，同質性的民族國家仍然是許多殖民地獨立後的範本，因此，他們所奉行的同化性政策往往讓族裔、宗教、語言成為社會的斷層線，不但危及本來所要追求的社會凝聚，甚至可能引發長期的族群對峙乃至政治暴力。

　　馬來西亞是英屬東南亞[1]的主要繼承者。英國通過與荷蘭、暹羅

1　英國在今日所謂東南亞的殖民地還有緬甸，然而緬甸直到1937年前是英屬印度的一省，與英國在麻六甲、南中國海的其他殖民地、藩

締約劃分勢力範圍，截斷了馬來半島與印尼蘇門答臘西岸、廖內群島、泰南北大年之間馬來邦國的政治紐帶，形成了包括新加坡的「英屬馬來亞」。在婆羅洲北岸，英國冒險家布洛克和英屬北婆羅洲公司一南一北，逐漸蠶食了汶萊蘇丹國的廣袤領土，把砂拉越和北婆羅洲（後來的沙巴）建成英國的保護國，與退居一隅的汶萊並列為英屬「北婆羅洲」三個保護國。最後，除了拒絕加盟的汶萊和入盟兩年後被逐出門牆的新加坡，這些前英國殖民地都成了馬來西亞的一部分。

從19世紀以降，英屬馬來亞和英屬婆羅洲都形成了多元社會，其人民可以分為三類。

第一類是信奉伊斯蘭教和慣常說馬來話的馬來人，這包括了從印尼來的移民和融入馬來社會的阿拉伯裔與印度裔穆斯林。在馬來半島，馬來人與穆斯林認同的合流，其實歸功於英殖民地政府要維持馬來社會現狀的政策，一方面確立馬來君主為各自邦屬的伊斯蘭教首領，另一方面制止基督教傳教士向穆斯林傳教。

第二類是大部分既不信奉伊斯蘭教也不慣常說馬來話的華裔、印度裔移民。他們人數在英國殖民地統治下大增[2]，官方的後殖民論述因而歸咎殖民地統治改變人口結構。然而，在英國派遣參政司（Residents）掌管霹靂、雪蘭莪、森美蘭內政之前，當地的馬來酋長已經輸入華工開礦。後來這些州發生爭奪王位或者礦權的內戰時，交戰方各有馬來酋長與華人幫會。而柔佛州英主蘇丹阿布巴卡，在有生之年成功避免英人介入內政，卻自己招攬華人開墾農地，種

────────────

（續）

　　屬不相統屬。

2　在15世紀的麻六甲時代或更早之前，馬來半島已有來自中國、印度、阿拉伯、波斯各地的商賈僑居，但是人口不多。

植胡椒、甘蜜等作物，把華人墾殖民首領封為「港主」[3]。華印移民的遷入，與其怪罪殖民地政府的政策，毋寧是經濟現代化的產物。

第三類是信奉天主教、新教乃至泛靈信仰的婆羅洲土著。在英人入主之前，汶萊以外的婆羅洲北岸，伊斯蘭化程度不高。天主教會和新教團體積極深入內陸傳教，因而讓基督教成為砂拉越、沙巴土著的主要宗教。

二戰後重返馬來亞和婆羅洲的英國人清楚看到，去殖民地化是大勢所趨，同時美蘇兩大陣營冷戰業已開始，英人要能因應。1946年，英國人同時在南中國海兩岸改組其領地，以精簡政府架構和強化中央管制，為最終去殖做準備。

在婆羅洲，英國原有三個保護國：汶萊，「白人拉惹」（white rajah）布洛克（Brookes）家族統治的砂拉越王國，以及英屬北婆羅洲公司的領地北婆羅洲。英國把後二者改為殖民地，結果在砂拉越面對「反割讓」（anti-secession）運動的阻力。布洛克家族的統治深得民心，建立了砂拉越的國民認同，因而許多砂拉越人反對第三代國主查理斯・韋納・布洛克（Charles Vyner Brooke）割讓砂拉越予英國的決定，希望砂拉越保持自主，由王儲安東尼・布洛克（Anthony Brooke）繼位統治。1949年，英國第二任駐砂總督被馬來年輕老師羅斯利多比（Rosli Dhobi）暗殺，然而「反割讓運動」並無力回天。

在馬來亞，英國的領地分為三類：新加坡、檳城和麻六甲三個海港組成的「海峽殖民地」（Straits Settlements）；霹靂、雪蘭莪、森美蘭和彭亨這四個最早接受英國保護的礦產邦國所組成的「馬來

3　「港」在閩潮方言為「河流」之意，「港主」因而有管轄河流流域
　　的權利。

聯邦」（Federated Malay States）；以及最遲成為藩屬、自主性較高、統稱為「馬來屬邦」（Unfederated Malay States）的柔佛和北方四邦。1946年4月1日，英國人宣布把這些領地整合成兩個殖民地：新加坡以及另外十一州組成的「馬來亞合邦」[4]（Malayan Union）。

　　「馬來亞合邦」遭到了馬來社會左右上下的強烈反對。這固然是因為九個馬來邦國從「保護國」降級變成「殖民地」，權力中央化並集中在英國總督之手，讓九州的馬來統治者變成連虛君都說不上。更重要的是，它讓非馬來人輕易歸化成為公民，引發馬來人對自己在「本國」失勢的恐慌。殖民地政府為了維持社會穩定，除了栽培馬來權貴子弟成為官僚之外，其政策是讓大部分馬來人繼續留在鄉村務農捕魚，而原來只是引入作為短期客工的華印裔，反而有許多人選擇落地生根，成為城市現代經濟的主幹，讓馬來人起鵲巢鳩占的不平之心。而二戰時，日本人殘酷對待華人而招攬馬來人為員警和公務員，結果戰後華人為主、馬來亞共產黨（馬共）主導的抗日軍在一些地區清算親日分子的行動，就變成族群衝突，更加劇了馬來人對華人的戒心。即使英國人刻意把華人居多的新加坡排除在「馬來合邦」外，避免非馬來人人數壓倒馬來人，「馬來合邦」依然激起馬來人強烈的存在憂患。

　　多元族群社會在去殖時面對一個重要問題，我稱之為馬來亞／馬來西亞的「1946年問題」：「公民可否差異而平等？」，意即：政治權利是否可與文化認同脫鉤？從法國大革命以降的民族國家主

4　這個重要的政體沒有正確的譯名。有些人譯為「馬來聯邦」，但這就與Federated Malay States同一譯名。有人譯為「馬來亞聯合邦」，但這與其繼承者「馬來亞聯邦」（Federation of Malaya）幾無二致。把Union譯成「聯盟」則過於寬鬆，完全違背它的「單一國家」（unitary state）特性。我譯之為「合邦」，取「合一」、「合眾」之意。

流論述來看，答案為「否」，公民必須同質，才有凝聚力，民族國家才能維持。公民之間如果有明顯的文化差異，把公民隔離成不同的社群，等如國中有國，即使地理上雜居，也將威脅民族國家的長期存在。為了消弭差異，剛性做法是讓多數族群單向同化少數族群，如法國；柔性做法是讓各族群、文化混同，冶為一體，即美式「大熔爐」。心甘情願地求同存異者，如1947年獨立的印度，在當時甚至到今天仍然是異數。從歷史去看，馬來亞的主體族群馬來人就是操馬來語穆斯林的「大熔爐」。就如中國人的「夷入中國則中國之」民族觀，馬來人的期待大概可以視之為「夷入馬來（半島）則馬來之」。華印裔移民因為人數以及文化優越感而拒絕被同化，直至今天仍被許多馬來人視為「心懷舊邦」的表現。

對「1946年問題」而言，「馬來亞合邦」乃「是方」的方案，要建立「馬來亞人的國家」而非「馬來人的國家」。這個答案理所當然地受到馬來人的強烈反對，卻沒有立即受到當時沉溺於中國國共之爭的華人所重視。英國人最終決定撫順前者民意，在1948年1月31日，以「馬來亞聯邦」（Federation of Malaya, 馬來文名稱 Persekutuan Tanah Melayu，意為「馬來國土聯邦」）取而代之，收緊了非馬來人歸化的條件。「否方」的勝利同時確立了反「馬來亞合邦」政治載具——貴族主導的巫統[5]（UMNO）的政治主導權。

二、1957年體制：差異性公民權待遇與慢性同化

1946年6月馬共的反英武裝起義，讓「1946年問題」否方（以巫

5　其全名為United Malays National Organisation，因為「馬來」舊譯為
　　「巫來由」，故譯成「巫來由民族統一機構」，簡稱「巫統」。

統為代表的馬來民族主義者）五個月前的勝利迅速失色。如果大部分非馬來人沒有公民權，極可能會傾向華人主導的馬共，加劇馬來亞赤化的風險。如果馬共成功趕走英國人，其「馬來亞人民民主共和國」既不利於馬來貴族也不利於英國人。

英國人說服巫統創辦人翁嘉化走多元族群路線，最後出現兩個歷史性的意外結果：首先，巫統因為是否開放門戶給非馬來人而分裂，而主張開放的翁嘉化本人在1951年退黨另組多元族群的馬來亞獨立黨（Independence of Malaya Party）；然後，為了打敗獨立黨，巫統和保守派華人主導的馬華公會兩黨的地方黨部，在1952年的吉隆玻市議會選舉中結盟，並因大勝而催生了「聯盟」（The Alliance）。冷戰堪稱改寫了馬來亞以及日後馬來西亞的政治架構。

聯盟後來還接納了馬來亞印度人國民大會黨（Malayan Indian Congress），形成三大族群政黨結盟壟斷中間路線的格局。巫統放棄了建立「馬來民族國家」的議程，改以代表馬來人掌握國家主權為己任。1955年，馬來亞舉行全國大選，聯盟贏得85%選票和98%議席，以全民代表之姿赴英談判，終於在兩年後領導馬來亞獨立。1957年到1969年種族暴亂前12年的馬來亞，荷蘭政治學者李普哈特視之為不同族群和平分享權力的「協和政治」（consociationalism）的典範之一。

馬來亞1957年的獨立憲法，涵蓋了聯盟主導下馬來人與非馬來人的主要妥協。這個族群間的「獨立妥協」（Merdeka Compromises）在後來的官方論述中被稱為「社會契約」，強調當初的遊戲規則不得改變。這協定包含了三個配套。

第一，　公民權的條件大幅度放寬，讓大部分非馬來人都得以歸化成為公民，並享有經濟自由，滿足了非馬來人的訴求；作為交換條件，馬來人在憲法裡（第153條）獲

得「特別地位」，在教育、公職、商業運營權上有其
保障性配額[6]；同時不明文地讓鄉下選區享有過度代表
權（over-representation），變相擴大當時鄉居為主的馬
來人的選票比重，保障其支配權。「特別地位」條文
在草案中原本有十五年期限，代表著扶弱的考量，然
而最終草案沒有期限，其基礎因而純然是土著主義。

第二，　憲法第3條列伊斯蘭教為聯邦宗教[7]，但同時闡明「其他
宗教得以在和平與和諧的情況下奉行」，另外第11條
再闡明宗教自由，但是其第4節留了非常重要的但書：
各州得立法限制非穆斯林向穆斯林傳教。另外，法律
不許跨教婚姻，所有與穆斯林結婚的非穆斯林都必須
改信伊斯蘭教。基本設計是保障穆斯林人口只增不減

第三，　憲法第152條明定馬來文為國文，但同時保障無人被禁
止或阻止在非官方用途上使用其他語言，也不妨礙聯
邦或州政府保存任何社群語言的使用與學習。然而，
在法律層次，1956年教育部長阿都拉薩發表的「拉薩
報告書」，在承認華文、淡米爾文學校為國民教育體
系一環的同時，也定下了讓馬來文成為唯一教學媒介
語的目標。易言之，政府淘汰少數語言學校的方法不
是積極關閉，而是消極忽略。

這三個配套的本質其實就是差異性公民待遇與「溫水煮青蛙式」的

6　各州另有馬來保留地，除非獲得州政府核准，只能在馬來人之間買
　　賣，以確保馬來人不會在地價揚升的城市地區沒有立錐之地。
7　原來各馬來州屬都已列伊斯蘭教為官方宗教。

慢性同化政策。它一方面以特惠待遇與慢性同化的結構性機制來安撫害怕失勢的馬來人,滿足他們對移民被同化的文化期待;另一方面則以包含經濟自由的公民權、以及宗教自由與語文自由短中期不變的保障來滿足非馬來人的訴求。

用於落實憲法第153條下差異性公民權利的需要,憲法須要定義誰為「馬來人」,第160條下的定義有四個要點:信奉伊斯蘭教、慣常說馬來語、依循馬來習俗、本身或祖先在獨立日或之前生於馬來亞或新加坡。四者當中沒有一條要求說明馬來人必須有馬來人的祖先。

理論上,除了馬新祖籍不得由人選擇,其他三者完全是價值與行為上的選擇。雖然條文沒有明確說明,這個定義完全可以被視為充分條件。易言之,只要符合這四個條件,完全與馬來人沒有任何淵源的外人也可以在文化上「加入馬來人」(masuk Melayu),符合數百年來的文化規範。換句話說,這是歡迎外人自行跳入的「大熔爐」。

反過來說,不符合上述四種條件,還可以是馬來人嗎?從執行第153條特惠待遇的需要去看,這四個條件自然是必要條件。你要享受特惠,你就必須持續滿足那三個價值與行為上的條件,不得改變宗教、語言與習俗。因此,差異性公民待遇與慢性同化政策不止相連,而且前者是後者的工具,以(利益差)異促(文化趨)同。

回到「1946年問題」,主流馬來人對國族定位的看法,已經從1946年的「純馬來人的國家」,退到1957年「以馬來人主導的國家」,把馬來族群變成馬來亞國族的核心,由巫統作為代表掌握支配性權力。易言之,維持以族群駕馭國家的形勢,需要馬來人政治勢力的集中。這不但否定了馬來人政治內多黨競爭甚至巫統內部競爭的正當性,而且需要一套機制來克服「集體行動」的難題。

三、「馬來人支配的維繫」作為集體行動

　　奧爾森（Mancur Olson）指出，公共財因為其不可排除與不可分割的特性而難以供應。由於人人有「搭便車」坐享其成（free-riding）的誘因，因而大家都會期待別人承擔成本，最後可能誰都不願意做傻瓜，對「集體行動」形成了挑戰。他提出反直覺的洞見：群體越大，其成員越無法確定與制約坐享其成者，因而集體行動失敗的可能性越高，有如中國俗語所謂「一個和尚挑水喝，兩個和尚抬水喝，三個和尚沒水喝」。要克服集體行動的挑戰，奧爾森指出，群體需要有機制區分參與者與坐享其成者，提供選擇性誘因，以便正面獎賞或者負面懲罰坐享其成者。

　　奧爾森的基本理論建立在集體成員都有共同利益的假設上。易言之，不參與者都是坐享其成者，而非異議者，因此在目標的設定上並不存在壓迫，只是在行動上不允許置身事外。然而，這個理論的架構完全可以適用於無共同利益的群體。以要求加薪的罷工為例子，行動成功則所有人都得利，因此，拒絕罷工者到底是因為想上工繼續賺錢同時坐享罷工成果，還是因為他真誠反對罷工，很難認定。然而，共同利益的假設在其他例子未必如此。在1970年代的美國肯德基州路易士維市，白人至上主義者反對族群融合學校，不但讓本身孩子轉校，也以暴力作為「負面選擇性誘因」威脅其他白人家長讓孩子轉校。同是白人，白人至上主義者與相信族群融合的白人家長利益並不一致，維持全白人學校只是前者認定符合所有白人利益的集體行動，然而沒有後者參與，前者就不可能單獨達到目標。這兩群人的利益結構並不符奧爾森的原有模式，因為後者已經不是坐享其成者，而是異議者。然而，選擇性誘因依然完全適用，通過

非自願手段改變「異議者」的利益結構和損益計算，集體行動可以
反過來創造和維持群體。

馬來亞「1957年社會契約」所依以為基礎的「馬來人支配」
（ Malay dominance），其維繫就是這種典型的集體行動邏輯。非馬
來人強勢存在與明顯差異所構成的心理威脅，讓被逼接受他們歸化
的馬來人最終以巫統所建立的1957年體制自保；然而，如果馬來人
不集中力量支援巫統，則不利非馬來人的「社會契約」就容易被推
翻，那麼巫統黨人就算獨自要維持「社會契約」也不可得。

這就形成了馬來亞人（國民）、馬來人（多數族群成員）與巫
統黨人（執政黨成員）的三層結構。圖一為其鳥瞰圖，可見三個同
心圓。要維持馬來人的支配，馬來人（第二個圓圈）相對於馬來亞
人（第三個圓圈）的比例必須只增不減，而巫統黨人與支持者（第
一個圓圈）相對於馬來人（第二個圓圈）同樣也必須只增不減。如
何擴大馬來人對巫統的支持取決於政黨領袖、政策、組織等；如何
擴大馬來人在馬來亞人的比例，則取決於官方政策。

前述憲法第160條以宗教、語言、習俗和出生地／祖籍界定馬來
人，而「社會契約」的後二個妥協為宗教與語言畫了紅線：非穆斯
林可以改信伊斯蘭，而穆斯林不得改信其他宗教；非馬來人終將都
以馬來文受教育，而馬來人不應該以其他語言受教育。如果非穆斯
林都改信伊斯蘭，非馬來人都能慣常說馬來文，則馬來人身分的四
個要素中，兩個條件已經成熟。在後來的實踐中，其實只有宗教變
成馬來身分認同的絕對關鍵。出生地／祖籍最無關宏旨──婆羅洲
與印尼出生的穆斯林都輕易被接受為馬來人，以致多數人都忘記了
馬來人定義中的這個因素。許多伊斯蘭基本教義派馬來人在文化上
傾向阿拉伯化，並不奉行有印度教殘餘影響的馬來習俗，但從無人
因此被否定他們的馬來人身分。許多馬來精英接受英文教育，日常

生活以英語交談，少數甚至不能說流利馬來語，同樣沒有人因此失去馬來人身分。這些彈性的做法，有利達到人數只增不減的目的。

然而，一個人如果因為本身「喜歡」而信什麼宗教、說什麼語言、遵奉什麼習俗，這些自願的選擇都是利益；而一個如果因為「必須」而信什麼宗教、說什麼語言、遵奉什麼習俗，這些非自願的限制其實都是成本，難免會受到一些人的抗拒和違背。要確保沒有人脫離群體，甚至吸引外人加入，除了前述的負面限制，群體還必須提供一些正面的選擇性誘因。

圖二展示這個架構的橫切面，展示國民、多數社群成員、執政黨人三個階層所享有的正面選擇性誘因。當所有馬來亞國民都享有公民權時，馬來人必須享有憲法賦予、法律與政策層面上的「特權」，地位比一般國民更高，才能誘使他人同化；而當一般馬來人理論上都享有特權時，巫統黨人就必須另外還享受到政黨恩庇，地位更高，才能誘使馬來人入黨。

從這一點去看，「特權」與「文化同質性」是當代馬來人身分認同的關鍵，共存共榮。沒有了特權，馬來人的文化同質性就必須建立在自願的基礎上，必須面對個人理性與利益考量的檢驗，因而幾乎無可避免會受到衝擊，分裂成不同的文化—政治群體，有如比利時的法荷語系社群兩方各自分為左、中、右三派。反過來說，一旦失去了文化同質性，要保有特權的馬來人人數就不足以捍衛1957年體制；因此，要維持「特權」就不得不以強制手段維持馬來人的「文化同質性」，仇視並壓制自由派、包容派馬來人的異議。

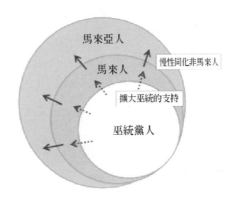

圖一　馬來亞三層結構的鳥瞰圖

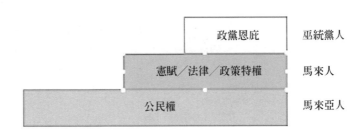

圖二　馬來亞三層結構的橫切面圖

四、1957年體制的三次挑戰與調整

1957年體制確立後，面對了三次挑戰與調整。

(一)1963-1965年邊界變更

1959年新加坡自治選舉之後，獨立勢不可擋，然而，當家的人民行動黨與英國政府都擔心左傾的民情最終可能讓島國在獨立後赤化，因而遊說馬來亞開國首相東姑阿都拉曼接受馬新重新合併。其時，馬來亞仍在剿共，如果新加坡赤化，則形同美國後院的古巴。然而，1946年英國讓馬新分家，本意正是避免非馬來人人數壓倒馬來人，1959年時這個隱憂仍然存在，對婆羅洲本有染指之意的東姑，因而提出合併的反建議：新加坡以外，英屬婆羅洲也必須同時成為新國家的成員。

除了汶萊最後堅持不參加，馬來亞、新加坡、砂拉越與沙巴在1963年攜手成立馬來西亞。然而，馬來亞與新加坡兩地執政黨之間競爭衝突不斷，新加坡人民行動黨在欲取代馬華公會作為巫統的華人夥伴不果之後，嘗試組織包含四邦在野黨的「馬來西亞團結陣線」（Malaysian Solidarity Convention），與巫統主導的聯盟逐鹿天下。巫統擴大版圖的目的原非引進競爭對手，最後只好壯士斷腕，把新加坡逐出聯邦，阻止兩線／兩黨政治成形。

在巫統原初的計算中，婆羅洲土著「近似馬來人」（almost Malay），應該是馬來人在族群博弈中的天然盟友。1957年體制只做了輕微調整，把「特別地位」的受惠者從馬來人擴大為「土著」（Bumiputera），以建立新的多數族群組合。

然而，砂沙兩州的首任首席部長都是基督徒土著，對馬來人支

配充滿戒心，最終都在聯邦干預下丟官，由巫統所信任扶植的穆斯林土著取而代之。聯邦政府為了加強控制砂沙兩州，通過其穆斯林代理人，鼓勵非穆斯林改宗，而穆斯林則以馬來人自居，尤其是在沙巴。「特權」理論上涵蓋所有土著，實際上卻以宗教分嫡庶，基督徒要充分享有特權就必須改宗。

在沙巴，基督徒土著主導的沙巴團結黨在1984年奪回政權，並在1990年大選期間退出國陣。憤怒的巫統東渡沙巴，並且大舉引進菲印穆斯林，發予公民權，終於在1994年重新奪回政權，從此確立在該州的支配地位。原本族群林立、認同多變的沙巴，逐漸變成穆斯林土著、非穆斯林土著與華人三類，宗教作為斷層線的作用越來越重要，與馬來亞政治逐漸趨同。

(二)1969年暴亂後的調整

在馬來亞（半島），巫統以馬來人的政治代表自居，然而卻未能滿足馬來人對獨立的期待。經濟上，東姑阿都拉曼首相領導的聯盟政府採行不干預政策，滿足了非馬來人，卻無法有效提升馬來貧民的生活水準。文化上，聯盟政府面對馬來人要求獨尊馬來文、非馬來人要求語言平等的訴求，左右不能討好。1969年，馬來亞舉行獨立後第三屆大選，聯盟在半島喪失了十個百分點的選票，巫統的主要對手伊斯蘭黨則增加了九個百分點。巫統與伊斯蘭黨在半島的得票比率從1964年的5：2驟降至3：2，有分庭抗禮之勢。如果馬來政治中兩黨制終於成形，整個1957年體制就受到挑戰，因為非馬來人在野黨可以和伊斯蘭黨結盟，一起挑戰巫統所主導的聯盟。

然而，馬來西亞的簡單多數選制卻掩蓋了馬來人分裂的真相，而突出了非馬來人團結挑戰巫統政權的表象。伊斯蘭黨的半島得票率雖然從15%暴增至24%，其國會議席卻只從9席微增至12席。相反

地，非馬來人為主在野黨的半島得票率雖然維持在26%左右，幾乎
紋風不動；但是，因為這些在野黨達成協議，不再如1964年時陷入
多角戰，其議席反從原來的6席暴增至22席。聯盟不但失去以華人居
多的檳城州政權，在馬來人與非馬來人人口相當的雪蘭莪州（首都
所在）與霹靂州，朝野皆不過半，出現「懸空議會」，最後哪一黨
執政成為懸念。非馬來人為主在野黨在首都的選後勝利遊行，引發
了馬來人失去政治支配的焦慮，最終在5月13日發生族群暴亂，史稱
「513暴亂」。

　　這個暴亂讓巫統得以重寫遊戲規則。被視為對華人過於軟弱的
拉曼首相立即失勢，其強悍的副手阿都拉薩在緊急狀態（戒嚴）頒
布後，組織了以馬來人政要、官僚、軍警高官為主的「國家行動理
事會」，接管內閣權力，並在一年後「真除」首相。拉薩把暴亂歸
咎於族群之間的財富分配不均，明確地讓1957年體制向馬來人利益
傾斜。他一方面擴大解釋憲法第153條下馬來人與婆羅洲土著的「特
別地位」，通過以「新經濟政策」（New Economic Policy）為代表
的「土著主義」（Bumiputeraism）政策思維，給予馬來人／土著種
種優惠，另一方面加強馬來語言、文化的地位，昭示馬來西亞是馬
來人主導與定義的國家。

　　而為了避免非馬來人的挑戰，他三管齊下：一，修訂《煽動法
令》，禁止國人包括享有免控特權的國會議員質疑「公民權」、「國
語」、「特別地位」、「君主制」四項憲法內容；二，重劃選區，
降低非馬來人選票的分量，不讓代表他們的政黨坐大；三，擴大和
改建「聯盟」為「國民陣線」（Barisan Nasional簡稱「國陣」BN），
收編主要在野黨，只有民主行動黨和砂拉越國民黨選擇在野。

　　拉薩這個大手筆奠下了巫統中興的基礎。擴大「特權」增加了
土著與非土著之間的權益區別，讓馬來人／土著支持巫統／國陣變

成理性選擇。拉薩把開國初年的「協和民主」實質改成「選舉性一黨制國家」,讓馬來人通過雨後春筍的國營企業參與正規經濟,不再困在小農形態;也讓巫統黨人進駐國營企業,或者夾權力要津之利與非馬來人財團合作,以權謀利。巫統通過政治權力分配經濟蛋糕的結果,是黨內分幫分派,不同山頭的恩庇系統競爭激烈,最終在經濟危機時誘發權力鬥爭,在1980年代中期經濟蕭條與1990年代末期東亞金融危機時爆發兩次慘烈的黨爭。兩次的贏家都是在任23年的強人首相馬哈迪,而流落在黨外被逼另組政黨、統領在野黨挑戰國陣的東姑拉沙裡與安華都恰好是他不同時期的財政部長。

巫統的分裂有其社會基礎。黨國的恩庇政治加劇了巫統黨人與一般馬來人的利益差異。許多不是巫統黨員的馬來人,包括沒有門路或者押錯注的巫統黨員發現「特權」只是畫餅。朋黨與權貴以馬來人之名獨占雨露,致令族群內貧富懸殊加劇,讓「新經濟政策」與「土著主義」在馬來人當中的正當性也受到侵蝕。然而,改變1969年體制風險太大,在1990年與1999年大選讓巫統/國陣保住了政權。1990年時,非馬來人全力支持在野黨,然而前述沙巴團結黨臨陣倒戈投向拉沙裡陣營,卻讓巫統順勢打出拉沙裡出賣馬來人給基督徒的危機牌,讓一部分馬來人改投國陣。1999年時,馬哈迪以肛交罪名毀掉安華名節的做法讓過半的馬來人背棄巫統,許多非馬來人卻因為顧慮改朝換代會導致513暴亂重演,而選擇國陣,讓後者逃過一劫。

(三)2008年後的變天威脅

2008年3月8日的第12屆大選,巫統的1969年體制在沒有預警下受到反風重創,在野黨不但破天荒贏得49%選票和36%議席,而且拿下五州政權,普遍被稱之為「308海嘯」。在2004年,接替馬哈迪

的阿都拉首相曾以親民的新人之姿取得65%選票與91%議席，卻缺乏魄力改革前任弊政，反而坐視巫統右派崛起，又受到其前任馬哈迪的攻擊，結果左右受敵，只勉強保住政權。

由於2008年國陣慘勝之後並無發生暴亂，而在野黨執政州屬中最富饒的雪蘭莪與檳城兩州都交出可觀政績，安華所領導的在野「人民聯盟」（Pakatan Rakyat，簡稱「民聯」）聲勢上揚，終於在2013年5月5日的第13屆大選贏得過半選票，以51%對47%壓倒國陣，然而由於選區劃分不均與劃界不公，民聯只能贏得40%議席，而國陣囊括其餘60%議席，與政權失之交臂。

現任首相在選後把選績解釋為「華人海嘯」所致，暗示馬來人仍支持巫統／國陣，只是華人背棄國陣。在2008年後就先後冒起的馬來人／穆斯林極右派組織如Perkasa（強盛土著）與Isma（穆斯林聯盟）等在2013年選後加緊煽動馬來人對民聯上臺後的恐慌。一般視納吉首相與巫統把側翼的族群攻勢外包給這些極右派組織，以便納吉政府仍然大談「中庸」治國，穩住中間選票。極右派與巫統攻擊民聯內的（安華領導的）公正黨與伊斯蘭黨淪為其華人主導的盟友行動黨的傀儡，說他們沒有維護馬來人與穆斯林利益。

在2008年後因為趨中而得到許多非穆斯林支援的伊斯蘭黨，正面對著本身的認同危機：到底要繼續走中間路線，尷尬地受非穆斯林歡迎多於穆斯林歡迎？還是回歸保守路線，放棄非穆斯林和開明派穆斯林支持以回歸基本盤，進而斷送民聯執政的希望？伊斯蘭黨保守派堅持在其執政堡壘吉蘭丹州實行伊斯蘭刑事法（Sharia Criminal Code），不但讓不滿七歲的「民聯」搖搖欲墜，隨時瓦解；更直接改變憲政體制，引發馬來西亞會不會進一步伊斯蘭化、侵蝕個人、女性、非穆斯林權益的隱憂？

幾乎可以確定的是，在伊斯蘭刑事法的陰影籠罩下，如果此刻

大選，民聯幾無勝算，因此，1969年的體制得以再延續至少一屆國會（任期至多五年）。而2008年以來這七年間，社會上有關宗教的爭議幾乎無月無之。除了伊斯蘭刑事法，其他重大爭議包括：

- Allah（阿拉伯文「神」The God）一詞乃穆斯林專用，非穆斯林不得使用。當高等法庭在2009年判內政部的上述禁令無效時，全國發生數宗基督教堂以及其他宗教場所被縱火與破壞事件。
- 非穆斯林婚姻觸礁時，改信伊斯蘭的父親擅自帶走孩子並使之改宗，讓非穆斯林母親失去撫養權，而世俗法庭判孩子歸母親的裁定不受警方執行。
- 伊斯蘭宗教官員突然出現在非穆斯林葬禮上，宣稱死者生前已改信穆斯林，因此奪走屍體以便以伊斯蘭儀式下葬。
- 非穆斯林面對種種阻礙，難以建造或設立宗教場所。
- 個別穆斯林乃至宗教官員詆毀非穆斯林不受制裁，而非穆斯林對伊斯蘭的批評則輕易觸犯法網。
- 宗教官員執行宗教律法時侵犯基本人權、個人隱私。
- 自由派穆斯林被視為宗教之敵、叛教者。
- 穆斯林女權組織被宗教當局列為異端。
- 一位穆斯林為了解除穆斯林對狗兒不潔的恐懼，主辦活動讓穆斯林學習接觸狗兒後如何以宗教儀式淨手，結果活動大受歡迎，卻遭保守派指為羞辱宗教司、意圖使穆斯林脫教。

五、穆斯林極右派興起：神學還是政治？

2014年12月，25位曾居政府高位、德高望重的馬來人發表致納吉首相的公開信，以中庸自居，公開抨擊極右派、伊斯蘭宗教當局、

宗教事務部長的狹隘、保守言行，反對伊斯蘭刑事法，要求首相出手制止這股風潮。這封信激起了千層浪，一時間從名人到普通民眾，許多人都紛紛聲援，支持中庸之聲。這股聲浪基本上把馬來西亞穆斯林極右派的興起，看做神學偏差的問題，要求回歸過去「中庸」的馬來西亞，彷彿這是近年來才走上的岔路，與馬來亞／馬來西亞的立國體制沒有關係。

真相是，所有宗教爭議皆來自兩個基本立場之一。第一，世俗體制是錯誤的，因為伊斯蘭教沒有取得獨尊地位；第二，穆斯林不得脫教或改教。這兩個問題固然有其神學根由，但是，伊斯蘭世界對這兩者並不存在單 意見。最好的例了是阿拉伯之春的起源地突尼斯，2014年1月該國在伊斯蘭黨派執政下通過了新憲法，明定該國為「民權國」（civil state），保障宗教自由。

這兩個立場在馬來西亞之所以成為不得質疑的聖牛，其實源於「1946年問題」——「公民可以差異而平等嗎？」。從純正的「否方」立場出發，1957年體制是不得已的妥協，因而否定多元文化主義乃至世俗主義，視之為殖民統治的遺毒，就成為邏輯上的必然。而穆斯林不得改教，本來就是1957年體制的關鍵部分。那麼，為什麼過去馬來西亞不曾蒙受宗教極端主義之害？

第一，直至1980年代末，語言仍然是馬來西亞主要的族群標記，多數馬來人重馬來文而輕其他語文，多數非馬來人輕馬來文而重其他語文；然而，在1990年冷戰結束後，英文抬頭，其後中國崛起讓中文價值提升，語文失去了定義族群的能力，要維持馬來人的族群邊界，自然就回到宗教——在土著主義政策的誘因下，極少穆斯林會強調自己不是馬來人，因而穆斯林輕易變成馬來人的同義詞。

第二，巫統的存亡危機從來不曾如今日的顯著與確定，而巫統政權的垮臺意味著過去維繫馬來人認同的「文化同質性」與「特權」

都可能崩潰，讓馬來人依意識形態和經濟利益分裂成幾個群體。對馬來—穆斯林民族主義者而言，從1946年巫統的誕生算起，這是「近70年來前所未有之大變局」，其中的恐慌可想而知。巫統的土著主義固然幫了巫統權貴多過一般馬來百姓，然而，沒有了巫統，沒有了土著主義，馬來人在異族環伺下「如何不會變成自己國土上的乞丐」？要克服這種恐懼，馬來人的思想就不能不受到監管，以便他們仍然支援巫統，而監管的最正當基礎當然就是宗教。對需要特權者而言，維持甚至強化「1969年體制」是他們無法獨立進行的「集體行動」，因此必須對外突出敵我之分，對內消滅差異。威權主義因而是生存之道：沒有黨國，就沒有族群。

　　不處理宗教爭議背後的利益糾結，不承認族群政治背後的「理性」，不提出比1969年體制優越但能夠消除大部分馬來人不安的替代性政策體制，不解除「世俗體制是殖民統治遺毒」和「穆斯林不得改教」這兩個金剛箍，馬來西亞只能在宗教極端思潮高漲中慢慢陸沉。

　　黃進發，英國Essex大學政治系畢業，現為馬來西亞檳城研究院研究員。研究興趣於馬來西亞的聯邦制、選舉制度與族群政治，同時活躍於非政府組織。著有評論集《草昧十年》等。

分歧的社會正義觀？
馬華巫族群的「平等」、「公正」論述與權利爭奪[1]

許德發

一、前言

　　自1950年代馬來亞獨立憲制之擬定與談判時期開始，出於族群利益分配之博弈，公平、平等這些屬於社會正義觀念的詞語也夾雜在族群動員之中，充塞於馬來（西）亞各種政治修辭與社會話語之中。實際上，馬來（西）亞的最基本問題是族群問題，社會的利益分化和對立往往都被族群化，而階級問題則相對被模糊，這使得族群之分歧造就了對社會公義觀念的不同視角及詮釋，進而形構了相異的社會公義觀。所謂「社會公義」（social justice）概念乃指被用作評價社會制度的一種道德標準，並被視為社會制度的首要價值，它要處理的問題是：社會合作怎麼樣才算是公平的？羅爾斯更指出，正義的對象是社會的基本結構——即用來分配公民的基本權利和義務、劃分由社會合作產生的利益和負擔的制度，而正義原則旨

1　本文曾發表於華社研究中心主辦「當代馬來西亞政治理念暨制度省思研討會」（吉隆坡，14/9/2013）。

在提供適當的分配辦法[2]。換言之,社會正義原則欲通過社會制度調節社會的不平等與非正義之事。因此,一個社會內的正義觀念系統必須被普遍接受,社會不同群體之間的合作、政治政策實施的正當性,甚至政權的合法性及政治效忠才能有真正的基礎。由此可見「社會正義」之於國家的重要性。

基於此,任何一個現代國家,無論採取甚麼政治、經濟和社會的體制,如果要穩定和持續發展,都必須表達基本社會正義。儘管此議題及概念如此重要,但有關馬來西亞社會之內的正義觀之研究似乎闕如。本文嘗試通過獨立以來國內兩大族群,即馬來人(尤以執政巫統為主的主流民族主義者)及華人社會中較為通行的幾個相關概念如平等、公正及公平之論述,探討馬來西亞社會內的正義觀之歷史起源、本質及其演變,並從西方政治哲學的學理視角對之進行初步評價。實際上誠如前述,由於族群權益之嚴重分化,不同的族群自有其不同的理念擁抱,因此在很大的程度上,對這些理念之探究,也意味著對馬來西亞族群問題另一個面向之理解。

二、政治博弈下的政治正義論述

1950年馬來亞獨立運動時期的憲制博弈以及與之相關的權利分配,是以三大族群作為談判及分配單位的。大體而言,族群競逐不外為了政治權力、經濟資源、社會地位、或是文化認同的分配。由於獨立憲法決定了各族群在此新興國家未來的地位與前途,因此在這關鍵的立憲過程中,迸發出了各種權利危機與價值張力。在各個

---

2   約翰·羅爾斯著,何懷宏等譯,《正義論》(*A Theory of Justice*),
     北京:中國社會科學出版社,1988,頁1-2。

族群的權利競逐之中，除了社會動員、關係的操作與實力的衝撞之外，更少不了各種言論、論述與喊話。換而言之，權利競逐的前提又是建立在各自的訴求與權利之爭取的正當性之上的。「正當性」其實涉及到道德層面，因此各大族群不得不提出各自的正義論述，以合理化自身提出的分配原則及方案。

（一）原地主義與不平等的根源

首先，我們不妨直接引述已故著名華文教育鬥士沈慕羽一句仿效孫文的著名說法──「華教尚未平等，同志仍需努力」來說明題旨，它頗能概括馬來西亞華人所追求的社會正義──「平等」。對華人社會而言，它面對的是一種刻意的、憲法及政策設計上的不平等。從根源上說，從1920年代開始，隨著英殖民政府推行親馬來人政策，華人社會即開始感受到自身地位之不如人。作為一個被各方認為乃國家的「客人」、「外來者」，這啟始了華人在地的不平等憂患[3]。然而最早感受到不平等意識的乃是海峽華人[4]，如陳禎祿於1932 年12 月即向英國駐馬來亞的總督遞呈了長篇政治宣言，要求賦予海峽華人政治權利、廣泛參與行政會議與立法議會的權利，及允許華人進入政府文員服務組，即殖民政府行政管理層[5]。這可被視為華人最早爭取平等待遇之始。

3　拙作〈大局與獨立：華人社會在獨立運動中的反應〉，收於文平強編，《馬來西亞華人與國家建構》，吉隆坡：華社研究中心，2009，頁87-112。

4　海峽華人指居住在英國海峽殖民地（新加坡、檳城與馬六甲）的土生華人。

5　Tan Cheng Lock, "Memorandum to Sir Samuel Wilson" （December 1932）, in *Malayan Problems: From A Chinese Point of View*, Singapore: Tannsco, 1947, pp. 74-88.

　　事情總有另一面。同樣的，馬來人爭取自身權益的鬥爭大約也始於1930年代，這與華人移民人口的增加有明顯的關係。與英國殖民地當局實施親馬來人政策差不多同個時期，「土著」概念即已出現，它可說是白人殖民地的產物。我曾在另一文章中提過，這是馬來民族主義者「原地主義」邏輯的操弄，把這個國家本質化為Tanah Melayu（馬來人之土），即「馬來人的馬來亞」，並以此合理化、鞏固他們在馬來（西）亞不容挑戰之主體位置。在獨立前，新加坡馬來人同盟（Singapore Malay Union）的尤諾斯（Encik Mohammad Eunos）曾在立法議會上高分貝的喊出：

> 不論馬來人有怎樣的缺點，可是他們沒有共產黨分子，也沒有兩面效忠，不管其它民族如何講到土地的占領，我確切地覺得，政府充分瞭解到，到底是誰把新加坡割讓給英人，與馬來半島的名稱是根據什麼人而來的。[6]

而對於華人的本土地位，當時的《馬來教師雜誌》（*Mujalah Guru*）社論則質問「若我們馬來人生於上海，是否可以只因為我們想要權利和特權，而自稱是上海的土地之子？」[7]塔尼亞·李沐蕾在研究印尼原住民運動時曾指出，運動發起的深層原因是有賴於把「原地哲學」作為權利和認同的基礎。這種哲學尊崇當地人，強調「民族淨化」，認為外來的「他人」不合法，在極端的情況下還會懲罰、排斥他們[8]。實際上，學者們業已指出，一個支配團體要維繫其優勢地

6　*Straits Times*, 27 Jan. 1948.

7　*Mujalah Guru*, August 1931. 引自 Radin Soenarno, "Malay nationalism, 1896-1941," *Journal of Southeast Asian History*, 1（March,1960）. p. 13.

8　塔尼亞·李沐蕾（Tania Murray Li），〈民族淨化、迴圈知識和原

位，除了要能控制資源的分配，更重要的是要有能力界定其價值體系及灌輸將不平等合理化的意識形態，如此一來，不平等的結構才具有某種「正當性」，而維繫不平等狀態的最大的問題在於，如何確保劣勢者對不平等的體制仍能保持一定程度的認同，並安於劣勢地位的現實[9]。馬來人反復強調自身「土著／土地之子」（son of the soil）地位，並由此得到判斷他人「忠誠度」的道德制高點[10]。換言之，「馬來主權」就是馬來西亞非馬來人的最大挑戰及不平等的根源，馬來人也藉此維繫其自身在憲法及政策上之特別地位。尤其在1970年代「後五一三時期」嚴厲、激烈的馬來人特權政策，更讓華人切身體會到自身存在的尷尬。因此，國家獨立之於華社的一個最重要特徵就是「危機意識」之形成。

延續著英殖民地時代的差異政策以及1948年的馬來亞聯合邦（Malaya Federation）憲法，獨立後的馬來（西）亞透過1957年獨立憲法之草擬，可說「再生產」了社會當中的不平等狀態，使之以固定的結構持續存在[11]，甚至於可以加以延伸至「新經濟政策」之實

（續）──────────────

地主義的困境〉，《國際社會科學雜誌(中文版)》，2003年03期，頁90。

9　蘇國賢、喻維欣，〈臺灣族群不平等的再探討：解釋本省／外省族群差異的縮減〉，刊於《臺灣社會學刊》，2007年12月，第39期，頁6。

10　拙作〈「承認」的鬥爭與華人的政治困擾〉，收於文平強、許德發編，《勤儉興邦》，吉隆坡：華社研究中心，2009，頁233-254。

11　蘇國賢、喻維欣，〈臺灣族群不平等的再探討：解釋本省／外省族群差異的縮減〉，頁5。原文見Aage Sorensen, "The Basic Concepts of Stratification Research: Class, Status, and Power." in *Social Stratification: Class, Race, Gender in Sociological Perspective*, edited by David B. Grusky. Boulder, Colorado: Westview Press, 2001, pp. 287-302.

施。獨立憲法除了賦予馬來人無限期的特別地位,也基本不「承認」其他族群的平等文化權利,正如塔利所認為的,我們一般所談的現代憲政主義過度側重普遍性與一致性,無法面對文化歧異性的事實,疏忽了「文化承認之政治」,結果產生種種不公不義的現象[12]。易言之,馬來亞獨立憲法中的馬來人特權條文結構化了不平等的制度存在,持續了不平等的社會結構。如所周知,依據獨立憲法153條款,最高元首被賦權以維護馬來人、沙巴及砂拉越土著的特殊地位,同時保護其他族群的合法權益。在此條款下,特殊地位的定義在於保障土著在公共服務領域(中央政府)、獎助學金、教育及培訓機構的合理百分比名額(或稱固打),同時保護地位也延伸到所有聯邦法律中所規定的一切何須要准證及執照的領域[13]。此項馬來

---

12 這六種「文化承認之政治」包括:(一)民族主義運動;(二)帶有文化意涵的跨民族體制(如歐盟及北美自由貿易協定);(三)長期居於弱勢地位的少數族群;(四)移民、難民、流亡人士所形成的多元文化呼籲;(五)女性主義運動;(六)世界各地的原住民族及土著民族運動。(詹姆森‧塔利著,黃俊龍譯,《陌生的多樣性:歧義時代的憲政主義》,台北:聯經,2001,頁6。)

13 Federation of Malaya, *Report of the Federation of Malaya Constitutional Commission*, Kuala Lumpur: Government Press, February, 1957. 從更廣闊的角度來看所謂馬來特別地位,實際上那些標示著馬來人歷史承續與傳統因素,如國語(憲152條款)及回教地位,都是其中憲制馬來特殊地位之有機組成部分。馬來學者三蘇即認為,馬來主權的憲制地位自1948年得以維護,即因為當馬來性(Malayness)的三大支柱,包括語言(馬來語)、宗教(回教)及王室(蘇丹)被列入「馬來亞聯合邦憲法」之時(Shamsul A. B., "The Economic Dimension of Malay Nationalism — The Socio-Historical Roots of the New Economic Policy and Its Contemporary Implications," *The Developing Economies*, XXXV-3, September 1997, p. 244)。

特殊地位是由馬來亞華人公會與巫統達致的所謂「社會契約」——以公民權交換馬來特別地位——所形成的。這常被作為堵住華人各種追求「平等」的歷史憑藉。大部分華人後來都獲得公民權，但值得注意的是，早期的巫統並不把公民權等同於「國族地位」（nationality）。當時的首相東姑阿都拉曼直到1966年之前從不承認國族地位是公民的基礎，而且一直拒絕談及國家的國族稱謂，這是因為擔心這將為馬來人及非馬來人之間的平等鋪路[14]。顯然，巫統在公民權課題上雖做出讓步，但他們絲毫不放棄「馬來國家」的建國理想：只有馬來人才具國族地位。如此一來「國家的公民」與「民族的成員」已經變得不能混為一談，也就是說對國家的「效忠」以及對民族的「認同」，在概念上是兩件事。當時巫統對此分得很清楚，毫不含糊，他們「給予」華人的是「公民權」（citizenship）[15]，但公民不等同於國族身分（national），所以公民之間自是不平等的。顯然，馬來（西）亞的建國是一種民族與國家捆綁一起的模式，而不是公民建國模式。馬來民族國家建構的理想使得馬來（西）亞先天性的沒有建立普遍公民國家的條件，這也成為馬來西亞華人的基本難題[16]。

這清楚表明，從根本上而言，這種所謂「社會契約」下的交換置華人於不平等待遇之中，它體現了華人實質上只獲得「**不完整的**

---

14 John Funston: *Malay Politics in Malaysia—A Study of UMNO and PAS*, Singapore: Heinemann Education Book Ltd, 1980, 137-138.

15 獨立之前，甚至還爭論國民身分的稱謂，當時的Onn Jaafar建議馬來亞的國民稱謂為「Melayu」（巫來由／馬來人），馬華公會則反對，巫統則保持沉默。（Ramlah Adam, *Dato' Onn Ja'afar: Pengasas Kemerdekaan*, Kuala Lumpur: Dewan Bahasa dan Pustaka, 1992.

16 見拙作〈「承認」的鬥爭與華人的政治困擾〉，頁234-240。

公民權」（partial citizenship）[17]。從西方公民概念的演化來看，這
其實是一個相當怪異的現象。從18世紀以降，民族主義的勃興與公
民身分的發達，構成了強大的動力，終於為道德／政治平等理念的
主導地位，在制度、社會層面取得完整、具體的形貌[18]。民族主義
認為民族成員的身分相對於其它身分是優先的，它視所有成員為同
樣的個人，民族成員於是取得了某種平等的地位，而且民族主義將
整個民族高舉到最高的（主權）地位，不僅突出了民族成員的政治
地位，也賦予他們某種平等的政治權利。因此，道德／政治平等的
普遍性與優先性，藉著民族主義獲得了穩固的地位，由「國民」這
個概念來加以制度化[19]。但顯然的，具體到馬來亞而言，巫統通過
民族主義建構，即所謂的「馬來人的馬來西亞」概念獲得了主權與
特權的賦予，卻又通過「外來族群」概念，讓自身的權利得到進一
步的鞏固，同時置同屬「公民」的華印兩族於不同層次的地位上。

　　若說殖民地時代華人面對的是被殖民者與殖民者的關係，它可
說是屬於一種階級上的不平等待遇，但獨立之後，這種不平等則轉
變為一個「民族平等」的問題。「平等」於是進入馬來西亞華人的
視野之中，從此在馬來西亞華人的政治思維世界中取得了「正當
性」。「爭取民族平等」實際上成為一種全體華人在各層面都可以
感同身受的「意見氣候」（climate of opinion），是往後每一個華人

17　此乃借用Spinner的術語（Spinner, Jeff, *The Boundaries of Citizenship*,
　　Baltimore: The Johns Hopkins University Press, 1994.），但指涉不一
　　樣。此處僅是指公民權利不全面與不平等，而Spinner的原義是指國
　　家應對少數族群更為寬容，讓他們可以選擇自己的生活方式。

18　錢永祥，〈道德平等與待遇平等：試探平等概念的二元結構〉，《政
　　治與社會哲學評論》，第6期，2003年9月，頁205-206。

19　錢永祥，〈道德平等與待遇平等：試探平等概念的二元結構〉，頁
　　205-206。

成長過程必定感知得及的族群敘述。因此，華人社會長期追求平等、強調公民權利實踐，可說（在有意識或無意識中）是在爭取做一個完整的公民。華人大體上在獨立前夕已驀然自覺到他們正處於一個關鍵性的時刻，他們更知道憲制與自身角色的絕對性意義。當時頗能代表一般華人的全國註冊華團工委會就認為，「如未能在憲法上明文規定華人在本邦之地位，恐無平等之可言。如在憲法上未通過之前不爭取，將來悔之已晚。」[20]這一席極為沉重的談話可說是現代華人社會沿襲半個世紀之「平等敘事」的最初表述，而且也道出了華人危機意識的根本核心源頭，即「平等」仍是未解決的優先問題。

（二）後五一三時期的「馬來議程」與分配「公平」

實際上，在華人憂慮於平等問題時，極為弔詭的是，馬來西亞前首相馬哈迪在五一三之後撰寫的《馬來人困境》中也曾為文談「種族平等的意義」[21]。他在文中大力為憲法及法律上偏向馬來人的「不平等」辯護，他認為這些法律之實施（包括馬來保留地、獎學金、公務員職位等條款）是為了保護馬來人免於陷入更為不平等的處境，因此是促進「種族平等」的必要措施。文中，馬哈迪雄辯式的引述美國黑人及印第安人的不平等處境，暢談馬來人在經濟、教育、就業中的不平等，而認為政府對馬來人的保護及扶持是必要的，以避免種族間不平等造成「和諧問題」。顯然，對像馬哈迪這樣的馬來人而言，馬來人是處於不平等的待遇之中，甚至認為憲法上的特殊地位並無助於「馬來人達致平等地位」。他亦提到，儘管華人之

---

20 劉伯群語，《南洋商報》，1957年4月12日
21 馬哈迪，《馬來人的困境》，頁61-93。

中也有少數貧困者需要獎助學金，但由於華人受良好教育者相當
多，馬來人則遠在後頭，因此「假如少數貧窮的非馬來人獲援助去
接受高深教育，那馬來人與非馬來人之間的教育懸殊將會更大」。[22]
馬哈迪完全是從種族角度談論貧困與機會，而且從經濟上、教育上
認為馬來人遭遇不平等，他進而要求一種所謂的經濟上的「分配式
平等」。

　　然而，到了1970年代之後，「種族平等」在官方或馬來民族主
義者的論述中似乎逐漸讓位於「公平」（kesaksamaan）及「公正」
（keadilan），而且二者交替使用，沒有明顯區別[23]。經歷了1969年
五一三事件之後，「新經濟政策」（DEB）雷厲風行，國陣政府的
差異政策進一步激化。新經濟政策是由第二任首相敦拉薩所推動，
在《第二個馬來西亞五年發展計畫》中提出：

> 國民團結是國家的至高目標，如果馬來西亞社會及種族集
> 團，在參與國家發展中，沒有獲得較平等與公平的地位，
> 是無法分享現代化和經濟成長的成果，也將是不能達致
> 的。如果大部分的人民，仍然貧窮及如果沒有立足的就業

22　馬哈迪，《馬來人的困境》，頁74。
23　實際上，這兩個概念有些相近，以至於不少論者在許多場合交替使
　　用，將它們當成一回事。在馬來民族主義者的論述脈絡中，似乎也
　　交替使用，沒有嚴格區分。而馬來文中，kesaksamaan（公平）與
　　keadilan（公正）詞義也相似。一般上，二者意思差不多，但從學
　　理上而言，二者其實有明顯差別。簡單來說，前者側重社會的基本
　　價值取向，強調其正當性，而後者則強調衡量標準的同一個尺度，
　　帶有工具性。（呂豔紅，〈公正與公平、平等差異辨析〉，《嶺南
　　學刊》，2009年第1期，頁29。）

機會提供，國民團結也不能促成。[24]

因此，政府宣稱新經濟政策要達到兩大目標：（一）不分種族的提
高國民收入和增加就業機會，以減少貧窮和最終消除貧窮。（二）
重組馬來西亞社會以糾正不平衡（ketakseimbangan sosio-ekonomi），
進而減少及最終消除在經濟上的種族區分[25]。誠如眾知，所謂的「社
會重組」並不是階級或經濟利益單位之間的社會階級關係的改變，
它強調的是種族之間的資本占有率，即所謂的土著與其他族群（特
別是華人）之間的「社會經濟公正／平衡」（Keseimbangan/ Keadilan
Sosial-Ekonomi），其中要求股份30%比率必須保留予馬來人，以及
其他各種種族固打制（包括進入大學就讀的名額）[26]。此中的關鍵
字就是「社會公正」及「社會經濟」。最近一個典型的例子是：在
針對馬來西亞大學排名下降事件作評論時，副首相慕尤丁就指出，
「馬來西亞與其他國家不同，因為（大學）需要考慮社會公正（social
justice）問題及其它目標……，必須考量社會經濟目標，藉此提供
援助，準備機會與空間，讓非優秀生進入大學……。」[27]實際上，

24　Mohamad Zahir Zainudin, Roziah Omar, "Implementasi Dasar Sosial di
　　Malaysia dan Indonesia: Perbandingan Konsep," *Journal of Human
　　Capital Development*, Vol. 5, No. 2 July-December 2012, pp. 35-36. 參
　　Jomo K.S., "The New Economic Policy and Interethnic Relations in
　　Malaysia," Identities, Conflict and Cohesion Programme Paper, Number
　　7, September 2004, United Nations Research Institute for Social
　　Development.
25　Mohamad Zahir Zainudin, Roziah Omar, "Implementasi Dasar Sosial di
　　Malaysia dan Indonesia: Perbandingan Konsep," p. 35-36.
26　Jomo K.S., "The New Economic Policy and Interethnic Relations in
　　Malaysia," p. 9.
27　《當今大馬》，2013年9月12日。

最能象徵巫統馬來民族主義的正義論述的是國民陣線（國陣）的標
誌──天秤──其實就是所謂「公平」的象徵。國陣也是「後五一
三」脈絡下的產物，與「新經濟政策」擁有相同的歷史脈絡。

　　從概念上而言，「公正」與「平等」相較而言，前者強調在一
定社會範圍內社會成員通過合理分配後，每個社會成員得其應得。
它強調的不是個人範疇，而是一個關係範疇，是就社會成員人與人
之間關係而言，並注重社會內部成員之間的平衡性（新經濟政策即
強調「Keseimbangan 平衡」）。易言之，它側重社會成員之間的人
生追求過程的起點、過程和結果的合理性，具有分配的性質，要求
人們在必要的條件下，在一定的範圍內進行適度的調節，使人們各
得其所，和諧相處[28]。此外，所謂社會公正，也常與「公平的經濟
生活」相聯繫，常常與此相隨的概念是「社會權利」，這可以理解
為「機會」，所以馬來人也談「機會平等」[29]。對馬來民族主義者
而言，就如同奧運會也舉辦殘運會一樣，在不同能力的選手之間不
應該處在相同的賽場之中。所以，他們反對「平等」，認為平等不
能確保公平的結果。馬來民族主義學者再納克林（Zainal Kling）就
曾認為，績效制不應該跨族群，而是應該限在自身種族內進行[30]。
對他們而言，這樣才符合「正義」。顯然的，社會公正是涉及國家
角色與社會結構，從這裡我們即可理解，對作為掌握大權的巫統或

28　呂豔紅，〈公正與公平、平等差異辨析〉，頁31。
29　馬哈迪，《馬來人的困境》，頁86。
30　瑪拉工藝大學前副校長依布拉欣（Ibrahim Abu Shah）也要求教育
　　部重組教育體制，廢除教育績效制，為馬來人伸張正義，因為績效
　　製造成華人宰制，獎學金馬來學生一無所得。見「造成華裔宰制大
　　專與獎學金・馬來學者主張廢教育績效制」，《當今大馬》，2013
　　年6月24日。

馬來民族主義者而言，他們的思考模式離不開政府的計畫與分配政策，使用「公正」似乎更適合、也更為「正確」，並因此成為「新經濟政策」文宣中的關鍵字。這也可以解釋為何「種族平等」後來較少被馬來民族主義者所應用[31]。

這裡的弔詭之處是，被許多非馬來人認為不平等的新經濟政策，竟在馬來民族主義者巫統眼中被視為對馬來人平等待遇的追求。實際上，「社會公正」確實注重分配，但是新經濟政策卻是從「族群本位」而非「需要」的角度來實行其無差別的平均主義，並堅持最後達到依據族群人口比率拉平差距。新經濟政策以「馬來人優先」，其正當性實來自於民族主義道德，而非「公正」本身[32]。誠如前述，馬來民族主義及巫統所謂的「馬來議程」（Malay Agenda）正是以「馬來原地主義」哲學獲得其正當性的。「原地哲學」作為其權利與認同的基礎，深深影響了馬來人整個政治鬥爭與生活。在馬來原地哲學之中，蘊含一種民族的自尊與受害意識的政治語法。這種傷害來自於外來族群，也來自於殖民統治的經歷[33]。對這個曾經被臣服、被壓迫的民族來說，所謂的「馬來議程」無可否認標誌

---

31 不過，前巫青團長希山慕丁在「敦拉薩的遺產」研討會期間即指出，新經濟政策之實施就是為了實踐馬來人的平等待遇。

32 這就是為什麼新經濟政策實際上主要表現為權力壟斷、唯親政策及恩賜關係，導致機會之間的鴻溝，及因權力介入而遭扭曲的不正當競爭謀利。

33 在2006年巫統大會上，當時的副首相納吉曾公開喊話，指馬來人自1511年至1957年蒙受漫長的446年殖民壓迫，這個國家必須對他們補償。而且，他認為由於不可能在二三十年內獲得補償，所以提升馬來人地位的馬來人議程不應有終結的期限。見「馬來人議程沒終期，納吉盼馬哈迪阿都拉爭執平息」，《當今大馬》，2006年11月13日。（http://www.malaysiakini.com/news/59482）

著重要的民族自強時刻之來臨。哲學家伯林曾表達了民族主義「首先是受到傷害的社會做出的反應」這一觀點[34]。伯林提出「彎枝」的比喻，暗示了一個民族遭到過羞辱性的征服後，這個被迫「彎曲的枝條」終究要反彈回去，而且會以非理性的反向鞭笞回應曾經遭受的羞辱，成為攻擊性的民族主義。他們的價值完全在於回應民族利益的召喚——民族至上——民族擁有不容阻礙的使命。實際上，民族主義原本即宣稱擁有「天然的道德」，因此對馬來民族主義者而言，馬來特權自然是天經地義之事，「差異待遇」從此也得到它的正當性，但同時也使得此「公平」染上了強烈的種族主義[35]。

三、兩種不同的社會公義觀之較量及其闕失面

綜上所述，馬來西亞社會存在著兩種不同族群所追求的社會公義觀，而兩者都是從各自種族利益角度出發的。它們是從獨立前後的族群博弈中延伸而來的。面對華人的平等論述，巫統提出另一種

---

34 Berlin, Isaiah, "The Bent Twig: On the Rise of Nationalism." in I. Berlin, *Against the Current: Essays in the History of Ideas*, （ed.）by Henry Hardy. Oxford: Oxford University Press, 1991. 相同的論述亦可參見：以賽亞‧伯林著，馮克利譯〈民族主義：往昔的被忽視與今日的威力〉，《反潮流：觀念史論文集》，南京：譯林出版社，2003，頁414。

35 另外值得注意的是，有不少學者從回教價值論證所謂平等與公正的議題。這一論述角度異於馬來民族主義者，他們從回教角度認為一切人種、信徒、性別都是平等的，而不注重所謂的「原地哲學」。然而他們同時卻認為，馬來人確實比其他族群落後，因此需要憲法的保護，這並不為過。見 Nazri Muslim, Nik Yusri Musa dan Ahmad Hidayat Buang, "Hubungan Etnik Di Malaysia Dari Perspektif Islam," *Kajian Malaysia*, Vol. 29, No. 1, 2011, 1-28.

觀點——公平——與之較量。兩者看來都在訴諸於社會正義，但卻
嚴重矛盾不一。在政治哲學上，這兩種價值究竟有何差異？兩種價
值在馬來西亞的具體情境中是否又有所誤讀與曲解？這都值得我們
追問。

（一）道德平等與分配平等

　　前面已經提過，我們可以把華人在馬來西亞的基本問題概括為
「族群不平等問題」。華人社會的平等要求涵蓋各個方面，包括了
文化平等、教育平等，經濟上的商業機會平等以及政治上的平等公
民身分。然而實際上，平等概念的內部架構相當複雜。平等乃現代
社會的主要價值之一，在西方也已取得豐碩的學理成果，但「平等」
卻從來沒有一個準確的含義。一般來說，西方政治哲學家常把民主
政體歸結成一條原則：「把所有的人都看作是自由和平等的人」。
但就現實而言，平等概念之具體所指可謂言人人殊，比如有基督新
教意義上的上帝面前人人平等、現代法治意義上的法律面前人人平
等，也有經濟理性意義上的市場面前人人平等，更有自我實現意義
上的機會面前人人平等，還有現代公民意義上的權利面前人人平
等，有民粹主義意義上的財富與收入面前人人平等。歸納來說，平
等此概念可分為三個方面來陳述：一、道德平等；二、分配的平等；
三、身分的平等[36]。從西方政治哲學來看，華人的平等意識其實是
一種道德平等。它強調的是「泛」平等主義的陳述，意指政治身分
上或公民身分的全面機會平等（及由此而來的各種平等，如經濟機

36　「身分平等」是指「各類身分政治」要求通過承認差異要求平等，
　　此處不贅。錢永祥，〈道德平等與待遇平等：試探平等概念的二元
　　結構〉，頁207。

會平等、就讀大學機會平等、公務員就業機會平等、獎學金平等等），
這對馬來西亞政治現代化自有其重大的意義，因為「所有人的平
等」，乃是近代人的一項基本道德直覺，對其否定所帶來的後果很
難想像[37]。從西方政治哲學來說，人類被賦予平等的地位，目的在
保障個人「自行安排生活」這項最高層次的利益，「儘量設法過當
事人正確地認為有價值的生活」，即被稱為個人的最高利益所在[38]。
因此所謂「平等待遇」，就是尊重及承認一個人可以自行選擇其理
想的生活方式，及這種選擇機會所受到的傷害是有意義的。需要注
意，這種道德平等並不同於實質待遇的相同。

接下來我們可以追問，究竟平等與正義的關係為何？究竟在什
麼情況下要求平等是要求「相同待遇」？或者哪一方面應該平等，
而那一方面可以有差別待遇？顯然，由於華人社會的平等觀是一種
外發的，或是一種回應自身族群不平等的反應，故其所強調的「機
會平等」實際上忽略了西方平等哲學之中所強調的「相同起跑線」。
華人缺乏理解平等的概念是需要設限的，華人社會更沒有強調一套
「扶弱」的回應對策。例如，華人在強調經濟機會平等、績效時，
意指所有機會應向任何人公開。華人社會說起機會平等，人們腦海
浮現的，往往是競技場上的起跑線，即只要大家站在同一起跑線，
競爭就是公平的，因此最後跑出來的結果無論是什麼，那也是公正
的。然而問題是：到底要滿足什麼條件，我們才能夠站在相同的起
跑線上？更進一步，當我們用起跑線這一比喻來思考正義問題時，

---

37 錢永祥，〈道德平等與待遇平等：試探平等概念的二元結構〉，頁
209。
38 錢永祥，〈道德平等與待遇平等：試探平等概念的二元結構〉，頁
212。

背後有著怎樣的道德想像[39]？實際上，平等的主張必然呈現一種二元的結構：一方面，主張平等，需要肯定所有適用者的道德平等[40]；但在另一方面，主張平等還需要根據這種道德層面的狀態，判斷在實際社會生活裡，人應該受到甚麼樣的待遇，才算滿足了道德平等的要求[41]。也就是說，所謂「平等」未必就是「公平」，它必須顧慮「低收入者」、「弱勢者」的競爭能力與需求。從此可知，馬來西亞華人平等觀似乎只停留在相當樸素、簡單平等的層次，忽略了平等的複雜情境，尤其不關心「收入」不平等問題（但這卻是馬來人所念茲在茲的）。

當今資本主義社會貧富差距愈大，許多社會都興起社會正義的呼聲，華人社會卻似乎很少談及怎樣的社會分配才對大家公平。就此問題，甚至牽引出一系列繁雜的問題叢：到底導致大家有不同競爭能力的因素，有那些是合理的，有那些是不合理因而需要矯正和補償的？在面對分配平等訴求的補償過程中，個人又該為所得的多少負起什麼責任呢？怎樣的分配才合理[42]？羅爾斯在《正義論》中曾說：平等應該建立在兩個基礎原則上：一是每個人有權利同等享有與他人同樣的自由相一致的最廣泛的基本自由，二是在社會經濟

39　周保松，〈論機會平等〉，《南風窗》，2012年，第13期。

40　例如基本的社會平等，即每個人都應該得到尊重，不可因其性別、年齡、學歷、出身、智商、種族或其他個人歸屬因素而遭受歧視。

41　錢永祥，〈道德平等與待遇平等：試探平等概念的二元結構〉，頁197。

42　周保松，〈論機會平等〉，《南風窗》，2012年，第13期。有關平等分配的複雜性，可參見邁克爾・沃爾澤（Micheal Walzer）著，褚松燕譯，《正義諸領域：為多元主義和平等一辯》，南京：譯林出版社，2002。

生活方面應該合理地達到人人受益[43]。前者可以說是一種「道德平等」，這正是華人社會的平等觀，後者即是所謂的「分配平等」。面向馬來西亞社會，羅爾斯在其著名的《正義論》中對「社會正義」的解釋值得我們加以思考，即他認為：一個正義的社會分配，必須適合於「受益最小者／最弱勢的人」的最大利益[44]。所謂「受益最小者」是指那些稟賦能力較差，出身受累於低下階層或貧困家庭，又或由於在生活中運氣較差，從而成為社會中收入最差，或社會階級最低的人[45]，而非某個特定種族／族群。這其實再一次說明了華人社會的平等意識仍然脫離不了自身的族群利益的思考，而忽略了真正意義上的「公正式的機會平等」（fair equality of opportunity）。實際上，既然機會平等關乎每個獨立個體是否受到公平對待，那麼我們就不應該將個體視為整體的手段，而是認真對待每個人理應享有的權利和尊嚴[46]。華人社會喜歡訴諸聯合國人權宣言，但更多是借人權來維護群體利益。對華人來說，他必須知道：公正和平等有一定的聯繫，真正的平等卻必須以公正為前提；沒有公正，也就沒有真正意義上的平等。平等僅是人類社會正義的追求過程中的一個階段，當「平等」考慮到人類的不同環境時，平等問題才會轉化為公正問題[47]。

43　約翰‧羅爾斯著，何懷宏等譯，《正義論》，北京：中國社會科學出版社，1988，頁56-70。參見周保松，《自由人的平等政治》，北京：三聯書局，2012，頁34-78。

44　約翰‧羅爾斯著，何懷宏等譯，《正義論》，頁79。

45　周保松，《自由人的平等政治》，頁37。

46　周保松，〈論機會平等〉，《南風窗》，2012年，第13期。

47　錢永祥，〈道德平等與待遇平等：試探平等概念的二元結構〉，頁220。

平等問題一旦具體化到馬來西亞的特殊情境，實際情況要複雜得多。華人社會在提出平等待遇時，除了經濟分配問題（貧困問題，當然包括自身族群內及其他馬來人、印度人、原住民的貧困問題）外，還必須正視馬來人的憂慮——「國家本質」問題。比如，在國家儀式的層面上，是不是可以在某種程度上承認馬來人的主體地位？在訴求平等時，承認這個國家的某種歷史遺留是不容忽視的基本問題，特別是馬來人所謂的「差別待遇」主要建立在其「原地主義」之上[48]。前引詹姆森·塔利認為，若公民的文化特性得到承認，並被納入憲政協議中，則依此憲政秩序所建構的現實政治世界便是正義的。反之，若公民的獨特文化遭到排斥，這樣便是不義的[49]。而且，與一部憲法必須處理的眾多正義議題相比，文化承認方面的正義問題具有一定程度的優先性[50]。華人要求承認他們的政治平等地位以及文化權利，這其實並非過激或不合理的行動，但究竟在怎樣的限度上接受馬來（西）亞與馬來人之間存在的歷史淵源，則是費思量之事。馬來西亞華人的平等地位問題在很大的程度上，繞不開此一糾葛。

總的來說，前面已經提到，長期以來華人對「平等」懷有深切期待和追求，甚至於有學者把華人獨立以來的種種抗爭一以貫之地歸納為「平權運動」，不過「運動」了數十年卻沒有形成相應的思想力度。由於理論建設上的長期忽略及知識結構性的問題，華人社

48　有關此問題的討論，參見拙作〈「承認」的鬥爭與華人的政治困擾〉，頁233-254。

49　詹姆森·塔利著，黃俊龍譯，《陌生的多樣性：歧義時代的憲政主義》，上海：世紀出版集團，2005，頁4-6。

50　詹姆森·塔利著，黃俊龍譯，《陌生的多樣性：歧義時代的憲政主義》，頁6。

會往往論述無力，無法產生支撐其訴求的理論基礎。沒有理論就難以釐清平等的弔詭性，也就未能面面俱到的照顧到其嚴格意義上的正義面，以及馬來西亞複雜的現實需要。華人最典型的平等意識往往僅是通過「否定自我外來者身分」，以及揭示自身的貢獻為理據。由於缺乏思想力度，就無從找到對應的解決方案。可以預見，本世紀將依舊可見馬來西亞的華人踽踽尋思出路的身影。

（二）社會公正及其於「馬來議程」下的道德困境

近期的馬來民族主義者傾向於直接駁斥平等概念，似乎顯現了平等與公平的二元對立。巫統領袖、馬來西亞北部的柔佛州務大臣莫哈末卡立提到，國陣強調的是根據多元種族的差異，「公平」（kesaksamaan）的對待各族，而不是「平等」（kesamarataan），否則就會如新加坡的巫裔及印裔一樣[51]。此論說並不是他的個人之見，其實是許多馬來民族主義者的共同話語[52]。他進一步提到，以華人為主的反對黨民主行動黨的「平等概念」將造成落後的群體更落後，因為落後者必須與領先者競逐，而他們將更加落後。他進而認為，平等概念只能應用於人民擁有相同的成就、進步、問題、議題及背景[53]，直陳「公平」（equity）與「平等」（equality）是不一

51　《星洲網》，2013年6月8日。

52　例如，馬來文極右報章《前鋒報》一位讀者指出，必須分辨「平等」（kesamarataan）與「公正」（keadilan/equity）的區別，強調「平等未必帶來公正」（Kesamarataan tidak semestinya membawa keadilan）。他以當時由反對黨執政的霹靂州政府撥地給華文學校為例，問道這對更需要幫助的馬來人「公正」嗎？（Utusan Melayu, 10 September 2008）

53　"Konsep lesemarataan DAP akan sebabkan yang tercicir makin ketinggalan," *The Malaysianinsider*, 21April 2113.

樣的，並指平等概念只適用於單一種族的國家[54]。這就是典型的「民族至上」下的「偽公正論述」，認為平等只能在族群內講，而非與他族之間。這種差異對待完全從族群角度出發，完全違背了道德平等所著重的「不可因其性別、年齡、學歷、出身、智商、種族或其他個人歸屬因素而遭受歧視」原則。從自由主義來看，個人權利才是國家公共權力的起點和歸宿，國家應該保護的是個人的權利，而且不加任何區別，人人平等。實際上，就學理上而言，羅爾斯的上述觀點同樣是對馬來議程及其新經濟政策的有力辯駁——所謂的「受益最小者」並非以膚色為基準。因此，新經濟政策的所謂「社會重組」與「種族平衡」無疑違背了公正觀，甚至也自造了自身社群內部的經濟不平衡與掠奪。更引人質疑的是，它所謂的「分配原則」完全無顧西方政治哲學裡頭所特別強調的「應得」及「責任」，以及個人「選擇」問題[55]。也就是說，它對其他高收入者的個人努力以及落後者自身應該負有的責任，並沒有一套嚴格的認清。

　　對右翼馬來人而言，在後現代情境之下，多元主義與普遍人權及平等觀所造成的衝擊，使得他們的「公正」話語顯得更為蒼白無力。前面提到的納吉曾經說過的「國家的虧欠」說法，顯然是把殖民地時期的經歷當成勳章，也嘗試把當時的受害視為道德，以舒緩「馬來議程」對普世人權的背反。當然，從民主追求的立場來看，被壓迫者絕對有其應有的權利要求平反，要求賠償。在今日步入後殖民時代，人類整個歷史進程中的殖民話語霸權業已結束，促使許多民族挺身而出，宣稱自己是歷史（或歷史上）的受害者，並申訴

54　《星洲網》，2013年4月21日。
55　詳見錢永祥，〈道德平等與待遇平等：試探平等概念的二元結構〉，頁214-216；周保松對羅爾斯的「應得」有詳細討論，見氏著《自由人的平等政治》，頁50-61。

自己在充斥壓迫的歐洲殖民統治和資本主義現代化期間蒙受了種種
冤屈。因此,把自己定位為歷史受害者,然後要求國家進行賠禮與
賠賞,這種做法已經司空見慣。這種政治策略的操作,在一定程度
上誠然能獲得強烈的回應,尤其是依靠巫統拐杖的既得利益者。

　　由於馬來民族主義的道德話語使然,他們甚至忌諱談論個人解
放和思想自由,這種話語實際上壓抑了自由與普遍價值在本國的健
康生長,並把大多數的馬來知識分子推向了激進民族主義的道德前
線。這種民族主義可說具有某種反自由(illiberal)的傾向。正如伯
林所認為的,「……假如滿足我所歸屬的有機體的需要變得與實現
其他群體的目標不可調和,那麼,我或者我不可分割地屬於其中的
社會別無選擇,只能強迫那些群體屈服,必要時就訴諸武力。假如
我的群體——讓我們稱它為民族——想自由地實現其真正的本性,
就必須清除道路上的障礙。凡是阻礙……我的民族的——最高目標
的東西,就不能允許它具有與這種目標同等的價值。」[56]泰戈爾甚
至認為民族的概念是人類發明的一種最強烈的麻醉劑,「在這種麻
醉劑的作用下,整個民族可以實行一整套最惡毒的利己主義計畫,
而一點也意識不到他們在道義上的墮落。」[57]實際上,當今馬來民
族主義者可說同樣處於「雪恥」及自強的話語中,但欠缺普遍性的
原則依據乃「民族至上」的巫統及其民族主義所無法迴避的道德困
境。

56　以賽亞・伯林著,馮克利譯,〈民族主義:往昔的被忽視與今日的
　　威力〉,頁409。

57　泰戈爾著,譚仁俠譯,《民族主義》,北京:商務印書館,1986,
　　頁11、23;轉引自陳黎陽,《蘇聯解體後的俄羅斯民族主義》(陳
　　曉律〈序〉),重慶:重慶出版社,2006,頁2。

　　這種道德困境似乎在馬來社會中得到某種程度的反思。記得數年前，當時的巫青團長希山姆丁在該團常年大會上高舉馬來短劍，大力疾呼馬來人無須為捍衛其特權的舉動而道歉。這種「無須道歉」的說法其實突顯了某種值得我們玩索的意含，它實已透露馬來政治社會內部已經對長期置其他族群於不平等待遇（尤其無視其他需要幫助的群體，如原住民、印度園丘工人的處境）出現內省的聲音，享有特權的道德張力狀態已然呈現[58]。一位來自麻六甲州巫統中央代表哈斯諾在參與辯論時，即警告一些馬來專業人士，不要嘗試高舉普世人權的旗幟，來支持違反馬來人權益的課題。他勸告「他們回頭是岸，成為真正的馬來人（Melayu Tulen），不要成為民族的叛徒！」[59]但是，人們不免要詰問：難道馬來民族主義與馬來議程本身是超越普世價值嗎？原地哲學真的具有不證自明的道德性嗎？難道為了追求自身所謂的「公正」，必須要製造新的不平等嗎？誠然，作為政策的執行者、公共權力的應用者，馬來民族主義式的「公

58　實際上，馬來社會似乎駸駸然已出現諸如學者法力斯（Dr. Farish Nor）、阿茲利拉曼（Dr. Azly Rahman）、評論人哈密迪（Wan Hamidi Hamid），前法律部長再益（Zaid Ibrahim）等自由派（liberal）人士。此外，馬來社會中還有不少是歷史悠久的馬來左翼傳統之支持者，他們更關心階級問題。然而，他們對馬來特別地位的底線為何，仍值得探究。

59　「若馬來人及回教繼續受挑戰，（馬六）甲巫統準備反挑公民權問題」，載於《當今大馬》，2006年11月16日（http://www.malaysiakini.com/ news/59620）。近期《馬來西亞前鋒報》刊登敦馬哈迪以〈馬來人羞恥本身是馬來人〉為主題的撰文，則更直接說明馬來人的內省。馬哈迪說，馬來人有自卑心理，甚至認為承認自己是馬來人，會讓他們變成種族主義，即思想狹隘、不自由，不符合時代。他認為，有受教育的馬來人往往自卑和對自己的馬來身分感到尷尬。他表示，自參與努力恢復馬來人的榮譽開始，他毫不猶豫地承認自己是馬來人。（見《東方日報》，2013年3月17日）

正論述」已把公共政策原應含有的社會正義本質曲解了。它對自由、平等、公正的不顧與棄守所造成的人道代價，是使許多馬來西亞人感到沉重與抑悶的理由，也把全體馬來人這個族群推入了「道德困境」而不自知！

四、餘論

　　以上的討論表明，馬來西亞的兩大族群大體上分享著不同的正義觀：馬來人強調「公正」、「公平」，而華人則高唱「平等」。但是說穿了，社會利益分化一直都是以族群單位為主，這是一個極端分化的社會，整體社會欠缺一個全體的、有共識的社會正義觀。社會正義論述已經遭到其族群導向所嚴重扭曲，因此馬來西亞國家所面對的問題，除了是種族主義問題，恐怕更是整個社會的公共道德資源已被淘空，公共道德敏感度日益遲鈍的問題，甚至不自覺的視此為不可改變的理所當然之事[60]。馬來西亞很多人在過去的日子中，或多或少都不免感受到「公共道德感上的無奈」。事實上，除了社會主義者如社會黨、甚至於社會慈善組織才真正超越種族、提倡社會公義之外，恐怕沒有其他社群能夠真正超越自我，訴諸正義的價值並為其所召喚。

　　毫無疑問，只要各個族群價值觀都與自身群體利益相聯繫，馬來西亞將繼續停留在狹隘的社會公義觀之下，所謂平等及公平原則反而只凸顯出不同預設之間的衝突與矛盾。「公正」與「平等」都是重要的維度，是一種重要的、甚至首要的價值標準和評價標準。但是，公平與平等必須以超越族群來提倡，才能超脫現有的窠臼。

60　參自周保松，〈論機會平等〉，《南風窗》，2012年，第13期。

二者作為一種價值標準與社會正義力量，如果一定程度上體現於制度上、政策上、程序上，它對於所涉及的交往各方、博弈各方的利益關係，將能夠比較合理地分配和照顧，也能夠使各自的權利與義務、應得與所得獲得一種較好的統一，那麼它就能化解當下的社會與族群矛盾[61]。顯然的，如果馬來西亞人缺乏公共正義能力，將難以展開公平的社會與族群合作。尤其馬來西亞華人更是需要一種新的精神動力，或一種強烈的公民意識，以追尋一個以個人權利為中心的公民國家，以及更為關懷弱勢群體，而非處處從族群利益出發。但是，馬來西亞這個多元的國度，究竟應該以怎樣的正義觀——既能顧及歷史、也符合現實——以調節其內在族群間的矛盾，其實攸關每一個馬來西亞人的命運，是值得每一個公民認真思考的基本問題。

　　許德發，馬來西亞國立蘇丹依德理斯教育大學中文學程高級講師。研究興趣為中國近代思想史、馬來西亞及華人與文化研究。曾發表論文有〈馬來西亞：原地主義與華人的「承認」之鬥爭〉、〈華人、建國與解放：馬來西亞獨立50週年的再思考〉等。

---

61 馬俊峰、甯全榮，〈公正概念的價值論分析〉，《教學與研究》，2008年第4期，頁50。

馬來西亞的多語現實和馬華的語言困局

王國璋

一、馬來西亞的多語現實

「多語」誠然是當世許多國家的社會現實。除少數較典型的單一民族國家如日本、韓國外，國際間因人口流動加劇及後殖民時代亞、非諸國疆域劃分的隨意性，族群紛歧乃是常態，文化、宗教、語言的多元共存也就成了日常風景。話雖如此，馬來西亞的多語社會，還是特別有趣。這個季候風相會之地，也是亞洲兩大文明（中國、印度）與西方文明的歷史匯點，馬來語、英語、華語和泰米爾語[1]都源自不同的語系及大傳統，卻都湊到了一塊。其次，因族群人口交錯居住，這些語言基本上都未侷限於特定區域，不若瑞士、比利時等多語案例單純。其三，幾大主流語言在民間的應用上，也頗勢均力敵，各據強勢領域，誰也無法將誰徹底擠出局外。於是馬來西亞的語言政治糾葛，遂較瑞士、比利時等地還要棘手。

1　泰米爾語（Tamil）在馬來西亞約定俗成之譯名為「淡米爾語」，屬達羅毗荼（Dravida）語系，為南印度的主流語言之一。馬來西亞目前約有兩百萬（占國內7.3%）的印度裔人口，而這當中高達八成五為泰米爾人。

馬來西亞的多語不僅是社會多語,還是個人多語,華人尤為多語的佼佼者。馬華依不同場合說相應語言或方言的功力,往往令人驚嘆。然而華麗表象之下,卻是馬華飽受繁重語文學習困擾並一再為其語文權利艱苦奮戰的現實,這一點局外人所知似乎不多。本文正是以馬華社群為焦點,略論其語言困局,並以此對照新加坡和香港的多語/雙語困擾。

就語言學的觀點來看,馬來西亞三大族群[2]的馬來裔、華裔和印度裔內部,語言紛歧其實也相當顯著。譬如馬華社群,「華語」一詞,廣義可泛指普通話及各類仍在廣泛使用的原鄉區域性語言如粵語、閩南語、客家話、潮州話、福州話等「方言」[3];狹義則單指普通話這一規範性共通語。為免討論陷於語言學細節上的糾葛,本文「華語」一詞從狹義解,也不會觸及各族群內部的方言歧異。

馬來(西)亞自1957年獨立迄今,國內的語言生態雖一貫極為多元,要角基本上卻只有三個,也就是英語、馬來語和華語。所謂

2　據馬來西亞統計局2010年的人口普查資料,馬來西亞2600萬的國民當中(另有232萬左右的外籍人口),族群分布依次是土著67.4%、華裔24.6%、印度裔7.3%和其他0.7%。不過占國民人數最多的土著(bumi putera)群體,毋寧是個政治分類而非族群劃分。細分之,則在這67.4%的土著群體當中,馬來人約占54.6%,非馬來人土著則有12.8%。馬來社群的母語,雖也存在方言差異,至今基本上是馬來語。非馬來人土著群體的母語,則相對多元,東馬的伊班比達友、卡達山杜順諸語都是。不過不少東馬的土著語言,並沒發展出廣受民間接納的書寫文字系統,而年輕一輩的非馬來人土著,因大多入讀國民學校,目前都已具備一定程度的馬來語文能力。

3　「方言」並非嚴格的語言學概念,實為政治產物。國語/普通話/華語相對於「方言」在漢語圈內的優勢及正統地位,是國家特定之政治抉擇造就的結果,基本上和語言的本質無關。本文從方言一詞的一般用法,純為行文方便。

要角,取決於該語言的權力與威望,或它對民眾構成的實際影響力,
即正面影響民眾心嚮往之地自願學習、使用該語言,或負面影響民
眾不得不學習、使用這個語言的權力。這涉及兩個重要的觀察面向:
一是其整體影響力的大小;二是其優勢領域為何?一個強勢語種,
未必在所有領域的語文使用上都能維持強勢,反之亦然。而在哪個
領域強、哪個領域弱,意義可以很不一樣,關鍵在該領域的重要性。
例如某語言可以是社區裡重要的溝通用語,卻在學術領域弱勢,也
就不具備生產及傳播知識的足夠能耐。西馬的泰米爾語和東馬的伊
班比達友、卡達山杜順諸語,依此標準檢視,影響力甚微,相關族
群也難以左右國內語言政策的討論與決策。

　　英語在馬來西亞的強勢,源自殖民遺緒及英、美兩國相承數百
年不衰的帝國影響力。獨立後十年間,英語作為輔助性官方語文,
也曾名正言順地在國家行政、法律、商務、教育諸領域持續扮演重
要角色。1967年,國會在族群紛擾中通過《國語法》,確立馬來語
為唯一國語及官方語的崇高地位,不過首相東姑阿都拉曼在滿足馬
來民族主義者的形式要求之餘,並無意大變既有的行政與教育語
言,英語在各方面的使用實際上未遭壓抑,各領域菁英仍以英語為
尚。1960年代英文中、小學校的蓬勃發展,更昭示著英語的光明未
來[4]。惟1969年五一三族群流血衝突爆發後,東姑失勢,民族主義情

4　就學校的主要教學語而言,1960年代馬來西亞仍存在四個體制內的
　　小學系統及兩個體制內的中學系統。小學方面,有以馬來語教學的
　　國民學校,也有各以英語、華語、泰米爾語教學的國民型學校。所
　　謂國民型學校(National-type schools),顧名思義即過渡性質的學
　　校,國家的最終目的,顯然是希望讓它們逐步蛻化成馬來語教學的
　　國民學校,而政府對這類「不完全的國民學校」,也只提供經常費
　　方面的有限資助。中學方面,當時體制內則有馬來語學校及英校可
　　供選擇。英校中小學延續1950年代的升勢,學生的族群背景不僅最

緒高昂的青壯派奪權，英語也隨之在國家的公領域——包括教育領
域——失勢。英校自1970年始，遭逐年逐級地轉化為馬來語教學的
國民學校，國家則藉著獨尊馬來語言、文化的政策確立馬來主權
（Ketuanan Melayu）。1983年後，國內大專院校也基本完成了教學
語的轉換，即便數理科系也無法倖免[5]。

　　然而公領域之外，國家對私領域終究鞭長莫及，馬來語在工商
界及馬來社群以外民間社會的弱勢，有目共睹。馬來語的確是年輕
一輩由幼稚園至中小學階段無法閃躲的必修科目，卓越的馬來語文
能力，更是擠入公立大專窄門的關鍵入場券，惟學校以外及離開校
門就業後，除非進入公務體系，非馬來人社群中顯然沒有太多人會
在日常生活中頻繁使用馬來語。至於工商界，則儘管有國家語文出
版局推動這方面的馬來語應用多年，還是無法實質撼動英語在國內
商貿及工業活動中的霸權，金融領域尤其如此。

　　華語的境遇，則似介於英語和馬來語之間。華語在公領域幾無
一席之地，私領域內卻始終頑強不倒。華語的地位，也和華社爭取
平權及抗拒同化的意識密不可分。1960年代的側重點是要求平權，
華語的地位乃平權象徵；五一三事件後，1970年代以降的側重點則
是抗拒同化，華語之興衰，成了華人還保不保得住族群文化與身分
認同的關鍵。前者具體而微的事例，即爭取馬來語、華語和泰米爾

（續）──────────────
　　　為多元，增長也最快。
　5　當然，各校情況難以一概而論。譬如1970年成立的馬來西亞國民大
　　　學，乃第一所宣稱全面以馬來語教學的大專，其校內行政、教學與
　　　校園氛圍，的確都是以馬來語為主。至於歷史悠久的馬來亞大學，
　　　其英語學術傳統根深柢固，老一輩學術人員對此劇變頗為抗拒，數
　　　理科系尤其如此。不少數理科講師授課時雙語兼用，但以英語為
　　　主；考試時則開放讓學生選擇以英文或馬來文作答。

語同列為官方語文的運動（平權）；後者之顯例，則是捍衛華文小
學的生存發展並防堵其變質的不懈努力（抗拒同化）。不過以上種
種，並不必然與華語本身的語言威望有關。譬如1960年代，為爭取
列華語為官方語文而積極投入的華團領導人，很可能會送自家小孩
入讀英小而非華小。又或者1980年代時，英語教育背景出身的家長
面對英校消逝，很可能寧選擇送小孩入讀華小而非國小，但卻堅持
孩子在家裡使用英語，一切仍以英語為尚。

二、馬華的語言困局

　　馬華的語言困局，簡要地說在如何兼顧三語？英語在國內外依
然強勢，乃個人向上的階級流動所需，無論如何都要學好。馬來語
則不論如何不堪，終究是唯一國語兼官方語，除非立志去國永不回
頭，豈能無視？華語攸關文化與身分認同，更不可不顧。然而個人
稟賦不同，精通雙語談何容易，遑論精通三語[6]。一般人的語言學習，
多少也都要面對零和效應，重此則輕彼；何況對語言學習投入過多
還有機會成本過高的問題，明顯會排擠對其他術科的學習。如果務
實地不求精通雙語或三語，那麼三語的優位順序又該如何？誰主誰
次？誰先誰後？憑什麼？
　　1960年代的平權運動，包括對華語官方地位的爭取，反映的其
實是當時華社對自身處境的自信，所恃者主要兩點：一是規模顯著
的族群人口，二是經濟上不成比例的堅實實力。僅就人口規模而論，
獨立初期，華人人口就曾逼近馬來亞人口的四成；1963-1965年新加

6　語言教育學界一般多認為，只有約略一成五左右的學子最終能真正
　　掌握雙語。

坡加入共組馬來西亞聯合邦期間，華、巫人口的比例更一度在伯仲
之間。當然獨立初期，馬來亞的華裔居民不全是擁有投票權的公民，
但在半島西海岸華人集中的城鎮地區，華裔選民的選票舉足輕重，
政治上仍有關鍵影響力。然而若論華語本身的語言威望，囿於近代
中國百年來之積弱不振和當時兩岸政權在國際政經實力上的卑微，
華語即便在馬華社群內部，顯然也不被視為高階語言，這與英語相
較尤其如此。

　　華語在馬華社群內部，無疑應用廣泛。新一代的華校生，如今
有能力也慣於以華語溝通。不過社群裡規模較小的另一次群體英校
生，早年大多無法也不屑用華語和他人交談，只能透過英語或彼此
有交集的特定方言溝通，兩個世界的思想觀念與生活區隔明顯。惟
英校消逝後，英校背景出身的家長大多迫於無奈，為孩子選擇華小，
以致馬華適齡學童入讀華小的比例，多年來都高達九成左右[7]。這九
成的華裔小學生雖在中學階段分道揚鑣，分別赴馬來語教學的國民
中學／國民型中學、華文獨中、私立英校或國際學校升學，但這已
意味著絕大多數的馬華新生代，至少都具備了華小程度的基礎華語
聽、說、讀、寫能力，足以無礙地和其他社群成員以華語溝通。而
到了中學階段，粗略估算華裔學子於2010年時，分別有七成進入國
民中學、兩成就讀國民型中學，另有一成則選擇獨中[8]。這當中入讀

7　馬華適齡學童入讀華小及國小的比例，近三十年來約略都能維持在
　　九成對一成的穩定局面。另據馬來西亞教育部於2012年發表的
　　《2013-2025年教育發展大藍圖初步報告》，華裔學童就讀華小的
　　比例，2000年時已達到92%，2011年時更高達96%。而國小方面，
　　雖經教育部多年努力，其學生群體仍以馬來人占絕大多數。2011年
　　國小學生中94%為土著，3%為印度裔，華裔學子則只占了區區1%。
8　該估算出自馬來西亞行動方略聯盟之「改制中學發展委員會」於
　　2012年發表的《國民型中學華校特徵調查報告》。

國民型中學（全國共78所）及華文獨立中學（全國僅60所）的三成華裔學子，理論上仍有機會持續接受某種程度的華文教育，並身處講華語的校園環境，進一步厚實了華語作為社群內主要共通語的能耐。

　　華文獨立中學（以下簡稱獨中）可謂馬華社會非常獨特的風景，與其中文教育體系之維繫關係重大。1990年代以降在台灣文壇發光發熱的黃錦樹、陳大為、鍾怡雯等作家，或遊走大中華區內的歌手品冠、戴佩妮、張棟梁，導演蔡明亮、何蔚庭等人，就全是出身於獨中。一如其他東南亞華人社群，馬華社會早年曾自資建立不少華文中學，惟自《1961年教育法》頒布後，這些華校大多已在政府取消津貼的威脅下，轉制為英校，徒留一科華文，1970年後則再隨其他英校被迫轉用馬來語教學[9]。不過當時仍有華校不願屈從政府條件，寧自立為「獨立中學」，仍以華語教學為主，但卻無法再獲得政府的分文資助。獨中的教學語安排，很能反映馬華在三語抉擇上的困擾，這點本文最後一節當再論及。

　　華語在國內工商界，尤其是在以華商為主體的中小企業裡，也還是占有一席之地，惟公司規模愈大，華語的地位普遍來說則愈邊緣化，1990年代前隱隱然有難登大雅之堂的「基層語言」標記。不過相對於身為國語的馬來語，華語在社群內的實際語言功能，顯然還是比馬來語來得強。一個簡單的例子，是觀察各語文平面媒體讀者群多年來的變化趨勢。如果純就族群人數多寡來看，馬來文報章

9　這類國民型中學因原是民辦的華文中學，目前雖已變成體制內以馬
　　來語教學的中學，一般而言校園內依然能夠維持一定程度的華語溝
　　通氛圍。此外，其學生主體是華裔，學生的社團活動也多能彰顯華
　　校特質。國內最具代表性的國民型中學，當推1950年代即接受改制
　　為英校的檳城鍾靈中學。

理當擁有最多讀者。不過早年它卻遠較華文報章和英文報章弱勢，
而華報則一貫維持它超越人口比例的強勢。1960年代，馬來文報章
的發行量只排得上老三；惟經歷1970及1980年代馬來民族主義昂揚
奮發及國家積極扶助時期，其報分激增並曾擠下英報的老二位置。
不過直到1983年，它也只占據了各語文報章發行總量的31.5%，還
遠不及華報的41.3%[10]。時隔30年，ABC(Audit Bureau of Circulations)
發布的2013年下半年數據顯示，華報的發行量依然居冠，穩定占有
近四成總量，馬來文報章則與英報的發行量相近，各約三成。華語
作為社群裡基層語言的生命力和社會功能，於此清晰可見。無論如
何，一個同樣重要的事實是：華報雖在發行量上稱冠，整體的廣告
收入，卻遜於英報。

　　所以總括來說，除非與官府打交道而不得不使用馬來語，馬華
的語言順位，一般而言是英語為上、華語次之，馬來語則相對不重
要。這一點當可透過教學語爭議來進一步檢視。

三、語言博弈的主戰場——教育

　　馬來西亞語言博弈的主戰場是在教育。語言是最重要的文化載
體，在馬來西亞更是政治意涵豐富的族群權益及文化象徵；而教育
則是現代國家形塑國民意識、社會化國民的最重要機制。教學語問
題遂不單純是語言議題，亦非單純的教育問題。

---

10 Citravelu, Nesamalar （1985）. *The Status and Role of English in
    Malaysia*, pp. 62-68. Research Report of the United States Information
    Agency. Quoted in Pennycook, Alastair （1994）. *The Cultural Politics
    of English as an International Language*, p. 213. London: Longman.

　　就三語地位的消長來看，1990年代起有兩項影響深遠的趨勢發展。其一是英語回潮，國家開始放棄對高等教育的壟斷，容許民間大量設立以英語教學的私立大專院校，2003年起更倉促推行數理英語化政策，將全國中小學的數理科目都逐步轉換為英語教學[11]。其二，則是華語挾大中華經濟圈之崛起，在東亞區域內漸受青睞。馬華民間對三語的態度是否轉向，最直接的觀察指標應是其教育抉擇。

　　英文私校及國際學校的蓬勃發展，是伴隨數理英化政策而來的鉅變。面對城鎮地區各族群中上階級家長復辦英校的訴求，政府的折衷之道，是自2006年起開放本國學子入讀國際學校[12]，並進一步放寬管制，讓更多英文私校得以設立。嚴格來說，這類私立中小學並非英校，其課程大綱仍以教育部頒定的為準。不過它們總有辦法藉各項特殊安排成為實質英校。國際學校方面，則依序是以提供英國、澳洲、美國、加拿大這四個英語系國家的課程者為主，那當然更是徹頭徹尾的英校。這類國際學校不少都提供由學前班一路升讀高中的連貫教育，學生高中畢業時則無須面對政府會考，而是直接考取廣受國際承認的各式文憑如國際預科文憑（International Baccalaureate Diploma）等。

　　馬華家長無疑是這些英文私校及國際學校的最主要支持者。事

11　數理英化政策爭議甚大，各族群內部都有支持及反對聲浪，馬華社會尤烈。2009年新首相納吉（Najib Razak）接替阿都拉（Abdullah Badawi）上任後，因政策執行的缺失甚多及其教育實效成疑，終決定罷手，並自2012年起，再度逐年逐級地恢復政策前的數理科教學用語。

12　在此之前，本地學子若想入讀國際學校，不是不行，但須透過教育部先取得部長同意放行。換句話說，2006年前唯有權貴子弟（如內閣部長的子女）或有政治關係的大商人子弟，才能輕鬆入讀國際學校。

實上，早在1980年代英校消逝之日起，就有少數華裔家長轉送小孩至新加坡就讀中小學校，這在毗鄰新加坡的新山一帶尤其蔚為風氣，所圖的正是新加坡學校的英語教學環境和它們更卓越的教育品質。據教育部2013年的統計，私立英文中小學校已達133所，國際學校則共有89所，而這還不包括趕建中的大量新國際學校。這類學校多集中於大巴生谷、新山及檳城三地，學生總數相對於國家教育體系的學生數也還不足道，卻增長迅猛。尤其不少華裔家長是在孩子修畢六年或至少五年的華小課程後，才將他們轉往英文私校或國際學校就讀，達成所謂華小銜接英中的「理想」模式，以民間自救方式回歸英校時代。由於一般華裔家長對孩子母語／華語教育的要求只及於基本的聽說讀寫能力，並藉華小之獨特環境讓孩子具備一定的中華文化素養，除此之外別無他求，私立英文中學的湧現遂能契合這類需求。英文私校及國際學校也對城市地區的獨中構成語言壓力，多改以英語教授高中階段的術科，尤其是數理科目。

高等教育方面，1990年代英語教學的私立大專院校湧現後，馬來人和華人在教育語文的抉擇上，差異擴大。馬來學子因政策優惠，大量集中於馬來語教學為主的公立大專院校，畢業後則大批進入同樣是馬來語主導的公務體系就業。華裔學子則被迫放洋留學或繳付高額學費入讀私立大專院校，畢業後再到英語為主導的私人企業界裡任職。

當然，英語回潮並非趨勢變化的全貌，中文高等教育的崛起是另一面向。不過本土中文高等教育領域資源匱乏，除大學內零星的中文科系外，餘者就只是數間民辦「華文」大專如新紀元學院，礙於國家政策與市場壓力而不得不以英語教授大部分的實務科系。無論如何，外部資源——大中華區內的中文高等教育，還是可供馬華學子汲取的資源。亞洲區域內的中文大專教育目前正加速融合，除

兩岸三地學子交互流動外，臺灣、中國大陸、香港各大學也都紛紛
對東南亞學生尤其是華裔子弟擴招。晚近更重要的變化還有國家對
中臺兩地大專學位的正式承認[13]，留學兩岸大學者持續增加。譬如
據高等教育部2012年的統計資料，獨中生重要的傳統留學地臺灣，
已成馬來西亞學子的第四大海外留學地（7,304人），排名僅在澳洲、
埃及和英國—愛爾蘭之後。中文高等教育誠然還無法和英文高等教
育的國際資源匹敵，但對馬華社群來說，國家對兩岸大專學位的正
式承認，等於解決了它念茲在茲希望維繫一個「完整華文教育體系」
的願望，即由華小、獨中一路至大專院校的不間斷華語教學。然而
中文高等教育未來對馬華中產家庭的吸引力為何，猶待觀察。

四、由獨中教學語爭議看新加坡及香港

　　前文已提到華文獨立中學的教學語安排，頗能反映馬華在三語
抉擇上的困擾。此因獨中的教學語爭議，本質上就是雙語或三語教
學問題。獨中原是為抗拒國家以英語（1960年代）或馬來語（1970
年代後）為尚的中學教學語政策而生，因不願屈從國家單元的語言
意識型態，拒絕收編，才選擇艱苦地自力更生至今。也恰是因其辦
學資源來自馬華民間社會，基本上不受國家教育體制羈絆，所以它

13　馬來西亞政府和中國政府自2011年起，就開始逐步承認彼此的大專
　　學位。2012年，馬來西亞方面正式承認中國820所大專院校的學位；
　　緊接著2013年在全國大選前夕，又宣布承認了臺灣157所大專院校
　　的學位。不過必須強調的是，馬來西亞教育部對兩岸部分大專學位
　　的承認，並不意味著相關畢業生從此可以和其他本土大專的畢業生
　　一樣，有資格進入國家的官僚體系就業。負責取錄公務員的公共服
　　務局和教育部在這方面並不同調，只「承認」少數的兩岸大專學位。

如何取捨教學語，就頗能反映馬華的語言意識型態。而檢視爭議，也有助我們反思新加坡及香港的類似語言爭論。

獨中自詡追求多元並存的教育體系，以維繫華語的教學功能為一己特色。其角色並不僅僅是私校，還有捍衛語言權利平等及文化延續等追求。不過獨中「以華語為主要教學語」意味著什麼，各校迄今並無共識。有趣的是，回顧歷史，當可發現類似的正反論點曾在不同年代裡反覆重現。譬如華文教育界的領導機構董教總[14]，一貫強調母語之為世所公認的教育價值：母語不會構成學習上的語言障礙，遂有利學生正確理解抽象的概念與知識，學習事半功倍，反之則事倍功半。而倡議調整或「微調」董教總母語教育主張的獨中董事、校長或社會輿論，則多訴諸英語在數理科目等的強大實用價值及學子未來赴海外英語系大學升學的銜接問題，認為在中學階段就以英語教授這類實用術科，才真正符合學生利益。兩方議論往往並未交匯於同一層次，當中不乏某些「想當然爾」的非教育性考量。那究竟是什麼結構性的非教育因素，會促使華教界一再為久經議論的老問題辯論？

董教總對獨中教學語的「正統」政策立場，首見於1973年獨中復興運動浪潮下提出的《華文獨立中學建議書》。簡要歸納其教學語建議，要點如下：

（1）獨中是母語教育。
（2）獨中須堅持以華語為主要教學語。

---

14 董教總一詞，其實是「董總」（馬來西亞華校董事聯合會總會）與「教總」（馬來西亞華校教師會總會）兩獨立組織的合稱。董總和教總皆為馬來西亞華文教育的代表性團體，彼此間合作緊密，對華教議題的立場也往往一致，故外界常以董教總稱之。

（3）在不妨礙母語教育的原則下，加強對國語（即馬來語）和
　　　英語的教學，以配合國內外客觀條件的需求。

換句話說，獨中要兼顧三語，但應以華語為第一語文，馬來語、英
語為第二語文。此外，非語文類科目應以華語教學。當然這說的是
理想狀態，董教總的「民間教育部」角色，也未賦予其法定權威去
糾正各獨中教學語政策上的「偏誤」。《建議書》發表十年後，1983
年獨中工委會的檢討報告，有幾段值得引述[15]：

> 獨中兼受〔授〕三種語文，但能夠真正搞好三種語文的學
> 生實際上並不多，從學習語文的規律來說，這本來是十分
> 正常的事，以新加坡和香港的統計，能夠掌握雙語的人才
> 僅在15%之內，能夠同時掌握三語的人才自然更少了。
> 許多人不懂或者不管上述學習語文的規律，對獨中三種語
> 文的要求到達苛求的地步。他們簡單化地看問題，以為語
> 文接觸時間越長，語文的學習效果就越大，因此，認為獨
> 中目前以總上課時間的一半來學習語文還不夠，建議下午
> 再用來學習英、巫文，似乎要把獨中生個個都訓練成語文
> 人才的樣子⋯。
> （檢討報告3.3.1節）

不斷要求獨中加強語文學習的家長與社會人士，他們心目

15　林晃昇：〈華文獨立中學建議書實施十年（1973-1983）之檢討報
　　告〉，1983年7月30日。轉引自鍾偉前主編：《董總50年特刊
　　（1954-2004）》，馬來西亞雪蘭莪州加影：馬來西亞華校董事聯
　　合會總會（董總），2004，頁925-937。

中學習語文的目標到底是什麼呢？他們的願望可能是：

(a) 提高馬來文以考取SRP，SPM；[16]

(b) 提高英文以利子女出國；

(c) 為了達致上述兩項目標，即使少學一些華文也在所不惜。

……華文目前在我國所處的被歧視與無權的地位，使到「現實」的家長把它看低看扁了，似乎可有可無，90%的子女送去國中之餘，連10% 送來獨中的，也還是念念不忘「政府文憑」，也還是要搞「英文至上」的那一套，這種思想若不加以認真檢討，獨中語文問題的爭論是無休止的！

（檢討報告3.3.4節）

獨中學生考政府文憑的最大矛盾是：我們是華文中學，政府考試是馬來文媒介，削足適履，最終可能導致獨中逐漸變質，失去它的母語教育的功能與優越性。如果採用「雙軌」制，即兼用華、巫或華、英兩套課本，或上午用華文本上課，下午用馬來文或英文本上課，其結果是用兩種語文來學一門知識，教師事倍功半，學生精疲力盡，既妨礙了身心的正常發展，也無助於學術的提高，更遑論品德的薰陶、人格的培養及發揮學生的潛能。本來想「一石二鳥」，結果許多成績差的學生可能搞到「兩頭不靠岸」…。

（檢討報告3.5.3節）

16　SRP與SPM都是當年政府會考的簡稱。前者對象是中三升中四的學子；後者對象則是中五升中六（大學先修班）的學子。

所有這些言之成理的教育觀點，最終仍無法打消部分獨中改走修正路線的念頭。砂拉越州美里的廉律中學與董總在1998-2006年間，就初中數理統考[17]語文問題爆發的齟齬，因時間上恰處於政府開展數理英化政策前後，尤值一提。該案的細節複雜，這裡不贅，但廉律中學董事長劉久健不少耐人尋味的直率觀點，反映了某些人未公然宣之於口的看法。譬如他批評董總「只為滿足本身的民族情意結，而將獨中生塑造成『文化的古董』，讓華裔新生代變成了文化的犧牲品……」[18]。言下之意，華文教育的文化傳承意義固然重大，卻跟不上時代。又，劉氏質疑「沙巴崇正可以用英語教數理，為何廉中不能？……廉中從1988年至1998年，學生從400多名降至160多名，廉中已被董總害慘了10年……」[19]。弦外之音，是華文數理學生、家長都不愛，毫無市場，英文數理則大受歡迎，所以董總莫再誤我。然而最切中要害的，還是他譏諷當時連獨中董事都未必送孩子到獨中求學，「廉中不能再自己騙自己」[20]。換句話說，劉氏自認為並非不懂教育，只是務實。

　　獨中各校的教學語考量，簡言之，不外是如何在「一個傳統、兩大考試、三種語言」之間求取平衡，而各校對此各有理解。所謂「一個傳統」，是指華校與中華文化傳承密不可分，所以教學語安排的底線，是要避免損及獨中的文化特徵。所謂「兩大考試」，則是統考與政府會考孰重孰輕？還是兩者並重？至於「三種語言」之輕重取捨，則是獨中——或廣義來說馬華社群——的宿命，不得不

17　統一考試（統考）為董總自行舉辦的中三及中六考試，僅供全國60間獨中的考生應試。

18　《詩華日報》，2006年6月23日。

19　《美里日報》，2006年7月29日。

20　《美里日報》，2006年7月30日。

面對,而這又與學校對兩大考試的取態有關。不少獨中既標榜自身為華校,又愛談「三語並重」,惟兼顧與並重是兩回事,三語並重之說,不免近於天方夜譚。

由獨中教學語爭議看其他華人社會的類似爭論,可議之處不少。限於篇幅,這裡只對比和馬來西亞歷史、社會背景都比較貼近的新加坡和香港。

新加坡教學語政策最顯著的特色,是它明確的第一語文及第二語文劃分。英語作為「第一語文」,由小學至大專貫穿整個教育體系,學生並無另擇他語為第一語文的空間。此外,這個第一語文,除英文本科外,基本上也是所有非語文類科目的教學語,其分量之重,和「第二語文」相比甚為懸殊。至於第二語文,按政策規定必須是學子的母語,但這「母語」卻是依其族群身分界定,譬如新加坡所有華裔學生的「母語」就該是華語,學子其實也沒任何選擇空間。惟以星、馬兩地社會之多元複雜,華裔小孩的母語,不一定就是華語;印裔小孩的母語,也不必然就是泰米爾語。

回顧歷史,這樣的雙語安排並非憑空而來。英殖民時代的新加坡,也曾和馬來亞一樣,擁有四套分別以英語、華語、馬來語及泰米爾語教學的教育體系。1956年的《新加坡立法議會各黨派華文委員會報告書》,建議政府平等對待這四個教育體系,並在新加坡每一所學校裡使用至少兩種語文為教學語,且要求雙語的學習都達到高標準。不過報告書的所謂「雙語教學」,其實只意味著英校應開始教授華文,而華校、馬來學校和泰米爾學校則該開始教授英文,可能的話再外加一個第三語文。不過該報告書的教學語倡議,政治考量遠多於教育理念,即政治菁英要藉此展示他們對各族群權利的平等尊重,也盼能消弭族群分治的現象,為即將到來的新加坡自治鋪墊。

　　然而事與願違。1963年的《新加坡教育調查委員會報告書》，揭示各源流學校的第一語文和第二語文，水平上都存在著巨大落差。1965年新加坡遭逐出馬來西亞聯合邦並獨立建國後，英語教育背景為主的執政菁英，基於英語的「中立價值」（即英語並非國內所有主要族群的母語）和它作為國際語言的知識、經濟價值，開始進一步確立英語在新加坡的至尊地位。另一方面，李光耀重紀律、講尊卑的亞洲價值觀偏好，則驅使他在設計新加坡的新雙語政策時，傾向強調各族母語的傳統文化傳承角色，即保住母語才能保住新加坡民眾的亞洲價值觀，不致因教育英化後遭夾帶而來的西方價值觀「荼毒」。於是三個官方認可的各族「母語」——華語、馬來語和泰米爾語，自1966年始就成了中學生的必修。

　　1979年發表的《1978年教育部報告書》，再對雙語政策的實效不彰作了檢討。然而檢討的結果，卻是強化菁英式的教育分流，而這回學子的英語和母語水平，都與其分流命運息息相關。另一方面，1980年代，政府還以各式手段壓抑了英校以外其他源流學校的生源，讓其逐漸凋零，並強制南洋大學與新加坡大學合併為新加坡國立大學，確立以英文為主軸的單一教育體制。1987年以降，英語遂成了所有學校的第一語文，並肩負非語文類科目的教學語角色；而學生的母語作為第二語文，則僅是校內的一門語文課。2004年，新加坡再見雙語政策調整，這回主要是將教育各階段中的母語課（尤其華語）程度細分，讓「母語」實力高低者都有更合適的課程修讀。而升讀大學時，學生也不再需要受其母語科表現影響。箇中關鍵，是新加坡政府不得不面對一個英語漸成許多小孩「母語」的新現實，而這批小孩根本無力（也毫無意願）應付國家要求達致的母語水平。1979年起發動的轟轟烈烈「講華語運動」，顯然並未能成功鼓勵其年輕華裔公民以華語為母語。

　　與星、馬兩地有別的是，香港基本上是個單族群社會，華裔人口約略總在九成五左右，且二次大戰後續為英殖民地，直到1997年才回歸中國主權。話雖如此，戰後中國政治的鉅變，仍迫使港英政府不得不調整回應。1949年大陸赤化，國民黨政權則退守台灣一隅。而為了防堵共產主義滲透及台北民族主義的召喚，港英政府乃設法引導港人的政治認同，以維繫其殖民統治。所以它並不試圖模糊中文學校[21]的民族身分認同，而只是透過課程設計等手段，將政治認同自文化認同中巧妙剔除[22]。而另一方面，為培育雙語菁英以助英殖民者跨入中國內地發展，發揮香港溝通東、西方的功能，殖民政權也早就在香港英校（Anglo-Chinese schools）教授「中國語文」及「中國歷史」、「中國文學」等科。

　　1963年港英政府曾委任R. Marsh和J. Sampson檢視香港的教育需求。兩人建議增加中文學校（即英語為第二語文的學校）數量，惟政府並未採納該建議，理由則是一、政府意識到家長對英文中學

21　在香港，中文學校指的是以粵語而非華語／普通話為主要教學語的學校，惟它所教授的書面語中文，則與大中華其他地區一致。

22　關於這一點，香港知識分子近年來也多有反思。梁文道就曾在他悼念六四事件廿周年的文章裡提到：「我這一代三、四十歲的中年人生在香港長在香港，經歷過香港所謂的『黃金時代』，看過『阿燦』和『表姐』的可笑形象，曾經自豪於港人身分的不同，歧視內地的落後貧窮。我們雖然也學中文和中國歷史；但和其他國家把國文國史當成國民教育核心的教學法不同，殖民地式的文史教育是一套非國族化的技術教育，不鼓勵我們在國家文學和歷史裡面獲取深厚的國民認同，只把它們當成純粹的資訊與知識。我在兩蔣治下的臺灣度過童年，對中國懷有熱情也許還不奇怪；但我那些同學，我的同代人，他們與香港意識一起茁壯，受的是非國族化的基礎教育，他們怎麼會愛國呢？他們的中國情懷是怎麼來的呢？也許六四就是這個問題的答案了。」（梁文道：〈我們守護記憶，直到最後一人〉，《明報》，2009年6月4日及5日。）

的明顯偏好；以及二、基於英語是「國際溝通的一個重要媒介，且英語技能在香港的商業價值無庸置疑。」[23] 1971年香港落實六年義務教育，1973年遂再有教育諮詢報告建議採納中文為中學初中階段的教學語，英文則只作為一語文科來學習。不過政府再次拒絕作政策調整。無論如何，它開始將選擇教學語的自由下放學校，並讓香港中學會考的考生選擇以英文或中文應考。

　　與此同時，香港社會正經歷著各方面的鉅變。二戰後土生土長的一代開始進入大學、社會，本土意識滋長。1970年代初由學運掀起的「中文運動」，就要求將中文與英文同列為香港官方語文，並在1974年達到目的。1963年香港中文大學設立，則標誌著香港中文教育體系由小學至大學的完善，不再由全英文教育且殖民色彩濃郁的香港大學專美。當然，中大近年來由中文教學為主（粵語和普通話）又蛻變為以英文教學為主的大學，不啻是香港教學語政策具體而微的另一時代轉變[24]。

　　值得一提的是，直到1978年香港落實九年義務教育前，僅三成小學生有機會通過競爭激烈的小學畢業考，升讀中學。換句話說，當年即便初中教育也算得上是菁英教育，故以英語為教學語的政策

23　轉引自Tsui, A.B.M.（2004）. Medium of instruction in Hong Kong: One country, two systems, whose language? In J.W. Tollefson & A.B.M. Tsui, （eds.）, *Medium of Instruction Policies: Which Agenda? Whose Agenda?*（p.104）. Mahwah, New Jersey: Lawrence Erlbaum Associates.

24　中大原是1949年中國內戰落幕後，流落香港的大儒如錢穆等人以弘揚中華文化及中文教學為主旨成立的大學，《香港中文大學條例》也訂明中大的「主要授課語言為中文」。目前中大校方雖仍強調它堅持中英雙語的辦學方針，但中大理學院、工程學院、醫學院、法律學院和工商管理學院已有九成的課程是以英語授課；以粵語或普通話教學者，主要則是集中在文學院和社會科學院。

較少碰到麻煩。惟1978年後，隨著中學教育普及，以外語（英語）為教學語的問題就開始顯得突出，為此政府於1980年代又設立委員會探討解決之道。委員會隨後發表一系列報告，計劃逐步鼓勵更多中學以中文替代英文教學，並根據學生的語言能力分流。承接以上精神，1997年香港回歸中國後，特區政府大力推動母語教育，教學語爭議即轉為熾烈。這與馬來西亞的數理英化爭議頗有相似之處，只是在政府推介的教學語方面是恰好相反，而香港民間則普遍頑拒母語教學。爭議主要在調整幅度之大及所謂的「一刀切」。

香港回歸前，小學階段絕大多數已是用母語教學的華校，所以沒有爭議。93%的小學生就讀於中小，入讀英小的則只有區區7%。有趣的是，到了中學階段，局面是整個顛倒過來，以英語教學的英中才是絕大多數，94%的中學生就讀於英中，入讀中中的則只有6%[25]。董建華政府自1998年起推行的母語教育政策，則是只讓總數421間之官立及政府津貼學校中的114間（27.1%）繼續維持英語教學，餘則必須轉為中文教學。然而社會對此反彈甚大，不少執行層面上的問題也陸續浮現（如對中文中學造成負面標籤效應），而遭「一刀切」為中文中學的校長、教師及家長，也多有不服。2009年，繼任的曾蔭權政府不得不屈服於壓力，以所謂微調之名放棄政策，藉授權各校彈性實施英語教學之舉，來模糊中中與英中的分際。

三地華人社會誠然都面對英語霸權的強勢挑戰，另方面似乎都未能坦率地面對教學語和文化傳承之間的糾結。馬來西亞的華文獨中一方面要擔負沈重的文化傳承功能，另方面又要裝備好學子在多元社會裡的三語技能，左支右絀可以想見。三語並重並不實際，但

---

25 Tsui, A.B.M. （2004）. Medium of instruction in Hong Kong: One country, two systems, whose language? p. 98.

獨中往往為配合家長不切實際的貪念或憑著其自以為是的語言意識型態，做複雜的教學語安排，結果往往事倍功半，極可能在過程中犧牲了不少受困於語言轉換及調適的中等資質學生。這絕非什麼新穎論點，不少教育工作者卻還是固執地一往直前。新加坡模式以缺乏彈性的第一語文及第二語文安排硬套於所有學生，同樣犧牲了中等資質學生。香港的情況更微妙，小學階段以母語教育為宗，中學階段則反過來以英中為尚，不論學生情況如何一味追求英語教學。

　　以數理英化政策推行前後，馬華社群內頻頻出現復辦英文中學的聲浪來看，香港模式在馬來西亞其實頗有市場。這當中的思路，是華小教育基本已能達致文化傳承，也已經足以確保孩子的基礎華語能力，所以中學階段，華語一科足矣，頂多再如香港中學般加個中文歷史、地理。至於是不是要趕在初中階段就全面轉換教學語，還是等至高中階段才辦，可以商榷，反正基本信仰是「小學母語教育，中學開始要作語文過渡，大學則必當是英語教學。」想要跳脫這英語霸權所施加的箝制，不是不可能，譬如自我建構有競爭力的中文高等教育體系，一如當年星、馬華社的南洋大學嘗試。但這需要付出長期埋頭建設的艱苦、慘重代價，而英語豐沛的外部資源（如英文期刊與學術專著）卻是觸手可及，遂少有人選擇抵抗力最大的路走。香港中文大學近年來的教學語政策蛻變，或可作這方面的註腳。

　　如果更進一步，覺得文化傳承由母語的語文一科擔負足矣，那就邁入了新加坡模式的思路。不過新加坡模式近年來的困境，似乎說明了文化傳承的效果，與母語作為第一語文或第二語文的角色關係重大。新加坡模式並非貨真價實的「雙語教育」，其第二語文基本上不擔負任何非語文類科目的教學功能，所以第一語文與第二語文在校內的使用頻率和語言功能，相當懸殊。小孩即便出身於所謂

的華語家庭，小學畢業前他所能掌握的英語技能，很可能就已經遠逾華語，而他顯然也更習慣於以英語和朋輩交談，遑論校園內的英語氛圍也會加速他的語言轉化過程。結果一、兩代間，母語科教授的很可能已經不再是孩子的「母語」，而是一科由國家規定、不得不修的外語。新加坡孩子們以自己最熟悉的英語學習、閱讀並接觸外界資訊，自然也就深受西方文化薰陶，難以再循國家之期盼固守「亞洲價值觀」。簡言之，新加坡模式的致命矛盾在於如果它希望由學生的「母語」來肩負文化傳承使命，似乎就不得不將它設為第一語文而非第二語文，或者至少讓母語擔負部分的教學語功能，否則實難有效達成其文化使命。2014年熱辣的北京大學「燕京學堂」教學語爭議，其實可以擺在同樣的脈絡下省察。

　　王國璋，香港中文大學未來城市研究所副研究員。研究興趣主要在族群政治、語言政治及海外華人研究。著有《馬來西亞的族群政黨政治，1955-1995》（1997）及《菲華商聯總會之興衰與演變，1954-1998》（2002，與張存武合撰）等書。

語言、文體、精神基調：
思考馬華文學

莊華興

語言寫作問題

　　馬來西亞華人因教育背景、宗教信仰、居住環境與社會階層的差異，而出現母語認同的分歧。一位半島東海岸土生華人（Chinese Peranakan）生活在馬來村子圍繞中，華土文化融合、土生者馬來語（Peranakan Malay）是他們出世後接觸的語言，也是成長後的交際與溝通語言，乃至創作語言。法國哲學家德勒茲的語言解域化（deterritorialization of language）特徵，在這群人身上獲得某種程度的印證。

　　即便是華校背景的西海岸華人，很多未入學前只通曉方言，往後也經常和父母、長輩、鄉親等以方言交談，在入學以後才逐漸掌握華語（中國大陸稱漢語），這個過程是經過一番努力與掙扎，其歷程與學習方法大致跟學習外語一樣，不少華族小孩始終沒有把它學好，最終仍回到彼等最熟悉的方言天地。對馬華作者，華文寫作是一場跟語言進行搏鬥與馴服的艱辛過程[1]，也是任何習得語的必經

1　黃錦樹對近年躍起的女作家賀淑芳的文字有如此的形容：「她寫小

之路。由此觀之，華語作為大馬華人的習得語（acquired language）已成為不爭的事實。然而，這種習得語不一定永遠跟隨著主人，它或隨著教育環境的變遷與工作的需要而改變。譬如大馬多位華裔學者，小學到高中都是在華校就讀，日常通用語以華語華文為主，大學畢業進入研究所以後，英語和馬來語成為彼等的工作語言和通用語，高中以前的華文華語習得語地位被馬來／英語取代，措辭和表達上也遠遠超越華語。馬來語文與文學專家廖裕芳（Liaw Yock Fang）和陳祖明（Ding Choo Ming）是這方面的例子。這並非孤立的個案，馬華作家之中，從華文轉往英語寫作者或在華語和外語創作中游走（筆者稱之為兼語創作）大有人在，一般行業中更不乏其人。初步可以這麼說，對大馬華人而言，最嫻熟的語言不等同於母語，但可以肯定的是母語是私性語言，因情感聯繫而得以維繫下來。

　　華語的使用，往往在較正式的、公開的、公共性場合[2]出現，因而有某種必須遵循的規範與結構，譬如發音、聲腔與用詞。這就形

（續）─────────────

　　說近乎苦吟，文字反覆打磨、挖、改、刪、削、釘釘補補的，唯恐找不到確切的詞語，……在美學信念之前，卻是她與語文的近身肉搏……都是艱苦的和語文搏鬥。」（2014：227-228）

2　相對於官方場域，華社內部也形成了自己的公共場域。在這場域中，華語成為類法定的溝通語言，享有華人社會內部官方語言的地位。華語地位的確立，首先是出於它跨方言籍貫、年齡世代、性別、階級的現實性考量；其次，面對任何來自官方的打壓（如不利於華文教育與文化發展的政策、法令等）或主流族群的的質疑（不愛國等），它有強化社群內部凝聚力與歸屬感的功能。無形中華語被提升至相等於國語的位階，在華社中發揮了它的規範力與統攝能力。這種種促成華社享有一定程度的自足性，但也衍生了該群體的封閉性與防衛性。長久以來，大馬華人社會深層意識有家無國，或重家輕國，即有捍衛這內部官方語言（華語）的意味。當然，這有歷史與政治的因素，並非一日而蹴。

成了不同背景的華人對母語在認知與認同上的差異或分歧。反映到文學上，作為馬華文學創作語言的華語是不是母語寫作便成了一個頗耐尋味的問題。華語作為創作語言，固然出於華社內部公共場域的需要，但它並不一定是作家（或廣義的華人）呱呱墜地後首先接觸的私語言，即母語方言。進一步言，馬華作家是以華語習得語寫作，相對於自幼第一次接觸的「母親的語言」（mother tongue）——方言，華語何嘗不可說是「他者」的語言，它如國家語言體制一樣，不但有一套規範，還有特定的受眾和發聲空間維度，即馬華文學界／公共知識界和華社內部場域。因此，把華語華文視為大馬華社內部的官方語文基本上是沒錯的[3]。然而，這個內部場域卻也讓華社可以繞過國家而輕易接上境外大中華文化場域，寫作媒介的選擇也讓它接上大陸學界提出的「世界華文文學」或「海外華文文學」。但若把問題置於另外一個脈絡來看，馬華作家的華文寫作，無論對內對外，它都得面對現代民族—國家話語與體制，大馬國家文化政策下的國語（馬來語）寫作／國家文學固然是最明顯的例子，但在大中華圈理念下碰上的「中國國家文學」，也沒有使大馬華文寫作更接近「世界華文文學」或「海外華文文學」。由此觀之，馬華作

3　在華人內部場域，華語作為內官方地位還有一套文字、書寫、語音規範和選擇，但它並不完全施予每個領域。以文字為例，獨立以來，華校（指華文小學和獨立華文中學）的教學與教材通行繁體字（臺灣稱正體字），1977年，大馬華校教師總會聯合會（簡稱教總）向政府建議華文小學全面採用簡體字，獲得接納，隨後擴及華文報和出版物，但部分華文報簡繁兼用（如銷量最大的《星洲日報》），如今又出現某些華文出版社採繁體印刷，如出版文學書籍的有人出版社以及華文廣告牌等等，說明華語華文在社群內部雖有一定的地位，卻不具法律約束力。

家的「非母語」華文寫作何嘗不是在進行著更為宏大的解域化工程——漢語解域化和馬來—國語解域化。對馬華作家,無論喜歡與否,實際上他們是對中國國家文學和馬來西亞國家文學進行著解域化工作。這完全出於華語華文原只是馬華作家的習得語之一種,卻不必然是彼等的母語之故。

　　縮小到華文教育背景的圈子看,這樣的說法對弱勢馬華族群卻成為特別敏感的問題。追根究柢,有關馬來西亞華人母語課題的爭論實際上是一個政治問題,任何嘗試給予學理的解釋終究徒勞[4]。同樣的,馬華作家的母語寫作也是一個政治問題。從德勒茲小文學(minor literature)[5]的角度看,馬華文學的性質與特徵庶幾近之。毫無疑問,馬華文學是合乎馬華體制要求的類官方華語寫作,相對於法定官方語言(即國語馬來語),兩者即形成一種對立的姿態。華人普遍上有這樣的心態:官方語言是你的語言,不是我的語言,這召喚了小文學的政治性幽靈,而馬華文學顯然更進一層,書寫語言的抉擇更無法脫離某種政治意涵。恰恰因為這個原因,在文學創

4　自幼在大陸長大、受教育的馬來青年迦瑪(Jamaluddin Bin
　　Ibrahim),父母為馬共成員,1990年代大馬政府和馬共和解後隨父
　　母回馬定居。自2008.11.24至2009.05.18,他陸續在《東方日報》發
　　表評論,談大馬華文教育、文化、語言等課題。2009.05.11有一篇
　　〈語言共媲美,過於獨自尊〉,質疑/否定大馬華人母語是華語,
　　引起多篇回應,對其言論表示「茫然、錯愕」,繼而不滿與憤怒。
　　歷史研究者陳良撰寫了多篇文章逐點反駁,後來輯成《大馬華族
　　史正論》出版。這是對「華語作為華人母語」議題一次規模最大的
　　討論。但這次論辯重點不在議題本身,而是表達的語言媒介與論辯
　　的方式。筆者對這場非儀式性(即非官方—國語的)的華馬對話抱
　　持肯定態度,見拙文〈反「存放」的華馬(中文)對話錄〉,收於
　　該著附錄。
5　小文學概念另有兩種譯法,即少數文學和弱勢文學。

作的自省上，任何有關華族跨語言寫作的談論都會被視為不可能、不可行，或輕易被否定[6]，也直接否定了馬華文學的思考（或思考的馬華文學）的可能，譬如建立在習得語基礎上的大馬華文文學，同樣可以有另一半的華人共生於習得語文學，如華裔馬來文學（或稱華馬馬文學）、華裔英語文學（華馬英文學），而華裔馬來西亞人作為最大的公約數。在此時此地，作為華社文化菁英的寫作人更具備這種條件。

　　然而，如前所述，事實恰好相反，這就揭露了小文學的核心問題，其思辨首先被直觀功能取代，而後者往往建立在安穩的大前提上，也間接造就了它選擇一邊偏安、一邊防衛的心理[7]。這一點對我們了解下文探討的馬華文學精神基調頗有幫助。

　　馬華文學面對的問題，如身分問題、霸權問題、語言表述問題、文學權力問題，都離不開它作為一支小文學的本質。如果語言是思想的牢籠，偏單語使用實際上宥限了大馬華人的思考，尤其在思考國家民主化問題上[8]。下文嘗試從這個角度出發，探討馬華文學的性質與精神基礎、它跟時代的關係，最後對進路提出個人的淺見，作

6　如筆者有關兼語寫作的討論，被黃錦樹粗暴地扯到愛國主義上頭，只能任他扯，完全無法開展討論。參見莊華興和黃錦樹的辯論，收於氏著《國家文學：宰制與回應》。黃錦樹最近的駁論〈政治的，太政治的〉，仍然一貫地迷戀美學的純粹性。

7　宏觀的文化反應亦大致如此，在面對族群文化的威脅或不平等待遇時，對外是以民主、公正普世價值為鬥爭前提，內部的領導卻訴諸非民主手段，即便違反組織章程亦不以為忤，這時候，規範性立時失效，近日董總不准關丹中華中學學生參與統考即揭示有關組織領導的這種心理。

8　在當下馬來社會，馬來語／文是否作為都市馬來中上階層的母語已愈來愈不易確認。但是，馬來社會的改變與華人社會的脈絡不同，不可並論。

為初步的思考心得。

建國時期的馬華文學精神基調

　　在起源階段，馬華白話文學（亦稱馬華新文學）受中國五四新
文化運動的影響，一般以為必然帶有啟蒙主義精神、科學與民主思
想。實際上，這是美麗的誤會。馬華白話文寫作發軔之前，已有文
言文寫作，惟人數可考者不多，作者以傳統舊學儒商階層組成。因
應殖民地經濟發展的需求，南洋華人社會苦力遞增，馬華新文學在
這樣的時代背景下萌芽，對五四傳統的繼承面對更棘手的問題。早
期這些草根流散者（或稱流民──流浪的草民）一方面遠離家園，
另一方面在馬來亞面對殖民者─資本主義經濟體系的剝削，懷鄉情
懷比家國情懷深刻。1920年代以後，第三國際（共產國際）勢力和
中國共產黨南洋臨委會進入馬來亞活動，普羅列塔利亞思想逐漸成
為主流，進一步加強南洋華人的草根性左傾民族主義思想，1927年
出現的新興文學是馬華革命文學的開端。這時候，馬華文學逐漸從
儒商主導的舊文學正式走向大眾階層。這時候，寫作與政治抗爭互
為表裡，寫作圍繞在階級鬥爭，矛頭是帝國─殖民主義與資本主義，
創作思想大致圍繞在資本剝削和階級解放。這時候是雜文和敘事文
交織的時代，前者體現在雜感與隨筆，後者則以報導文學與通訊出
現。把作品置於歷史語境中，「『雜文』不僅意味著一種寫作方式，
而且意味著那一代知識者……對那個時代、民族、大眾的一種道德
承諾」。（黃子平，1996：150）馬華雜文作者以魯迅為典範，如果
說中國左派借魯迅雜文風格展開社會衛生學的治療和診治行動，馬
來亞雜文時代的魯迅手法則通過驅魔手段以「祛魅除迷」，具體內
容是反封建、反帝反殖，在一定程度上體現了戰前馬華文學的進步

左翼思想，並在一段頗長的時間內主導馬華文壇的寫作趨向。

馬華思想中的雜文精神基調在戰後初期發生了變化，1950年代開始出現一種不定性、飄忽、迷茫、失落的精神狀態。對當時南來文人，除了追問「何處江山」或「鄉關何處」（見白垚〈猶記當年入海處〉），尋求人間淨土成為唯一的精神寄託[9]。中國國民政府因內戰失利敗走臺灣以後，不少文人沒有隨國府渡臺而選擇南下香港，有些繼程到南洋開拓文化復國事業，配合殖民地客觀條件協力推動反共工作。1955年11月10日《蕉風》雜誌在新加坡創刊，為往後的星馬華人提供了另一種文化與價值選擇。左翼星馬文化場域一直以來以雜文精神為主，且廣泛被接受，自《蕉風》創刊以後，內戰前後南來的文人把它詮釋為「文化沙漠」，《蕉風》創刊的宗旨，亦與此有關。《蕉風》創刊號發刊詞〈蕉風吹過綠洲〉開宗明義就說：

> 有人常以「文化沙漠」四個字來形容馬來亞的文化，……讓我們冷靜的想一想：為什麼「文化沙漠」這四字，偏偏會落在馬來亞的頭上？追根溯源，便不能不歸罪於一般社會人士對文化事業的不夠重視，而我們馬華文化工作者對這方面的提倡，也還顯得不夠主動。……我們馬華文化工作者，必須積極地、主動地負起這項任務，用我們的幾支

9　白垚追憶南渡之初，有這樣一句話：姚拓問我，明年畢業後，是否願意隨他去南洋發展。那時找事不易，便先答應下來。雖然有職業的考慮，但也有知遇的欣悅。同時生逢亂世，對南洋也有人間淨土的嚮往。（2007：28）楊際光則通過詩歌追求他的純境，純境讓他在那裡得到寧靜、得到安樂；現實中，「香港並不是我們的純境。這個小島對我們的重要性，是我們在那裡相識，在那裡開始尋找我們的純境。」（2003：61-62）

禿筆，把馬來亞的文化沙漠開拓成文化綠洲。（1955.11.10：2）

查戰後十年間，星馬兩地相繼出現近五十種雜誌書刊，這一點說明，馬來亞雖以草根民眾階層為多，但文化／文藝場域並非真正貧乏。問題是，為什麼《蕉風》同仁會有此結論？他們對文化性質的理解為何？這又跟他們的背景以及當時的冷戰氛圍有何關係？也許這些追問有如現代小說，結局並不重要，過程的點點滴滴才是核心，在冷戰體制下，事情的發展都在情理之中，斷非偶然。

如此說來，也許播種與文化薪傳才是這些「失國失鄉」的民國——南來文人的正事與終極目標[10]。社長陳思明早期在《學生周報》、《蕉風》的作者讀者通訊員聚會紀念冊上題的寄語，生動概括了他們的心境：

我們像風樣的來，
像風樣的去，

---

10 戰後民國南來文人組織「星馬自由作家同盟」，「是僑居星加坡與馬來亞的愛國、愛自由的華僑作家們所組成，他們的人數不多，但各人的作品都很出色，特別為青年僑胞所敬重，他們經常為當地報刊撰寫文章，在東南亞發生的影響力很大。」（王藍，1960：1）作家后希鎧是文中所指的一位同盟作家成員，1956-60年，他曾在吉隆玻華文《虎報》任副刊編輯，長篇小說《馬來妹》在當時寫成，並在自己主編的《小說林》分140期連載。其時，姚拓、楊際光、彭松濤、黃崖、黃思騁皆在《虎報》任事，其中多從友聯出版社借調過來的。根據冰谷在〈作者野餐會激起的文藝熱潮——海天社在居林的日子〉的回憶指出，姚拓在該報「開闢了一個文藝園地「處女地」，吸引很多青年投稿。我便是在那片「處女地」和姚先生開啟了文字姻緣。」（2007.12.09）

　　　像風樣的傳播，

　　　傳播早春的種子。（引自白垚，2007：27）

誠如白垚所說，這首小詩，構成一幅畫、一種聲音，向一些人招手，
向一些人召喚：「隨我來，播早春的種子。」（2007：28）「失鄉
失國」的記憶傷疤未結，文化播種的召喚成為一種治療，下意識中，
失國的記憶傷疤與馬來亞建國的呼喚，可以易位與相互替換，誠令
人始料未及。

　　《蕉風》在創刊前期即積極貫徹其馬來亞化編輯方針，從創刊
號起，封面就打著「馬來亞化純文藝半月刊」的字樣，一直到第36
期（1957.04.25）為止。就內容而言，首先，它大量刊登介紹馬來亞
歷史、掌故、馬來民間傳說、馬來族與原住民文化習俗的文章，以
及馬來古典韻文班頓的譯介、遊記等，部分南來作者也參與這方面
的寫作[11]，連其封面與封底皆刊登甘榜（馬來村莊）風光、本地下
層人物素描與畫作。這時候的《蕉風》內容綜合、多元，堪稱十足
馬來亞化。其次，本地出生的年輕作者如山芭仔（原名溫祥英）、
黃懷雲、李定華、黃愛民、邱亞皎、魯莽、梁園等獲得鼓勵，作品
予以刊登。其三，有關馬來亞化的討論獲得絕大的關注，文學座談
會的中心議題亦離不開馬來亞化的創作，如李亭〈此時此地的文學〉

11　茲舉數例如許雲樵〈新加坡故談〉（NO. 1-3）、辛生〈孕婦島〉（NO.
　　2）（另署名方天、辛生，《蕉風》第一任主編，原名張海威，張
　　國燾長子）、姚鴻聲譯〈百年前的星洲天地會〉（NO. 3-4）、餘壽
　　浩〈勇士漢都亞的童年〉（NO. 3）、鐘劍雄譯〈馬來人的魔術〉
　　（NO. 3）、馬摩西〈淡寫柔佛巴魯〉（NO. 6-8）、紫燕〈馬來亞
　　去來〉（NO. 11-13）、古梅〈金馬崙山上〉（NO.24）等等，不勝
　　枚舉。

（第2期）、〈文學的現實性〉（第4期）、知微〈文藝與現實〉（第
21期）等，皆有現實的針對性。此外，「馬來亞化」也成為《蕉風》
的主要議題，其中有慧劍的〈馬來亞化是什麼？〉（第16期）、馬
摩西〈馬來亞化問題〉（第18期）、海燕〈馬來亞化與馬來化〉（第
18期）[12]。

　　毫無疑問，這反映了當時馬來亞華人建國話語的某個側面。作
為有異於馬華社會主流思想與意識型態的非左翼刊物《蕉風》而言，
可說這是南來文人的建國想像，及其對馬來亞化議題的思考，這就
形成了左右兩派對建國問題的話語爭奪。然而，重點不在於它對馬
來亞化（一種本土化操作）提出了什麼觀點，而在於它是誰的馬來
亞化思考？除了呼應獨立建國鬥爭以外，「馬來亞化」的討論有沒
有其他被遮蔽的敘事？本文嘗試換個角度思考問題。在當時國際冷
戰形勢和南來文人身世背景下，以《蕉風》為主的一派如何看待馬
來亞化問題？他們口中的文化沙漠究竟缺了哪些文化／傳統？從
「現代主義者黃錦樹」[13]提出「有國籍的馬華文學」往前追溯，《蕉
風》的創刊是否可視為當時民國—南來文人自大陸民國潰亡後的「再

12　1956年，自治區馬來亞更舉辦馬來亞文化節，報導見蔣保〈向馬來
　　亞化文化節歡呼〉（第19期）。

13　出於林建國在黃錦樹《馬華文學與中國性》的代序文題目。對於黃
　　錦樹的美學現代主義信念，林建國準確地指出其問題所在及黃本身
　　面對的矛盾，「基本上那是黃錦樹所私淑的李永平的寫作路線，屬
　　於台灣外文系多年來的主流『意識型態』，移植自文化研究犯境前
　　的大美帝國。李永平把中文書寫當著護教行為，無意中掀開西方現
　　代主義的古典主義底牌，並遵循這條路線，透過他的美學操作向台
　　灣政體下的『國學』回歸。」（林建國，1998：6）而黃對台灣政
　　體下的國學體制的回歸，恰投射在他對台灣中文系前清餘緒的撻
　　伐。

國家化」想像？1950年代中期以後，主導馬華文藝與文教發展，且
數量相當可觀的是南來—民國時代的文人與知識分子[14]，確實塑造
了一兩代人的文學趣味與生活價值取向，這是不爭的事實[15]。

　　《蕉風》創刊之初，編輯方針傾向自由原則，方天、黃思騁、
黃崖三位香港南下的文人先後擔任編輯，三人的創作風格並不現
代，但在編輯上力求思想的自由與開放，如《蕉風》第111期〈編者
的話〉有這麼一句：本刊的園地是公開的，對任何地區的作者均無
成見，深盼熱心的文藝工作者踴躍的參加我們的耕耘工作
（1962.01：3）。揆之於編者選稿，除了介紹「現代世界文學作品」，
也不排除寫作技巧頗為傳統的作品，如原上草。　一直到1960年代末
都遵循自由、開放的編輯方針。置於當時星馬的冷戰背景以及《蕉

---

14 民國後期南來的文人與知識者大多來自閩粵瓊以外省會，他們對星
　　馬華人文教領域做了巨大的貢獻。文藝界有劉以鬯、方天、姚拓、
　　后希鎧、彭子敦等；報界有劉問渠、鐘文苓、薛洛、楊際光等；在
　　華校服務的校長／教師：黃潤岳、彭仕麟、任雨農、陳充恩、丁嘉
　　樹（丁淼）、謝冰瑩、黎東方等，前三者也對馬來西亞書法藝術和
　　寫作界（包括舊詩詞寫作）作出了貢獻。1950年代後期，中國著名
　　文史學家、書法家王恢受黃潤嶽之邀在馬來亞南端小鎮新文龍中華
　　中學執教，亦曾短暫在南洋大學講學。其他曾在南大講學的民國人
　　物有凌淑華、徐訏、蘇雪林、孟瑤等，黎東方後來從檳城韓江中學
　　轉入南大歷史系。
15 戰後，隨著中國共產黨勢力在內戰中逐漸占據上風，冷戰氛圍亦隨
　　之愈來愈嚴峻。部分親國府文人離滬南下香港與南洋，在此地側身
　　教育界或從事出版業，編雜誌與教科書，逐漸取代之前左翼文人的
　　地位與角色。獲得國民政府僑務政策的支持，1950-60年代的馬華
　　教育逐漸國民政府化，文學在親國府文人的主導下回歸關照傳統文
　　化，文學書寫和中國抒情傳統重新接上關係。具體的是對中國傳統
　　文化的孺慕，作品重新接上中國文學傳統符號。

風》創辦單位,即香港友聯機構接受美援的背景來看[16],《蕉風》
大力提倡自由與開放思想,確為1960年以後《蕉風》轉向現代主義
風格奠定了基礎,這樣的發展是漸進的,也較易被接受。從歷史發
展來看,其必然性不言而喻,並非一句「歷史的偶然」可以概括[17]。
自由是自由主義的延伸,自由主義作為政治思想或政治行為的規
範,以個人主義為出發點。自由主義者認為「個體的存在先於集體

---

16 《蕉風》16期第33頁刊載一則啟事,說明友聯機構屬下的友聯書報
    發行社於1956年年中在新加坡、吉隆坡、怡保、檳城四埠設立分社,
    取代原本由《中國學生周報》星馬各地辦事處代理的發行工作。這
    使友聯出版物的傳播更為有效。友聯機構成立於1950年代的香港。
    這股獲得美援資助,由顧孟餘、張發奎發展的「第三勢力」政治運
    動最終沒有成功,「唯一有具體成果的是陳濯生、司馬長風和許冠
    三等人組成的友聯研究所和友聯出版社,這兩個機構所蒐集的中共
    資料以及對中國大陸的研究,在學術界和政界頗受重視。」(林博
    文,1999:118)友聯出版社出版的書刊和雜誌如《中國學生周報》、
    《人人文學》等,深受青年讀者歡迎。1955年,《中國學生周報》
    社長餘德寬到新加坡設立友聯分部,先後創辦《蕉風》和《學生周
    報》雜誌。
17 鐘怡雯在〈遮蔽的抒情──論馬華詩歌的浪漫主義傳統〉一文中,
    對1960-70年代現代主義在馬華文壇的登陸固然有所質疑:現代主
    義作為橫的移植,作為舶來品,必須要有生根的土壤及成長的氣
    候。1960-70年代的馬來西亞還是農業或半工業社會,根本不具備
    現代主義所需的城市文明,以及資本主義社會背景,則馬華的「現
    代主義」詩作從何而來?(2009:85)她把原因歸結到馬華年輕作
    者的「反叛意識」(80)、現代主義是一種反抗的力量,是對馬華
    現實主義的不滿(84),顯然,這些都是片面的觀點,這可從她在
    第二節開篇一早就預設了這樣的結論:現代主義降臨馬華文壇的方
    式,帶著歷史的偶然(80)……所謂歷史的偶然,便是「詩心的求
    變」,加上「眾多個人意識的覺醒」,而非一開始便朝「現代主義
    走去的結果(81-82)。以上詮釋,若為了呼應預設的命題(即被
    遮蔽的抒情與馬華浪漫主義傳統),未免過於一廂情願。

的存在,個體的性質決定集體的性質,任何集體最終都是為了服務於個人利益而發展起來的。」(李強,2007:141-144)。個人主義的真正對立面是社會——共產主義者信守與秉持的集體主義,在美學層面上,則與社會主義—現實主義寫作流派相對立。由於個人主義與集體主義代表了兩種截然不同的方法論、價值認知與取向,故單純的創作美學並不存在。

在馬華文學語境,現代主義創作的崛起有兩個時間點,先是於1950年初期。1953年,劉以鬯南渡星馬在報社工作,以星加坡「新世界」都會為背景,創作了不少充滿現代都市感性的新感覺小說。他以葛里哥和令狐玲為筆名,在《南方晚報》、《南洋商報・商餘》及其它刊物發表大量小說,頗為讀者喜愛[18]。1959年3月5日,白垚在《學生周報》137期發表〈蔴河靜立〉,被溫任平視為馬華現代詩的起點。同年,《蕉風》雜誌革新,周喚推出詩專號「美的V形」,正式標舉反對傳統寫實主義大旗,隨之《蕉風》持續性引介臺灣現代主義作品。從自由主義過渡到現代主義,中間追求的自由主義價值構成的現代性,使兩者終達至完美結合,並非事出突然。這一邊廂,現代主義重主觀的表現,以及藝術創新特質塑造的反傳統形象與自由主義思想一致;另一邊廂,自由主義推崇的美式民主、價值、品味,很容易與現代主義思想結合,但更為關鍵的因素是背後的冷戰大結構,卻往往被論者忽略或有意無意被遮蔽。在冷戰布局下,獲得當時反共南來文人的配合與推導,各種條件俱足之後,1960年代馬華現代文學運動終於水到渠成。

---

18 評論界談馬華現代主義文學的濫觴,往往忽略了劉以鬯在1953-57年以星加坡為中心的現代小說創作,論者或有把戰後初期新加坡作為馬華文學中心排除在外的盲點。有關劉以鬯在新加坡的寫作,參莊華興〈劉以鬯的南洋寫作與離散現代性〉(2013.10.25-26)。

雜文精神基調的式微

　　1970年代作為馬華文學的分水嶺，自有文學史上的特殊考量。
1970年代以後，建國第一代本土作家（home-born writers）已經成型，
並已有能力獨當一面，他們在各雜誌、副刊寫稿，也是某些文學組
織的領軍人物[19]。這些基本上遵循普通現實主義寫作路線的青年大
多為教師、商行小職員出身[20]（左翼眼中的小資產階級），受時代
與客觀環境的制約，無論在傳統文化根底或學養上並不比栽培和提
拔他們的民國背景南來文人來得強。1960年代初，《學生周報》、
《蕉風》聯合主辦了三屆的「青年作者野餐會」（相等於文藝營或
寫作營），這個活動幾乎是馬華青年學子踏入文學門檻的受洗儀式。
當時《學生周報》和《蕉風》兩份雜誌主編扮演的角色，如黃崖和
姚拓的北上南下，何嘗不是促成一代作者的文學啟蒙導師？1960年
代初新潮、荒原、海天三個青年文社的成立，以及分頭出版《新潮
月刊》、《荒原月刊》和《海天月刊》，無不跟姚黃兩人扯上關係
[21]。冰谷後來回憶說：當年姚拓、黃崖先生出錢出力召集野餐會，

19　如年紅之於南馬文藝研究會，並集結了一班南馬的青年作者如馬
　　漢、馬崙、陳美楓等，出版雜誌《新潮》；北馬則有慧適領導海天
　　社，作者有陳慧樺、梁園、冰谷、宋子衡等，除了出版《海天》雜
　　誌和海天叢書，也編海天副刊，開海天書店；中馬有荒原，惟沒有
　　前兩者活躍，社員有張子深（筆名張弓）、魯莽等。以上提到的作
　　者大部分在日後成為文壇上的中堅作家。

20　年紅、馬漢、慧適等是馬來西亞建國後的第一代作家。他們的作品
　　寫實，卻不符左翼批判寫實主義觀點，往往被視為對現實認識不
　　足，思想自流散漫。

21　參幾位當事人的追憶，如年紅〈捲起新時代的浪潮──新潮社憶

目標就是要把全馬的年輕作者聯繫起來，壯大成一股文藝動力
（2007.12.09）。對於當時人們關於活動的傳言，冰谷文中加了一條
尾巴：當時不少社會人士質疑他們的文化背景與組織目的，但後來
三份文藝月刊（後來不定期）創刊，寫作題材自由發揮，完全沒有
遭受任何干擾或壓力，證明《蕉風》集團純粹為了推動文藝，團結
有志寫作的年輕作者。然而事實是否僅僅如此，或竟如此單純？

　　1949以後，在美援體制下，現代主義作為一種美學實踐透過各
種雜誌、刊物得以落實，但更為顯著的是美式價值觀與生活品味。
這些南來文人不一定是現代主義者，作品也沒有太顯著的現代主義
色彩，但精神上卻不能說不崇尚自由主義思想，並靠攏資本主義。
在當時，意識型態被扭曲、妖魔化並不出奇。自由主義者往往將極
權主義的主要特徵之一歸結為意識型態，反之，也致力於將自由主
義本身描述為非意識型態，甚至是反意識型態。自由主義學者也對
意識型態做了較為狹窄的界定。他們將意識型態與價值觀、世界觀、
宗教信仰加以區別，強調意識型態是一套系統化的、具有內在統一
性的思想體系。因此，意識型態被指為嚴格的、僵化的，它比一般
價值觀、世界觀與信條更加傾向於抗拒創新。由此觀之，馬華現代
主義對現實主義文學反傳統、保守的指責，以及現實主義被扯上狹
隘意識型態的關係，便其來有因了。

　　文學世代的交替，意味著1970年代以後馬華文學作品的精神基
調也與前期不同。戰前至建國前後的作品精神基調，無論在散文或

（續）—————————————————————

　　　舊——《新潮》，黃崖和我〉、冰谷〈作者野餐會激起的文藝熱潮——
　　　海天社在居林的日子〉、徐持慶〈憶黃崖〉、馬漢〈黃崖：新車北
　　　上南下推動文藝〉、李錦宗〈姚拓的文學歷程〉。從這些追憶，大
　　　略能看出1960年代《學生周報》、《蕉風》編輯推動現代主義扮演
　　　的角色與用心。

小說文體，逐漸走向浪漫抒情基調。就具體的浪漫抒情基調因控訴而產生的悲憤情緒而言，跟前期雜文時代比較，1970年代以後的作品思考性與批判性成分反而薄弱。1970年代，在土著主義思想興起和國家文化政策的籠罩下，發展華人文化成為棘手的難題，馬華青年作家雖感事撫時，卻無法直抒胸臆，反之回歸傳統文化中國，嘗試尋求文化心靈的寄託與慰藉。溫里安詩集《山河錄》（1976）、散文集《龍哭千里》（1977）、何啟良詩集《刻背》（1977）等等，都寫於1970年代，濃厚的浪漫情緒與敘事風格取代了前期的雜文精神，一直延續到下一個十年又接上傅承得詩集《趕在風雨之前》（1988），並擴大至馬華本地校園的抒情浪漫寫作。顯然，在1970年代大馬政治轉向土著主義方向發展後，華社雖然面對不公與壓抑感，但在自我過濾忌諱與敏感題材之後，雜文精神所強調的批判性思考缺席，以反叛現實主義傳統（或對現實主義不滿）為旗幟的現代主義年輕作者，卻眼高手底，實踐和理解發生誤差。（鍾怡雯，2009：80-111）

　　本時期崛起的現代主義文學，首先展現為一種逃離，或向大中華母體的回歸，天狼星與神州詩社為典型例子。1980年代末在一班新世代作家手中則體現為一種抵抗姿態。這造就了1980年代中晚期以來馬華校園文學的憂患意識與悲情主調。它先是以一批青春學子的試筆為先導，這批學子當中，大多由馬來亞大學中文系與華文學會以及理科大學學生為骨幹。在馬來霸權統治與土著主義政策雷厲風行的1980年代，華社不僅在政經領域面對限制，文化上也遭受邊緣化。面對校園外諸多現實，大專生散文在青澀的筆調中透露出深刻的壓抑感，論者把這時期的寫作稱為校園憂患文學。「校園是他們的主要題材，同時也是烏托邦。烏托邦是創作者得以安身立命的文化中國……用華文／中文寫作是對自身文化的回歸和傳承，透過

文化重返文化中國之鄉。」（鍾怡雯，2009：151）。今日回顧，這些校園作品所突顯的憂患意識和文化回歸姿態究竟含有甚麼思辨底蘊？從憂患意識出發，這些作品如何反映華社處境以及如何探討民族議題，這才是最值得我們關注的問題。雖然烏托邦的功能「透過幻想發揮預見未來、超越現狀、點燃人們改造世界的熱情的作用」，但從校園創作，讀者看到的往往是「象形文字和情感構成的神話」。對於這批青澀學子本不應有太多苛求，然而，事實顯然不該如此理解，馬大中文系自1980年代轉型後，出現本地課程設置和研究，中文系老師如吳天才、陳應德、陳志明在開創跨族群工作和社會思考做了不少示範，卻未得到當時一般中文系學生的青睞，譬如平衡本土化和文化中國的思考。這些校園作者離校以後，夭折率極高，說明思想在他們的作品中從來沒有占據太大的分量。更突出的是對傳統文化的孺慕乃至朝聖心理，及其在中文學子中形成的特殊效應，那帶有濃厚民族道德的精神意識——神聖而哀傷；潘碧華與何國忠那些年的散文是最佳的詮釋。

進入1990年代初，大馬經濟成長景象一片大好，國家經濟蛋糕膨脹，當權者的民族主義霸權稍微鬆弛，出現了局部開放局面，華人也獲得較大的空間發展文化和母語教育。然而，經濟的發展也同時吸引鄰國印尼勞工大量偷渡進入大馬，燒殺掠奪事件時有所聞。為了鞏固由巫統主導的政權，馬哈迪暗中發放公民證予伊斯蘭非法入境外勞，進一步破壞治安，首當其衝的便是華人。

這時期的馬華文學延續前期的控訴與孤憤，衍生出更為徹底的小文學抵抗與不妥協的姿態。這些作品以離散馬華作者的寫作最為突出，黃錦樹的兩部小說集《夢與豬與黎明》（1994）、《烏暗暝》（1997）皆帶有非常明顯的痕跡。發展至1990年代，在後結構主義觀念主導下，小說家不惜違背創作倫理，華人史題材（或被喻為「馬

華創世紀」寫作）如馬共／砂共小說創作有故事而無歷史，虛構與
想像發揮至極致——連歷史脈絡也一併被虛構，馬華文學最終走向
有文學而無人學。到此地步，馬華文學思想被推向虛無——從烏托
邦走向「誤托邦」，離散無論作為一種美學選擇或書寫策略到此已
成為問題。

　　這樣的發展與馬華文學內在潛結構的轉變不無關係，戰前以來
的雜文創作精神基調（包括小說和詩），在戰後殖民主義與冷戰體
制下受到嚴密監控。且引林連玉為例。1930年，林連玉[22] 放棄回到
爪哇華校而轉往馬來半島執教，主要的原因是他在爪哇時期的雜文
寫作得罪荷蘭殖民地當局，不得不轉移陣地，此足見文藝與批評思
維之間的關係及其必要性。在馬來亞期間，面對戰後殖民主義者為
保護資本家的經濟利益，與右翼馬來民族主義者勾結而不惜打壓華
文教育，終使林氏挺身領導1950年代的華教反抗運動，最終不幸被
褫奪公民地位。林連玉並非左翼人士，亦非極端的民族主義者，他
強調各族共存共榮，呼籲華人對馬來亞新故鄉承擔起公民的義務與
責任。一個思想中庸者仍難逃殖民主義者及其權力代理集團的迫

22　林連玉，原名采居，又名皇敬。1901年8月19日出生於中國福建省
　　永春縣蓬壺西昌鄉一經堂。十九歲入集美學校師範部文史地系攻
　　讀，以優異成績畢業，受挽留在母校服務。魯迅、林語堂蒞臨集美
　　學校演講時，林連玉擔任紀錄。1927年，集美風潮，全校學生罷課，
　　校主陳嘉庚關閉學校。林乘船南來，輾轉隨友人往印尼爪哇任抹埠
　　中華學校當教員三年。因喜在報章發表文章，引起政府疑忌，趁機
　　離開任抹，應聘馬來亞巴生共和學校任教（四個多月），此時改名
　　連玉，為新加坡《南洋商報・獅聲》副刊寫雜文，前後共兩百多篇，
　　戰後1950年代以康如也等筆名繼續在《南洋商報・商餘》副刊寫雜
　　文。1950年，領導吉隆坡華校教師公會，1953三年，代表吉隆坡教
　　師會出任教總主席，開始了他對大馬華文教育的抗爭。1985年12月
　　18日逝世，被尊為「族魂」。

害，殖民主義者對華人有殺錯沒放過的冷戰思維於此可見一斑。英殖民把華文學校視為左翼分子的溫床，管控華文教育等於管控華人的思想，作為思想者的文字——雜文，象徵性地面對相同的厄運[23]。

小結

馬華文學的思想與思辨性因時代的更迭而發生變化，思想含量隨著文體精神基調的改變而遞減。在戰前現實主義時代，任何文類的寫作皆著力帶有雜文的批判精神，特別是批判帝國統治下的殖民主義社會。戰後，在冷戰氛圍下，馬華文學的精神基調趨向異化，它逐漸以「聲部」與感官取代抽象性思維。1970年代以溫瑞安、何啟良為主的創作開始透露出壓抑和無力感，文化中國的想像成為精神基調。進入1980年代，大馬政治氣壓愈形低迷，校園創作的出現完全由聲音（控訴）和情緒（憂患）取代，精神上也從戰前雜文體精神轉向1970年代以後的抒情（悲情）敘事體精神。

這種狀況，可以「饑餓」來概括，它不僅是思想精神的饑餓，也是物質資源的饑餓。前者來自雜文精神基調的消退與喪失。雜文精神在於它的批判性與思辨性精神基調，即一種人文關懷。雜文精神不限於隨筆、雜文體，其它文體如小說、戲劇、詩歌都可以把它融入。後來者都沒有看到這一點，反而把它排除在創作美學之外，這是最大的失誤。對「饑餓」的小文學而言，作家難有能耐進行大

---

23 戰後的馬華雜文逐漸喪失了它的批判精神，流於抒發個人的瑣碎雜感寫作，此情況一直維持到1960年代皆無太大改變。易言之，在冷戰體制的影響與制約下，戰後初期至1960年代的馬華文學創作已逐漸告別雜文時代及其代表的精神基調，文學的思想性與批判性逐步喪失，繼之以浪漫抒情與敘事基調的創作為主流。

氣魄寫作，只能小本經營（如近幾年被抬得很高的微型小說／極限篇創作），短小精悍似乎成為作家們的新寵。已故作家雅波曾為2002-2011年發表在《南洋文藝》的微型小說編輯復印裝訂成四冊，分贈友人，此動作背後帶有文體交接的文學史意義。加上近年資本消費的衝擊，文藝副刊版面縮小，主編以小塊文章為優先，進一步加速文體精神的演變。微型從來都不是思想者的居所，在資本—消費主義面前，文學終不得不把思想典當。莫非這是小文學的夙命？

參考書目

白垚（2007）《縷雲起於綠草》。八打靈：大夢書房。

冰谷（2007.12.09）〈作者野餐會激起的文藝熱潮——海天社在居林的日子〉，《星洲日報・文藝春秋》電子版，http://202.133.98.132/sciSC/node/335。

陳良（2011）《大馬華族文史正論》。吉隆玻：林連玉基金。

陳永國編譯（2003）《遊牧思想——吉爾・德勒茲、費利克斯・瓜塔里讀本》。長春：吉林人民出版社。

貴志俊彥、土屋由香、林鴻亦編（2012）《美國在亞洲的文化冷戰》（李啟彰等譯）。新北市板橋區：稻鄉。

黃錦樹（2014.12.16）《政治的，太政治的》，燧火評論：http://www.pfirereview.com/20141216/。

黃子平（1996）《革命・歷史・小說》。香港：牛津出版社。

李強（2007）《自由主義》。長春：吉林出版集團有限責任公司。

林博文（1999）〈五〇年代香港「第三勢力」運動興亡始末〉，見氏著《歷史的暗流》（107-119）。台北：元尊文化。

林建國（1998）〈現代主義者黃錦樹〉，見黃錦樹《馬華文學與中國性》

（5-25）。台北：元尊文化。

王藍（1960）〈讀《馬來妹》〉，收於后後希鎧《馬來妹》（1-4）。台北：紅藍出版社。

楊際光（2003）《純境可求》。吉隆玻：燚人氏事業有限公司。

也斯（1997.04）〈解讀一個神話？——試談中國學生周報〉，《讀書人月刊》第26期，頁64-71。

張錦忠（1986）《蕉風創刊號》，《蕉風》392期，頁22。

趙稀方（2006）〈五十年代的美元文化與香港小說〉，《二十一世紀雙月刊》12月號總九十八期，頁87-96。

鐘怡雯（2009）《馬華文學史與浪漫傳統》。台兒：萬卷樓。

莊華興（2006）《國家文學：宰制與回應》。吉隆玻：雪隆興安會館、大將出版社聯合出版。

＿＿＿＿（2013.10.25-26）〈劉以鬯的南洋寫作與離散現代性〉，香港教育學院中國文學文化研究中心主辦，「流轉中的文學——第十屆東亞學者現代中文文學國際學術研討會」論文（未出版）。

＿＿＿＿（2014.08.31）〈梁放跨族羣小說的國家與美學雙主體追尋——讀《哭泣》兼及其他〉，見梁放《我曾聽到你在風中哭泣》（viii-xxx）。雪蘭莪加影：獏出版社。

＿＿＿＿（2014.12.05）〈閱讀張貴興小說箚記〉，當今大馬：http://www.malaysiakini.com/columns/282544

莊華興，馬來西亞博特拉大學高級講師。研究興趣為馬華文學、文化與教育、華—馬文學比較。已出版《國家文學：宰制與回應》，論文有〈東亞邊緣現代性歷程的「零餘者」：以黃錦樹與龍瑛宗小說為中心〉、〈香港—馬華文學共同體的形成〉等多篇。

複製殖民認同：
區域主義、去殖民與吉隆坡的建國建築

盧日明

前言

　　在21世紀全球化時代，多元城市已成為一種被稱為進步的文化想像以及現實。倫敦能以多元城市為主要論述來贏得2012年奧林匹克運動會的主辦權，就是一個典型的例子。在亞洲，這種對多元城市或「雜種城市」的想像和提倡也不少[1]。可是，比較受忽略的事實是，在歷史上最早出現的多元文化城市其實是在殖民地，殖民主義早已在多個不同的社會擁有許多處理多元種族、族群和文化的經驗。我們可以從殖民／後殖民城市中獲得的教益非常之多。今天，世界上還存在著種種從過去三百年來殖民主義以及資本主義城市化所建構出來的迷思，以及種族與文化成見。這些成見對移民以及少數民族，無論在建築上、空間上、地理上，都會有其實質上的後果。

　　本文以建築和去殖民策略作為主題，探討馬來西亞在1960-90年代期間一些主要建築設計與城市規劃在國家去殖民進程中的演

1　陳冠中，《我這一代香港人》，香港：牛津大學出版社，2007，頁50-73。

變。其中，貫穿這些國家建築的背後思想意識是區域意識
（Regionalism）。本文的參考點在於前殖民地的文化霸權主義，而
在馬來西亞，以馬來人政黨「巫統」為主的國家政權在運用去殖民
策略以建構國家身分認同的時候，其實是在重塑殖民認同。

　　1957年，當馬來西亞從英國殖民統治中取得獨立時，這個新興
國家政府並沒有明確的歷史先例來指引她如何民主地治理這個多元
種族的國家。在此之前，沒有一個所謂「馬來西亞國族」供借鑑，
國家的人民也無從想像國族身分認同應該如何來建構。同樣地，也
沒有「馬來西亞建築」的參考範本。於是，建立馬來西亞國族身分
乃至想像馬來西亞建築的工程，只能在一個充滿探索、爭議和妥協
的過程中進行。

　　馬來西亞是個種族與文化多元的國家，社會的種族結構可追溯
至19及20世紀殖民時代。當時，英殖民政府鼓勵印度人和中國人來
馬。移民人數之多，從1957年獨立時，華人占半島人口幾乎40%，
可見一斑。自1969年爆發華人和馬來人之間的族群衝突後，馬來西
亞政府推行「新經濟政策」以及「國家文化政策」，加強了馬來文
化與回教特徵在公共領域的地位，淡化公共領域的非馬來文化特
質，導致華人文化遺產與歷史被國家忽略。

　　在反思去殖民進程中，最值得注意的是區域主義與殖民主義遺
產的關係。

　　陳光興在《去帝國：亞洲作為方法》[2]一書中討論了第三世界後
殖民國家在去殖民（去帝國）進程中採納的三種去殖民策略，即國
族主義、本土主義，以及文明主義。他認為，這三種策略都各有問
題，也都無法根本性地擺脫殖民的負面影響。我將借用陳光興的分

2　陳光興，《去帝國：亞洲作為方法》，台北：行人出版社，2006。

類，把馬來西亞獨立以後的建築和城市空間最核心的「本土主義建築」的演變，分成三個時期來進行分析，即國族主義時期、本土主義時期，以及文明主義時期。

第一期　國族主義：象徵馬來西亞獨立的建築（1950–1969）

國族主義直接源自於二戰後的獨立運動，是前殖民地擺脫殖民主的意識形態武器。不過，在多個新興獨立的國家，國族主義很快受到這些國家內部殖民操作與論述的壓制。在馬來西亞，由英國領導的「馬來亞化」建國計劃早在正式取得獨立以前就已展開。二戰結束以後，由於國民運動和反殖民運動的崛起，當時的馬來亞政治局勢正處於一個不確定的時期。從1948年以降，為了反共而進行的馬來亞緊急狀態對戰後馬來亞的治理方針影響至深。當鄧普勒（Gerard Templer）於1951年接任馬來亞最高專員兼總指揮時，他採取了洗腦贏心策略（hearts and minds policy），提高馬來亞國族意識情操，以抗衡當時的共產黨支持者[3]。鄧普勒計劃在馬來亞正式獨立以前就推展國族建設計劃，其中有兩個重點：一、建立馬來亞人身分認同，二、建立馬來亞的建築風格，這包括英國文化協會的建築、國會大廈，以及國家博物館。

英國文化協會建築建於獨立前一年（1956），其屋頂設計有明顯的米南加保（Minangkabau）特色[4]，因為其傳統馬來統風格而於

3　Mark Crinson, *Modern Architecture and the End of Empire*（Aldershot: Ashgate, 2003）, p. 162.

4　指馬來西亞森美蘭州的米南加保建築風格，一般被認為是通過印尼移民引入，後演變成「本土馬來風格」。

1959年成為首個贏得英國建築師公會大獎的外國建築作品。（圖1）

圖1　英國文化協會

　　於1963年竣工的國會大廈，則擁有現代化的設計加上馬來和回教的建築風格：狀似黃梨表皮的外形，以及讓人聯想到傳統馬來屋的三角形屋頂，是典型的馬來屋設計。引起最多關於馬來西亞建築特色的討論與想像的，則是國家博物館，它是重要的地標[5]，同時也是馬來西亞建築史上的重要參照[6]。國家博物館的設計概念，無論外表和建築內部的許多細節，都捨棄回教元素而側重馬來屋特色，被認為已將國家歷史大大地推前，遠遠超過了獨立前的殖民地時期，而追溯到還未被殖民以前的年代，藉此，也延長了官方國族意識的歷史時間。同時，它也極為有效地將非馬來人的文化風格完全摒棄在外。（圖2）

5　Chen Voon Fee （ed.）, *The Encyclopedia of Malaysia* Vol. 5: *Architecture*（Singapore: Archipelago Press, 1998）, p. 106-107.

6　作者與馬來西亞建築師拿督林蒼吉的談話，2006年10月。

圖2　國家博物館

　　關於馬來西亞國族的論述，曾有過大量的討論，而政府也通過媒體、學校、電臺節目、國家資訊局的活動等等管道進行了宣傳和推動。馬來亞建築師公會出版的專業刊物PETA曾刊登一系列的文章討論馬來亞建築的問題。總結來說，這些討論針對馬來亞建築的看法[7]，可被濃縮成三個特點，即薩拉遜（Saracenic）回教色彩，傳統馬來建築和本土原住民風格，以及現代化。其中，並沒有關於如何納入其他建築文化如華人和印度人文化的討論。

第二期　本土主義：熱帶區域建築（1970–1990）

　　本土主義源自於1950年代獨立運動後的「自我重拾運動」（self-recovery）[8]，其特點是否定所有跟前殖民主有關聯的風格和

7　T.A.L. Concannon, "Debates on What is Malayan Architecture?," *PETA*, Vol. 3, No. 4 （Aug 1961）, p. 5.

8　參考Ashis Nandy專著 *The Intimate Enemy: Loss and Recovery of Self under Colonialism*（Bombay: Oxford U. P., 1983）。作者關注殖民主

色彩，這種論述，跟前述的國族主義，兩者主導了1970到1990年代
期間的思想。本土主義回到國家所在的區域和原始地區去尋根，特
別是建構想像的原居民身分與文化特色。問題是，一心想要跟前殖
民主對照，跟前殖民主不一樣，反而使這個運動一直離不開前殖民
主的支配。

　　1971年，當馬來西亞開始推行「國家文化政策」時，出現了決
定性的轉變。根據「國家文化政策」規定，馬來人文化和原住民文
化將是馬來西亞的主幹文化，也是唯一受官方承認的國家文化主要
成分。此外，原本的馬來語則改稱為馬來西亞語，被定為官方語言。
此外，回教也必須是國家文化的重要部分。根據該政策，其他文化
可以被納入主幹文化之中。雖然馬來人文化的定義並沒有明確說
明，但是這個論調已經被接受，並為後來建立馬來主導權和馬來至
上主義奠定了基礎[9]。

　　在當時，建築界、學術界和政治人物之間的辯論，圍繞在馬來
西亞建築應該如何凸顯結合馬來（種族）風格和回教（宗教）特色
的雙重認同，這成了後來馬來西亞國族身分建立中最重要和主導性
的文化想像。政府資助的多項研討會也向建築師和公共機構施加壓
力，以根據上述意念設計能表現馬來西亞風格的公共建築物。在政
府的資助與推動下，吉隆坡經歷了高度發展，而這類建築特色，也
逐步重塑了吉隆坡的建築風貌與城市空間。

（續）

　　　義對個人心理問題的影響，認為「自我」的建立是和殖民主義之下
　　　的種族、階級和宗教觀念交纏在一起的，並認為「自我的重拾」必
　　　須通過解除殖民主義的遺毒。
9　關於「國家文化政策」極權傾向的討論，可參考Kua Kia Soong,
　　　National Culture and Democracy（Petaling Jaya, Malaysia: Kersani
　　　Penerbit, 1985）．

　　在1970年和1980年期間，吉隆坡市內以及郊區推行了許多項沿用馬來傳統原型的建築計劃，以展現馬來西亞建築風格，並舉辦了一個國內各個州屬馬來屋設計的建築展覽，展出的還包括當時剛成立的國民大學（National University of Malaysia）校區內一些體現強烈馬來建築物風格的設計。其中最為突出的計劃是位於吉隆坡市中心的幾座公共建築，比如太子世界貿易中心和土著銀行總部，兩者都採用了大型馬來屋頂。（圖3）前者也是執政馬來人政黨巫統的總部。另一個更為著名的設計要數馬來亞銀行總部（1987年建），這是得到國家支持的、國內最大的銀行。至於結合馬來風格和回教特色的最佳例子，則是朝聖基金局總部（Tabung Haji）（圖4）以及郵政總部（Dayabumi）（圖5），後者高35層，整體設計採用了大量回教圖案，很快成了當時吉隆坡市的重要地標。

圖3　太子世界貿易中心

圖4　朝聖基金局總部　　　　圖5　郵政總部

　　就建築設計而言，本土主義也被詮釋與轉換為區域主義。而由於區域主義與國家（族）主義扣連在一起的關係，進一步鞏固和自然化一個馬來—回教作為主導的立場，視馬來—回教文化為本土的、本區域的，屬於馬來西亞國族的。在增強本地人民自信心的同時，它也間接地壓制了國家內部其他非馬來人的文化。

第三期　文明主義：馬來—回教建築（1990年代至今）

　　陳光興提出的第三階段，即文明主義，是以南地（Ashis Nandy）

討論印度文明的論述作為依據。南地認為，重建印度的自信心，印度應該將其去殖民的精神放在更超然和更具普遍性的印度性或印度文明上，以印度文明來「「克服」西方文明的強大，方有助於後殖民印度人民的心理需要和恢復信心[10]。

這種文化想像，除印度文明以外，還有「東方文明」、「中華文明」、「回教文明」、「中東文明」等，它們也許缺少具體的屬性，更像是一種情緒性符號（emotional signifier）。在馬來西亞，一種結合了馬來文明和回教文明的情緒性符號，卻逐漸在國家去殖民進程的精神壯大起來，並成為一種新的去殖民策略。這種情懷和文化想像，我故且稱其為「馬來回教文明主義」。

2001年9月，當時首相馬哈迪突然宣布馬來西亞為回教國。在此之前，馬來西亞常被宣稱為成功的後殖民國家典範，隨著1980年代中東回教復興浪潮，馬哈迪首相也努力驅使國家朝著先進回教國典範的目標邁進，先後建立了回教大學、回教研究中心、推行回教化的經濟與社會政策等等。他之後的首相巴達威也遵行類似的政治目標，逐步將馬來西亞強化成回教國[11]。

馬哈迪的政治理念是把馬來西亞建構成一個結合回教文明和世俗成就的國家。而由政府投資的回教化計劃又跟馬來民族的身分政治緊密相聯[12]。巫統在同時期提出「新馬來人」口號，旨在改善馬來人的物質成就與經濟社會地位，同時強調回教的偉大。建構一個

---

10 陳光興，《去帝國：亞洲作為方法》，頁134-140。

11 陳中和，〈對馬哈迪伊斯蘭化理念的一種解讀〉，《再見馬哈迪》，潘永強、魏月萍編，吉隆坡：大將出版社。

12 有關馬來人政治認同的殖民源頭的討論，請參考A.C. Milner, "Inventing Politics: The Case of Malaysia," *Past and Present*, No.132, （Aug 1991），pp. 104-129.

「馬來人兼回教徒」（Malay-Muslim）的身分認同，在這個絕大多數其他族群皆非回教徒的國家，顯得分外有效，它既可以讓馬來人同時認同回教的世界性、現代性和保留馬來人特色，而且更鞏固了馬來族群是一個本真和團結的族群之迷思。這個認同對都市裡的馬來中產階級尤其重要。

因此，在建築上，吉隆坡KLCC與雙峰塔以及布特拉再也行政中心（Putrajaya，簡稱布城）就成了馬哈迪展示以巫統主導的回教化願景之終極作品，乃至馬來西亞作為一個回教國的示範。這兩項計劃結合了科技與回教特徵，雄心萬丈地欲將馬來西亞放置在回教文明的新中心點上。當時，一家由政府控制的報章甚至宣稱布城是「新馬來文明的開端」。此後，這樣的「馬來兼回教」建築風格也被計劃成全國各城鎮的主要建築和環境的主要模式。

KLCC雙峰塔重寫吉隆坡歷史

吉隆坡KLCC以及雙峰塔計劃改變了吉隆坡風貌，把吉隆坡的中心從原來位於殖民時代建築群和唐人街一帶的區域移開，轉至KLCC和雙峰塔這個地區。（圖6）這將城市權力版圖重新規劃，象徵著馬來人和非馬來人權力劃分的新格局。馬哈迪在其「2020宏願」中提出經濟發展必須結合私人界和政府的資源。這個計劃的地點位於殖民時期的舊跑馬場，在城市中僅存的綠肺上建造當時世界最高大樓，即國家石油公司（Petronas）總部的雙峰塔，以及大型購物商場，旁邊為公園及一間回教堂。在吉隆坡歷史上，原來的市中心（即唐人街城區以及以華人企業為主的金河／武吉免登城區）第一次被劃為舊市中心，而新的市中心則是這個嶄新、明亮、清潔和道德崇高的馬來回教商業中心。

圖6　地圖左下角分別為吉隆坡舊市中心的殖民地行政樓和唐人街，
右上角為新的市中心，以KLCC雙峰塔為新地標。

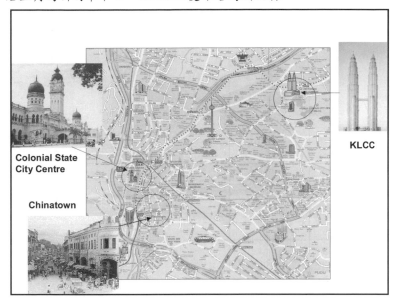

　　在馬來西亞，其實並沒有所謂新馬來人商業中心的參照例子。
它必須從無中創出。雙峰塔的建築構思，是兩幢88層的高樓從一個6
層高的商業兼娛樂廣場上聳立。馬哈迪曾經說過，假如把殖民時代
和華人的建築物都拿掉，馬來人在吉隆坡城市裡曾經建造過什麼？
顯然的，跟相對謙卑的傳統馬來高腳木屋對比，一度為世界最高塔
的國油雙峰塔，已經極大地提高了馬來人過去在殖民時代的低下地
位。（圖7）

圖7 KLCC雙峰塔和馬來高腳木屋的對比

布特拉再也重寫吉隆坡歷史

位於吉隆坡南部25公里、占地近5千公頃的的布特拉再也行政中心，是馬來西亞去殖民進程的核心計劃，係根據馬哈迪的要求而設計規劃。布城的建築特色流露深厚的中東回教色彩，這可以被詮釋為馬哈迪要將布城推進世界回教文明重鎮版圖中的意願，從而使國家躋身國際，並與世界上許多富裕的回教經濟體齊名並列。（圖8和圖9）

把國家行政中心撤離吉隆坡，可以將各城市階層重新定位，在象徵意義上將吉隆坡排到布城之下，從此跟作為殖民產物的吉隆坡做一個清楚的切割。這樣，吉隆坡=華人／布特拉再也=馬來人的雙城地理對立即已成立。相對於吉隆坡，布城是個非常馬來化的城市。作為行政樞紐，這裡大多是政府機關，住宅區裡的居民以政府公務

員為主，他們絕大多數是馬來人。而且這地區四周也被馬來人保留地包圍。所以，這幾乎就是一個純粹馬來人的城市。

　　這裡更是國家政治主權的所在。在眾多建築物當中，以首相署至為重要和顯著，它位於人行大道尾端的山丘最高點，廣場之上，被湖泊環繞。它的位置崇高而超群，並不可輕易接近。建築物的設計語言和回教式尖塔充滿威嚴和優越感。在馬來西亞的國家首相必須是馬來人和回教徒的共識和前提下，它就是馬來人國家行政權力的表現。

　　無論跟國內任何一個城鎮比較，布城都是一個獨特的城市。城內盡是人造湖泊和島嶼，首相署以及其他建築，包括布特拉回教堂、布特拉大橋、以及布特拉廣場，無一不受到中東回教設計的影響。布城即馬來之城的含意亦不言而喻。進入布城，就有一種很明確跨入馬來—回教空間的強烈感覺。而採用「布特拉」為名（在馬來語中指太子），則含有土著（馬來字為Bumiputra，土地之子）的意思。

圖8　此圖顯示布特拉再也城中的大道和主要建築：1.布特拉廣場，2.首相署，3.布特拉回教堂，4.大道，5.人造湖，6.會議中心。

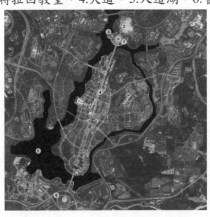

圖9 布特拉再也城內的人造湖泊、島嶼、首相署、布特拉回教堂、
布特拉大橋、以及布特拉廣場。

複製殖民認同

　　無論對國際社會，抑或對國內的人民，KLCC與雙峰塔以及布
特拉再也這兩項超級大工程，都在昭示著一個「新馬來人」和「新
馬來—回教國」的想像，這些建築和城市空間進一步地將「新馬來
人」和「新馬來—回教國」的理念正常化、正當化、自然化。

　　國油雙峰塔的設計表現出馬來建築的三種特徵：以馬來—回教
為中心的認同、熱帶區域的地方元素，以及現代和先進的語言。這
三種設計原則正好都是英殖民政府以及KLCC建造前的建國計劃所
推崇的特色。而在這三種表現中，非馬來人的元素也都是不存在的，
或者最多也只能被融入到所謂的「地方文化」之中，而地方文化必
然是指馬來人和回教文化，從來不會單獨和明確地作為一種設計語
言出現。雙峰塔的建築形狀和外殼表現出國際化和超現代的形象，
這無形中掩飾了這個設計裡頭欠缺考量多元文化的問題，也掩飾了
種族之間存在的張力與矛盾。這種看似模稜兩可以及好像具有兼容

性的表象，不動聲色和潛移默化地將回教化的城市空間在馬來西亞人民的生活中變得很尋常，進而使馬來—回教中心至高無上的想法在馬來西亞國家裡變得自然不過。

　　布特拉再也的大道兩旁林立的建築群，在設計上具有重寫國家歷史的含意。大道代表著歷史演進的直線，從布特拉廣場作為歷史的起點，朝向象徵著未來的另一端邁進，那裡是會議中心，一座現代化的建築物。要以馬來人—回教徒作為馬來西亞的起點，意味著必須將所謂的「國家」歷史推前至六百年前的馬來王朝（即馬六甲王朝），這樣，馬來—回教才可能成為國家的基礎。另一方面，這麼做也等於把回教進入馬來半島之前的歷史、更久遠的馬來人歷史給予否定，所以，未接納回教以前的馬來人歷史則被排除了。

　　有趣的是，這樣的城市布局跟吉隆坡殖民政府的建築群和市中心大道竟有極為相似之處。在殖民時代，政府樞紐位於勾球場（Padang）一帶，那裡有蘇丹阿都沙末行政樓（Bangunan Sultan Abdul Samad），旁邊是聖瑪莉大教堂，這裡的建築群呈直線形往另一端的火車站排列。在布城，這種空間布局和建築物展現在圓形廣場，回教堂和大道上，反映出從前殖民空間的氛圍和邏輯。

圖10　布特拉再也行政中心的首相署，2006年

圖11 吉隆坡的舊殖民行政樓蘇丹阿都沙末建築，1900年代

　　歷史上，馬來半島這個地方曾經受到來自印度、印尼和中國的
文化所影響。凸顯回教色彩，可以被解讀為將馬來西亞歷史從回教
以外的其他區域強勢文化影響中解除出來。至於避免純粹地突出馬
來人文化，也可以被看成是某種淡化以種族作為身分認同的手法，
以避開必須納入三大種族（馬來人、華人和印度人）而引起種族間
的敏感情形。這就跟殖民時代參政司瑞天咸（Frank Swettenham）選
用摩爾式（Moorish）和撒拉遜及伊斯蘭式（Saracenic Islamic）特徵
來設計蘇丹阿都沙末行政樓，而不用更有地方回教色彩的設計一
樣，雖然兩者的動機和隱喻不盡相同。（圖10和圖11）

　　英殖民政府會選擇在建築物上表現回教特色，是大英帝國在殖
民地呈現異國情調和東方風格的一貫作風，而回教色彩正好是維多
利亞時代對國族和他族的聯想。很湊巧地，馬哈迪也在馬來西亞的
去殖民策略上同樣沿用了這種「東方主義」手法，棄馬來風格不用，
而是選用了回教風格。不過，在布城的建築設計文宣裡，卻將撒拉
遜式或莫臥兒式（Mughal）、摩爾式、印度伊斯蘭教式宣稱為地方
風格，馬哈迪甚至稱他在首相署的圓頂設計中堅持選用跟吉打州首
府亞羅士打（Alor Setar）回教堂一樣的「圓蔥頭」形狀，以表現出
地方特色，雖然亞羅士打回教堂的圓蔥頭設計，實際也並非地方特

色，而是受到印度和暹羅文化的影響。這一類的折衷主義在布城的建築設計中也非常普遍。

後殖民國家認同與華人

上述的分析，跟陳光興的去帝國論述的第三期去殖民策略取得異曲同工的結論；正如陳光興所說，在大力強調「西方之他者」的掙扎過程中，前殖民國家卻過度地傾向了種族中心主義，並且矯枉過正地排除異己（否定少數族群文化），結果正恰恰複製了帝國主義的心態，而創造出跟殖民者同樣的舊東西。

在吉隆坡老城區，華人歷史與殖民歷史之間互相交織的關係，是馬來西亞去殖民化進程的一個難題。後殖民政府延續了以馬來主權為主導的殖民意識，以「一個種族、一個國家、一個語文」為建國想象。去殖民化計劃是以殖民者（英國）與被殖民者（馬來人）的二分法為基礎，因此，華人的社區、歷史、記憶、文化及貢獻，都是被邊緣化、種族化和少數化。這也表現在例如唐人街事件，以及華人義山的華人歷史被邊緣化的矛盾[13]。

---

13 指1980-90年代在吉隆坡發生的唐人街命名風波以及華人義山被迫搬遷所引起的全國保衛華人歷史遺產的運動。請參閱拙作：Yat Ming Loo, "No Chinatown, Please! Contesting Race, Identity and Postcolonial Memory in Kuala Lumpur," in *The Journal of Architecture,* （Routledge/RIBA, December 2012），以及Yat Ming Loo, *Architecture and Urban in Kuala Lumpur: Race and Chinese Spaces in a Postcolonial City*（London: Ashgate, 2013） 第五及第六章。

圖12 1890年代的吉隆坡唐人街街景

　　華人要保存歷史的欲望爲國族認同帶來衝擊。吉隆坡這個殖民
地的遺產，有著各種不同族群的文化痕跡和積澱，以英國人、華人
和馬來人爲主。華人爲馬來亞的現代化貢獻良多，並在國家爭取獨
立的過程扮演了重要角色。華人曾經一度是移民，在殖民地（馬來
亞）的身分尷尬，既非殖民者，亦非一般論述中的被殖民者。然而，
英國與馬來人／土著的二分法，挾持著去殖民化之名，卻將華人城
區與歷史全都邊緣化和少數化了。

　　面對全球化狂瀾，國家在追求發展的同時仍會竭力保留本身文
化特徵，而達致這目標的一種危險做法就是回歸種族和宗教；與其
全盤地接受合全球性，國家反而會利用全球化和去殖民的機會來進
行內部的社會管控和文化壓制，突出主導文化，將少數文化邊緣化。
這情形在KLCC和布城都已發生。弔詭的是，在有意或無意中，馬
哈迪卻在KLCC和布城重抄了殖民帝國主義的意識形態和文化想
像。通過建造布城，不僅在殖民時代所確立的國家首府（吉隆坡）

被「拋離」了，就連殖民時代的馬來人歷史也企圖被「遺忘」。在布城的規劃與設計裡，華人和印度人的建築特徵完全缺席，而馬來—回教的色彩則非常凸顯，毫無懸念。在這裡，多元文化絲毫不受重視與考慮。

總結

　　誇張一點的說，馬來西亞過去一百年探索身分認同的努力所能得到的答案，早已經鑄寫在1896年建成的殖民建築蘇丹阿都沙末行政樓之中。獨立後的建築師、設計師以及政治家所打造出來的設計思維，困在一種「區域主義」建築裡，所一直依賴的是殖民主義所建構的文化想像；他們並沒有做出深刻的去殖民反思。這是一件矛盾、弔詭而令人遺憾的事。

　　如前所述，地方主義的論述已被挪用以作為去殖民政策，借屍還魂似的重構殖民認同。地方主義在三期不同的（去）殖民策略裡一直扮演一個重要角色，它是政治性的，也合理化國家機器建構權力與文化。在吉隆坡，所謂的「熱帶」、「現代」、「馬來」以及「回教」，全都是殖民區域主義（colonial regionalism）與殖民現代性的一部分——其中不可能找到真正原始的地方身分認同。

　　假如我們認真對反帝國主義思考的話，反思殖民主義／帝國主義與本土主義剪不斷理還亂的藤葛交結關係，是有根本性的重要意義的。在此必須說明，我並沒說一切殖民主義之下的產物都是對前殖民地有害而無益的。殖民地是不容忽略的歷史與事實。它對於建國和獨立後的當權者對國家與其文化想像的殘留影響，也是很大的。我只想說明，要去調解殖民遺產和從殖民主義中承繼下來的地方和本土認同，從這種迷思解放出來，並不是一件容易的事。甚至

在曾經是半殖民社會的中國也同樣如此。我曾在另一文章中,分析了「中國現代建築」論述裡忽略少數民族的事實[14]。

我們不能過度樂觀和天真地認為,獨立後的國家便能夠脫離殖民認同與意識。當然,無可否認的,現在所謂的後殖民社會並不能等同於殖民社會,也並不能說「後殖民」這樣的術語就能解說全部當今全球經濟和文化的衝擊和影響。但是,後殖民論述的一些反思,還是有利於我們了解現在的文化狀況。在兩岸三地,反思不同形式的殖民遺產對國族建構以及多元社會的想像是必要的。在此,我想討論兩個方面,作為此文可引起的一些延伸思考。

其一是文化帝國主義。學界早已熱烈討論關於文化帝國主義的存在與否,其中有代表性的著作包括《帝國》與《文化帝國主義》[15]。在後一書中,湯姆林森更傾向相信全球對話,而不存在文化的侵略,或文化帝國主義。我則願意相信,尤其是在亞洲,說我們已完成去殖民和「告別後殖民主義理論」是言之過早的[16]。本文指出一個不同的考量方向,專注於在前殖民國家的國家文化霸權主義,這有異於過度專注思考前殖民主和前殖民地的關係。在學界,這種後殖民書寫和實例的思考相對是比較少的。這樣,真正的「去殖民」和「反帝國主義」思維才能真正被疏導,以建立一種帶有世界主義觀的自我身分,建立自我重拾和自我療癒的過程。

14 Yat Ming Loo, "Book Review of *Architecture for the Modern China*(Routledge, 2009)" by JianFei Zhu, in *The Journal of Architecture,*(Routledge/RIBA, October 2010), pp. 697-702.

15 Michael Hardt & Antonio Negri, *Empire*, (Cambridge MA: Harvard University Press, 2000); John Tomlinson, *Cultural Imperialism: A Critical Introduction*, (London: Continuum: 2002).

16 金惠敏,〈別了,中國後殖民主義〉,《全球對話主義:21世紀的文化政治學》,北京:新星出版社,2013,頁83-91。

　　其二就是多元城市與移民。反思殖民認同是有普遍性的重要意義的。最基本的一個原因是，幾乎所有第三世界都曾經受到某種形式的殖民主義洗禮，包括自稱曾是半殖民社會的中國。尤其是冷戰之後，所謂的全球時代來臨，我們觀察到很多後殖民國家紛紛地重返「種族／國族」和「宗教」作為主要的身分認同，只是它們都被冠以「區域身分與建築」這樣堂皇的面具罷了。換言之，在這類越來越傾向多元與全球化的城市，很多所謂的區域意識，其實只是一種抗拒移民和全球化過程的消極反應而已。

　　盧日明，中國寧波諾丁漢大學建築系助理教授。研究興趣包括多元文化城市、後殖民建築與城市、全球化城市與建築文化身分認同、城市記憶和少數民族空間。已發表著作包括：*Architecture and Urban Form in Kuala Lumpur: Race and Chinese Spaces in a Postcolonial City*（2013）、"Banyan Tree and Migrant Cities: Some Provisional Thoughts for a Strategic Postcolonial Cosmopolitanism," in Iain Borden, Murray Fraser, and Barbara Penner（eds），*Forty Ways to Think About Architecture*（2014）。

思想訪談

笑蜀先生
（何宗勳攝影）

公民運動與中國轉型：
笑蜀先生訪談錄

陳宜中

　　笑蜀先生，中國大陸著名評論家，本名陳敏，1962年生於四川省儀隴縣，1984年畢業於廣州中山大學歷史系，曾任教於武漢醫學院，教授中共黨史。1999年出版《歷史的先聲》和《劉文彩真相》，轟動一時。《歷史的先聲》「用我黨的文獻攻擊我黨」，收錄1940年代中共機關報刊具代表性的反國民黨論說，彼時中共高舉民主、憲政、自由、人權等普世價值，強調中共才能實現此類普世價值。兩書旋即遭查禁，笑蜀因言失職後，2002年進入媒體。2005年起任《南方週末》評論員，主持社評欄目，長期關注維權運動，批評維穩體制。2011年被當局逐出《南方週末》，此後多次遊學港台和美國。近年來致力於闡發「新公民運動」理念，主張從現實中的具體議題切入，以「組織化維權」為現階段目標，聚合、壯大新興的社會行動力。以此為本，倒逼體制內的分化，匯聚體制內外力量，以促中國未竟的憲政轉型。

　　此一訪談於2014年11月5日在台北進行，經陳宜中編輯後，由笑蜀先生修訂、確認後定稿。

一、早期經歷

笑蜀：我是1962年生於四川儀隴。父母都是鄉村教師。當時鄉村教師分兩種，一種公辦，一種民辦。我父母都是公辦，在儀隴的邊遠山村教書。我們縣以前是紅四方面軍的根據地，即所謂「老區」，現在仍很窮，仍是國家級貧困縣。像吉普賽部落一樣，我父母不斷遷徙，這個村子教兩年，那個村子教兩年，我也跟著流浪，至少住過三個村莊。從小跟農村的孩子一起玩大。

陳宜中（以下簡稱「陳」）：從反右到文革，您家裡受到哪些影響？

笑蜀：我父母都是地主子女，文革中受批鬥。我到入學年齡，隔壁的民辦老師招生不肯收我，就因為我的家庭出身。

陳：您父母都是老師，也教您嗎？

笑蜀：哪顧得上？我爸遠在外鄉，又一直挨批。媽媽一個人帶我們五個孩子，還要一個人教複式班（按：不同年級合組而成一個班）的所有課程，根本忙不過來。我打小就是野蠻生長。文革期間無書可讀，我只好讀報紙雜誌。我父親每周或半個月回家一次，帶的禮品都是《解放軍文藝》一類的讀物，我拿到就高興得不得了。

所以我的政治啟蒙蠻早。最早印象是1971年9月林彪案發生，當時是逐級傳達，從中央傳達到鄉村小學，已經是10月了。當時鄉小（按：村小的上級是鄉小）叫我媽媽去開會，但沒事先告知主題。媽媽剛好生病，就叫我去。我把會議內容回家複述給媽媽聽，說林彪叛逃摔死在溫都爾汗，媽媽嚇壞了，一巴掌打過來，以為我亂說。那時起我就慢慢對政治有了關心。

陳：您1980年去廣州中山大學讀歷史，歷史系是您的第一志願

嗎？

笑蜀：當時我考分不低，心高氣傲，第一志願就填了北大，中大是第二志願。歷史系也是第二志願。我從小就想當作家，專業第一志願是中文系。結果取的都是第二志願，即中山大學歷史系。

陳：能否談談您的大學時代？

笑蜀：我剛進大學時，西單民主牆運動和以全國高校為中心的民刊運動，已接近尾聲。很多高校都有自己辦的民間刊物，有些是文學性的，也有很多政論性的。中山大學的刊物《紅豆》我看過好幾期，是學生寫學生編，還可以拿到市區去賣，那時比較自由。我體驗到思想解放最後的一股春風，也算是一種薰陶吧。但我進校不久就開始查禁了，我曾經在學校食堂的牆上看到禁止民刊的官方通告。

那時我是文學青年，對讀歷史系是不滿意的。只喜歡文學，中國文學、西方文學都讀，尤其是讀詩。到了大三，當局要清除精神汙染。清汙重點是圍剿白樺的電影《苦戀》（又名《太陽與人》），但這部電影恰恰引起我的共鳴。清汙讓我非常憤怒，我曾氣得在《解放軍報》批《苦戀》的文章上到處畫叉叉。我不再滿足於文學，從大三開始讀了很多社會政治類的書籍，尤其是蘇聯和東歐持不同政見者的讀物。到了大四，因為想分到好一點的工作，我下了一番功夫寫畢業論文，題目是陳炯明與孫中山的關係，後來發表在中國社科院《近代史研究》的特輯「近代中國人物」上。應屆畢業生能在權威學術刊物上發論文，對我是個極大的鼓勵。從此我轉向史學，走上了研究中國現代史的道路。

陳：畢業後您被分配到武漢醫學院，教什麼專業？

笑蜀：我去了武漢醫學院馬列課部（後來改名社會科學部），教中共黨史。我教的黨史是完全反著來的，跟官方說法針鋒相對。

但八十年代思想很解放，寬容度較高。再加上我名校畢業，又有論文在權威刊物發表，1987年還和大學指導教授合作出版了專書。這在那時不多見，所以我多少有些恃才傲物，講課隨心所欲。這種狀況持續到1989年。

陳：六四之後呢？

笑蜀：學潮之前，我身邊已經聚集了一批思想開放的活躍學生，價值理念相當接近。後來他們成了學潮骨幹，我也跟他們一起上街、貼大字報。這在其他文科學校很平常，但在武漢醫學院這種工農兵當道的學校，像我這樣的老師就很少有。六四後學校搞雙清（清理、清查），全校只有兩個靶子，一個是黨員，一個非黨員就是我。1989年成了我的轉折點，一下子摔下來，幾乎掉進十八層地獄。

陳：清理跟清查有何不同？

笑蜀：清理黨員，清查黨外。校方對我內查外調，費時一年，還把我的學生找來揭發我，結果除了大字報和上街，沒別的東西。但總之是不讓我上課了，把我調去資料室當資料員。我那時很倔、很傲，不服從安排，不去資料室上班，就在家帶孩子。每個月只領很低的起薪，生活非常艱苦。

課部主任看不過去，他有愛才之心，想用我。但用我要有理由啊。1990年全國反和平演變，中宣部跟教育部聯合，擬了大概幾百個反自由化的課題，向全國高校的政治課老師招標。凡是願意投標的，願意衝鋒陷陣反自由化的，文章優先發表，職稱、工資、獎金都破格，助教提講師，講師提副教授，副教授提教授。課部主任跟我說：「這是你將功補罪的機會，你領幾個課題回去寫兩篇文章，我來給你安排發表，我就可以給上面交代，說這個同志改邪歸正了。這樣你就可以上課了，職稱、工資所有問題都可以一攬子解決。」但我一看到那些課題，心頭就升起一股火，極其憤怒。

　　為什麼憤怒？我是教中共黨史的。我一看就知道，那幾百個課題好多都是在批判中共自己當初的主張。說話不算話，翻臉不認人，太過分了。

二、歷史的先聲

　　陳：您後來編的《歷史的先聲》流傳很廣。如果沒有這本書，人們大概不會注意到中共當年反國民黨的說詞，一再訴諸普世標準的民主、自由、人權。

　　笑蜀：當時不像現在，現在有不同看法，可以寫成文章，網上總有發表空間。當時沒地方發，只能憋肚子裡，憋得很難受，怎麼辦呢？我就有了編《歷史的先聲》的腹案，就是要跟「反和平演變」對著幹。

　　我就開始泡圖書館，翻舊報紙。舊報紙不能複印，只能鋼筆抄。這個過程跟挖金子、挖礦差不多，找到一篇文章就好像發現一顆礦石，可以興奮半天，就這樣花了一年多的時間。

　　陳：您挖掘的是哪個時期的中共言論？出處有哪些？

　　笑蜀：主要是1940-46年全面內戰爆發前中共機關報的言論。以《新華日報》為主，包括《解放日報》。比例大概是《新華日報》占70%，《解放日報》占20%，還有10%來自毛選、鄧選、周恩來選集、劉少奇選集等公開出版物。選擇的標準是最能代表中共中央的，也就是中國共產黨當時最權威的聲音。

　　這個聲音是什麼呢？實際上就是中共作為反對黨，向全國人民許下的政治承諾，即如果中共全國執政，將會如何施政？施政主題就是民主、自由、人權，並以此為據，全面批判國民黨如何反自由、反民主、反人權。這就是《歷史的先聲》的主要內容。最初的書名

叫「為自由鳴炮」。

陳：「為自由鳴炮」有典故嗎？

笑蜀：這來源於八十年代武漢的一份前沿刊物《青年論壇》，其中一篇文章就叫〈為自由鳴炮〉，是胡耀邦兒子胡德平寫的，我印象很深。

書在1992-93年編完，好多年找不到出版社。最後因為吳思、梁曉燕、徐曉、甘琦等人的幫助，曲曲折折，終於在1999年9月以獻禮「建國五十週年」的名義，由汕頭大學出版社出版。新書名是上海學者朱學勤取的。

陳：很快就被查禁了？

笑蜀：不到半年就被禁了。2000年2月，中宣部部長在例行的全國出版工作吹風會上，舉著《歷史的先聲》說：這本書別有用心，用我黨的文獻攻擊我黨，代表同我黨鬥爭的新方式。隨後下達全國禁書令。汕頭大學出版社後來被整頓，總編輯、社長都被調職。在北京，則是派國安去萬聖書園反覆查抄這書。

陳：何以查禁之後，此書反而不斷流傳？

笑蜀：事前我已料到會被查禁。所以，我提前在當時影響最大的時政BBS，即《人民日報》強國論壇，把內容都上傳了。2000年封殺時，大多數文章都已經在網上傳閱，愈封殺就愈流行。

陳：您九十年代還寫了另一本書《劉文彩真相》。劉文彩的重要性何在？

笑蜀：劉文彩是四川大邑縣的一個大地主，被中共定性為三千年地主階級的總代表。中共用他來論證所謂土地革命、新民主主義革命的合法性，證明三千年地主階級的所謂罪惡，說地主階級怎麼壞，看劉文彩就知道了，所以農民應該跟著共產黨造反，等等。

我個人一直懷疑這案子是假的，但沒有直接的證據。直到1993

年，有人告訴我，大邑地主莊園陳列館有很多當年的檔案。我是做歷史學的嘛，一聽興趣就來了。那個陳列館最早叫階級鬥爭展覽館。1958年毛澤東有個著名講話，即「階級鬥爭年年講、月月講、天天講」，四川省委書記李井泉會後回到四川，第一時間就抓了劉文彩這個典型，搞了這個展覽館，來拍毛澤東的馬屁。六十年代尤其文革期間，全中國知名度最高的就兩個人，一個是毛澤東，他是神；一個是劉文彩，他是鬼。鬼的存在是為了論證神的偉大。

得知陳列館有很多檔案後，我就決定去那裡做研究。

陳：劉文彩1949年就死了，何以1964年之後才變成眾矢之的？這跟新民主主義的關係何在？

笑蜀：劉文彩1949年10月就去世了，當時解放軍還沒進成都。他在1960年代變成一個靶子，是為了服務於毛澤東的核心理念，即階級鬥爭為綱、無產階級專政下繼續革命。文革之後，很多其他案子都平反了，這個案子就是不能平反，為什麼？既然已經把劉文彩說成三千年地主階級總代表，一旦平反劉文彩，就等於否定了三千年地主階級的所謂罪惡。正因為如此，《劉文彩真相》很快也享受了《歷史的先聲》的待遇，全國查禁。跟上次一樣，這次也是中宣部部長在出版工作吹風會上，舉著《劉文彩真相》跟與會者說：你們有沒有人認為新民主主義搞錯了？他說，這本書的要害，就是否定新民主主義革命的合法性。

陳：這書的主要內容是什麼？

笑蜀：我在劉文彩莊園住了將近一個月，啥都不幹，就是看檔。重要檔案盡量複製、謄寫，隨後就在劉文彩的家鄉大邑縣安仁鎮，採訪當地人，包括劉文彩當年的隨從、醫生、教師、長工等等。在檔案研究和田野調查的基礎上，我回去寫出了《劉文彩真相》，以還原他的故事，揭示宣傳部門的整個造假流程。1999年11月陝西師

大出版社出版，2000年春遭全國查禁。

　　陳：您離開武漢醫學院跟這有關係嗎？

　　笑蜀：當然。六四之後我被停課七年，直到1996年恢復上課，待遇也慢慢恢復了，職稱也評了。但這兩本書一出版，我又變成黑名單上的人，學校就扛不住了。2001年底我不得不辦了離職手續，去北京的《中國改革》雜誌上班，半路出家進了媒體。

　　我一進北京，就被北京國保盯上。接下來的三年當中，國保國安騷擾不斷。當時互聯網開始繁榮，我在網上比較活躍，再加上北京是個大圈子，跟敏感人士的接觸也令我更被敏感。雜誌社受到壓力，也扛不住了。2005年2月趙紫陽去世後，我因在觀天茶舍發表悼念文章，被國保鎖定。趙紫陽追悼會前夜，我被他們軟禁了五天五夜。五天之後，國保把我押上回武漢的火車，不許我再回北京，我就沒法到《中國改革》雜誌上班了。

　　《南方周末》的朋友同情我，悄悄給我辦入職手續。2005年5月我重回廣州，到《南方週末》上班，這是我的另一個轉折點。我在《南方周末》做評論員將近六年，直到2011年3月被迫離開。

三、維權與維穩

　　笑蜀：入職《南方周末》是我真正告別書齋，介入中國現實尤其介入維權運動的一個起點。維權運動從2003年孫志剛事件開始發端，但真正進入高潮是在我踏進《南方周末》的前後。那時許志永在北京組建了「公盟」即「公民聯盟」，目的就是維權。同時還有山東臨沂的陳光誠事件、廣州番禺的太石村事件。維權運動的三大標誌性事件都集中在2005年，這年簡直就是維權運動的元年。

　　維權運動的興起有個社會背景，就是中國的社會矛盾到了高發

期。從2005年開始，每年都有超過十萬起的群體性事件。

　　陳：最後一次公布的數字是十八萬起。

　　笑蜀：這幾年乾脆就不公布了，說明局勢更不樂觀。

　　社會利益結構的全面失衡跟中國經濟的高速增長是同步的。鄧小平南巡之後，開啟了中國的市場化進程。市場化的頭幾年，應該說是蜜月時代，全民都多少享受到市場化的紅利。1992-93年，是知識分子下海的高峰期，國企幹部乃至很多黨政幹部也競相下海，他們多數都發了財。當時的社會矛盾比較少，一直延續到1999年中國加入WTO，有將近十年的緩和期。

　　陳：但1990年代末，國企工人大量下崗，還出現所謂的三農問題。

　　笑蜀：這樣說吧，在全民共享市場化紅利的頭幾年，社會矛盾少。在這個前提下，朱鎔基把市場化改革集中到兩個方向：一個是融入全球化進程，加入世貿組織；另一個是國企改革。國企改革導致幾千萬工人下崗，當然是個矛盾，但剛剛說的市場化紅利太厚實了，相當程度緩解了下崗問題。幾千萬國企工人下崗放在今天不可想像，但當時沒大事，沒引起大的社會動盪，因為市場化提供了大量的就業空間，把這幾千萬工人多數都消化了。

　　世紀之交的三農問題，源頭是分稅制，這涉及到中央和地方的關係。按照那個財稅結構，愈是下級政府，公共財政的分配愈少。當時土地財政還沒起來，鄉鎮一級政府主要靠搜刮農民來創收，搭著農業稅的便車向農民收費。農業稅是國家收的，實際只占農民負擔的30%不到；另外70%是鄉鎮政府搭便車的攤派，不攤派它們就沒法生存。大概是那麼一個情況。農民當然怨聲載道。但2003年胡溫免除農業稅以後，這問題基本解決了，或至少大幅緩解了。

　　陳：在市場化的前十年，政權跟知識分子的關係又如何？

笑蜀：2002-03年以前，政權跟知識分子的關係也比較緩和。因為經濟高速發展，有的是紅利，可以用來收編知識分子，尤其是體制內的高校知識分子。一直到2002年前後，連許志永、滕彪、陳光誠這幾位維權先驅，也都得過獎，都上過中央電視台，這在今天不可想像。他們選擇在維權的路上走，一開始多少也是因為他們相信有空間。胡溫剛上任時，表現出勵精圖治的姿態，包括讓政治局學習憲法，給了自由派知識分子一些希望。但胡溫頂不住黨內壓力，很快就有了學古巴、學朝鮮的表態。

陳：到了2005年，對體制內政治改革的期盼已經大致落空了？

笑蜀：最明顯的轉折是青島會議。青島會議是曹思源主辦的，參與者包括朱厚澤、吳敬璉、茅于軾，聚集自由派大老討論憲法問題。這個會議馬上被打成敵對勢力策劃的顛覆活動，形勢急轉直下，政權跟自由派知識分子的關係愈發對立。於是，維權運動開始拐彎，逐漸走到了政權的對立面。政權把維權當成假想敵，誰如果堅持繼續維權，就等於跟政權唱反調。我正是在這個時候進入《南方周末》。

陳：您在《南方周末》寫評論和社評，跟維權運動的連結何在？

笑蜀：《南方周末》是民間第一大報，維權是它的關注範疇之一。本來我去之前《南方周末》並沒有固定的社評欄目。但因為現實問題提供了大量豐富的題材，而單純的報導又無法滿足讀者的需求，評論界的黃金時代就隨著維權時代到來了。在這之前，《南方周末》最受歡迎的題材是調查性報導。但2002年張君案報導和2003年孫志剛事件報導遭到重挫，調查性報導變得敏感而且越來越受壓制。調查性報導漸漸沉寂之後，評論就成了中國市場化媒體最受歡迎的欄目。

我剛好躬逢其盛。《南方周末》的評論先擴張成兩個版，後擴張到四個版。除了擴版，社評欄目也固定了下來。我的主要任務就

是編社評、寫社評（叫「方舟評論」），主要針對現實中的公共問題。

陳：可否再回到「維權時代」的政經社會背景？

笑蜀：我剛剛講1990年代是和緩期，儘管也有矛盾衝突。為什麼在2002-03年之後，中國進入了社會矛盾衝突的高發期，而且愈演愈烈？我認為背後的決定性因素是社會利益結構的改變。

自1999年中國加入世貿組織後，就開始強化一種嶄新的權力和利益結構，簡單說就是寡頭利益結構。這個利益結構當然不是突然出現的，但它在江朱早期比較低調、收斂。在江後期逐漸得到鞏固，到胡溫上台以後，變得不可收拾。核心家族控制一切，完全放開了手腳，真正把中國變成了他們分肥的大蛋糕。各重要產業的上游像能源、金融諸如此類，都被他們壟斷。他們往往把國企尤其央企當成他們的白手套，這些國企尤其央企都是被他們圈占的，本質上都是私有的，是他們洗錢的槓桿。所謂「國進民退」，背後充滿了這種貓膩。愈是利潤空間大的產業，愈是被寡頭集團壟斷。整個中國進入了寡頭資本主義的狂歡期。

陳：「國進民退」這個詞最早出現在2008年？

笑蜀：這詞早就有了，但2008年以後才流行。這年遇到金融風暴，就有了四萬億，實際上四萬億都是分給大家族的，分給被他們圈占的國企尤其央企。

陳：「國進民退」肥了國企尤其央企。但在「國進」的表象下，蛋糕大都被寡頭分食，這是您的意思嗎？

笑蜀：當然。華能公司名義上是央企，但實際上是家族控制的，這是最經典的例子。他們把中國的江河湖海幾乎全霸占了，尤其西南地區，梯級水電站都修到了西藏高原。幾乎每一滴地表水都裝進了他們的管道，為他們發電賺錢，導致原有地表乾枯，生態急遽惡

化。太子黨控制金融更是時尚,國家開發銀行就一度由陳雲兒子陳元控制。薄熙來在重慶,為什麼市政建設那麼漂亮?因為他有錢啊,錢從哪來?薄熙來跟溫家寶關係很緊張,很難從國務院拿到錢,就通過大家族之間的交易,從陳元控制的國開行弄來很多億。這些都是寡頭控制國家經濟命脈的實例。寡頭控制各大產業的上游,把民營企業的命根子都掐住了,民企就只能從事各大產業的下游,而下游附加值最低,實際上都血汗化了,都是給上游的寡頭打工。我把這種寡頭主宰的所謂市場化,叫做「下半身的市場化」。

陳:在寡頭資本主義的格局下,還產生了哪些社會矛盾?

笑蜀:這個話題談不完。但比方說,民營企業被擠壓到最低谷,國企尤其央企的就業容量又很小,這就導致大學畢業生的就業難。同時又高校擴招,應屆大學畢業生越來越多。尤其二本三本的大學畢業生,往往畢業即失業,相當比例變成了蟻族。再比方說,進城農民工的二代三代,既不願意回家鄉種田,在城市也找不到自己的歸屬,又不願像父輩那樣吃苦耐勞、接受低工資高強度的勞動,於是多數變成遊戲廳裡的浪蕩少年。

中國從中央到地方,各級政府都公司化了。連中央政府的各部門都公司化,地方政府更是如此。地方政府及其各部門,變成了總公司、分公司、子公司等等,權力就是他們最重要的資本,都用權力追求自身利益的最大化,都成了利益主體。政府與民爭利的情況層出不窮,矛盾衝突大都由此而來。

我剛剛談到的城市矛盾,一個是大學生蟻族,另一個是集中在城市的農民工二代。他們是未來可能的社會大動盪的火種。相對來說,農村地區還是相對平靜的,尤其免了農業稅之後,加上有限的農村福利政策,例如低保、醫保。雖然福利很少,但在中國歷史上,農民從沒得到過福利,現在有了一點點,農民就很容易滿足。但在

城鎮郊區，農戶拆遷的衝突就比較多，這大概占農村群體性事件的七成左右。

陳：中共應付維權的主要手段就是維穩，您如何界定維穩？

笑蜀：維穩是維權的對立物。中國沒有法治，沒辦法通過法治渠道解決利益結構失衡導致的社會衝突，於是就訴諸高壓維穩。實質上是得罪不起權貴寡頭，就只好得罪老百姓。比如說拆遷，很多地方法院都接到政法委的文件，或是同級黨委的文件，說這些糾紛法院不得受理。法院在社會矛盾衝突面前乾脆關門，司法救濟走不通，總得靠其他辦法來解決，那就靠維穩。

維穩手段大致有兩種：一是利益贖買；一是暴力維穩。用他們的話講就是，人民內部矛盾用人民幣解決；如果你只是利益訴求，而且要求不高，那就用利益來擺平你。如果不能用人民幣解決，或如果要求太高，當局不願滿足，那就不是人民內部矛盾，就動用不受法律約束的暴力維穩。

另一種情況是利益訴求變成了權利訴求，這當局絕不許可，一定壓制到底。你可以跟我要錢、要物質賠償，但不能說這是你的權利。誰講權利誰就是刁民，甚至是政權的敵人，就要用專政的辦法，也就是暴力維穩來對付你。

陳：所謂的維穩體制從何時形成？

笑蜀：當中國進入維權高潮之後，同時也進入了維穩時代。維權高潮發生在2005年。隔年2006年周永康接任中央政法委書記，中國就開始形成一個龐大的維穩利益集團。

今天眾所皆知的一個現象是，中國的維穩經費年年高漲，從2010年開始超過軍費。某種程度上，天價維穩成本就是維穩集團的部門利益。他們需要製造越來越多的矛盾衝突和敵人，來證明維穩和維穩集團的重要性，以便從不斷高漲的經濟紅利當中分到更多蛋糕。

說白了是借敵自重，最後的結果就是矛盾越來越多，敵人越來越多，同時維穩的利益越來越大，維穩部門的權力也越來越大，包括控制輿論。形成一個惡性循環。

陳：在何種情況下，利益訴求會發展為顯性的民權或權利訴求？

笑蜀：維權意識通常有一個變化過程，就是從初級階段到比較高級階段的變遷。剛開始大多是出於直接的利益衝突，當事人原本可能並沒有權利意識，也沒想到自己會變成維權人士。如果利益沒有受到剝奪或直接的侵犯，基本不會鬧事。維權剛開始都是被動的。比方說，重慶釘子戶為什麼要跑到樓頂上揮舞國旗抗議？因為他的房子馬上要強拆了，否則他不至於這樣。如果你不拆我的房子，或拆遷補償能讓我滿意，那我就算了，這是剛開始。這是老一代的訴求，主要都是利益取向。有些能夠用人民幣擺平，有些用人民幣擺不平，擺不平的怎麼辦呢？案主就上訪。由於地方法院通常不受理，就去找更上級的政府，還不行就一路上訪到中央。

這麼一來，上訪的隊伍就如滾雪球愈滾愈大，這是維穩的第二層對象。維穩的第一層對象大都是徵地拆遷的直接受害人，或環境汙染的直接受害人，這些人通常先去找地方政府。維穩的第二層對象是那些沒被擺平的、不服氣的，要去找上級政府討公道或打官司的。於是，全國出現了規模越來越大的上訪潮。極盛時期，北京有十多萬上訪的訪民，國家信訪局門口每天大排長龍。後來中央政府覺得煩了，便要求地方政府就地解決，而且建立了一個量化的登記制度。哪個省、哪個市、哪個縣，到北京上訪的人多了，就一票否決，地方官就不提拔了，嚴重的甚至直接免職。這逼到地方官員紛紛「截訪」，就是用暴力剝奪訪民自由，不讓去上級政府或北京上訪。如果有漏網之魚到了北京，地方官員會想方設法在訪民進入信訪局之前，及時攔截或綁回去。這是第三層維穩。

所有這些維穩對象，剛開始都是利益訴求。但當類似衝突多了，尤其訪民之間交流多了，發現這是普遍現象之後，很多訪民就開始自身轉型。從原來的利益訴求，慢慢就導致了權利訴求的萌芽。他們開始意識到北京跟省裡、跟基層政府其實一樣黑，甚至更黑。意識到這並不是哪級官員的問題，而是制度的問題，是權利得不到保障的問題。部分老訪民慢慢覺醒，甚至向民主人士轉化。

陳：年輕一代的權利意識要更強？

笑蜀：新生代的權利要求比起上一代，進步太多了。就拿年輕工人來說，他們不僅僅要求相對公平的薪資，而且要求更人性化的工作環境。比方說，富士康工人跳樓並不是因為收入問題，他們的收入相比同類企業嚴格說不算差，但不能忍受那樣的工作環境，認為不人性化，太孤獨太壓抑，就跳樓了。再比方說，最近一年多來在廣東和湖南很多地方，工潮迭起。這些工潮最重要的訴求跟過去不同，不是工資不高的問題，而是爭取穩定的、普遍的社會保險。在廣東和湖南，只要有工潮就有維權律師介入協助。維權運動隨著中國社會的發展變化，正不斷納入新興的權利要求。

四、立足社會的公民力量

陳：您在《南方周末》評論過許多維權事件，能否談談您印象最深刻的幾件事？

笑蜀：2005年的重慶釘子戶事件就是一個例子。當時徵地談判談不下來，衝突一觸即發，全國很多人過去圍觀，但當時主政重慶的汪洋還是用和平手段解決了。我寫了一篇評論叫〈重慶釘子戶揭開大片時代〉，什麼大片時代呢？我說是「民權時代」。

另一個是成都的唐福珍事件，也是有代表性的。唐福珍是個中

產，不差錢，主要是求公平。政府要把她家的地徵了樓拆了，也是
談不下來。但成都李春城的處置跟重慶汪洋的處置不一樣，非常強
硬，唐福珍最後自焚致死，但自焚的消息被成都當局捂蓋子捂了十
多天。披露之後我非常震驚，寫了一篇評論叫〈成都唐福珍事件必
須有人問責〉，直指成都當局。

　　因為在《南方周末》負責社評欄目，我很早就意識到維穩的禍
害。2010年，清華大學孫立平、郭于華的課題組有份很重要的報告
〈以利益表達制度化實現長治久安〉，算是知識界批評維穩的頭號
重磅。他們先投《中國青年報》，但該報不敢發。回頭聯繫我，我
在《南方週末》的大參考版發了出來。我本人抨擊維穩的文章也不
少，影響較大的是2009年6月〈天價維穩成本為何難降〉，發在上海
《東方早報》上。這是第一次提出天價維穩成本的概念。

　　由於連續抨擊維穩，《南方週末》跟維穩部門的關係也越來越
緊張。此前，在2008年汶川地震後，《南方周末》推出一組校舍垮
塌的專題報導。那些豆腐渣校舍多數是周永康任四川省委書記時修
建的，但當初我們也沒想到這一層。這組報導包括我做的專訪〈真
相比榮譽更重要〉，我讓一位四川教育廳的現職官員現身說法，揭
露豆腐渣校舍的真相以及危害。他說得非常坦率，非常震撼。

　　陳：您如何界定您的評論尺度、風格和價值觀？

　　笑蜀：我投入公共評論始於〈重慶釘子戶揭開大片時代〉。在
這之前我也寫過評論，但都是典型的文人論政，文章都帶有濃厚的
理想主義、書齋氣息、文青氣息。在這之後，這種氣質越來越少。

　　《南方周末》有個重要的定位。基本上，它是處於體制內外的
一個結合部，它有很多體制內的資源和通道，但更向體制外開放。
當時地方官員如果想搞一點改革，很少去找中央電視台、新華社或
《人民日報》等官媒，因為官媒貼金只會起反作用。他們相信《南

方週末》的信用。體制外當然更不用講,很多訪民、維權律師、獨立學者,都通過《南方周末》發聲。我在評論員的位置上,評論寫得最多,又是社評欄目的編輯,所以體制內外都有廣泛接觸。這種經驗多了之後,我就得盡可能保持相對客觀、平衡、準確的評論視角,才經得起各方追問。這是第一點。

第二點是《南方周末》強調新聞專業主義,不認同過度的意識型態化。這不等於不要價值觀,不等於不要現實關懷,只是主張把價值觀變成隱性,而不是直接出場。

第三點是要考慮第三方的感受,也就是受眾或社會大眾的感受,要顧及他們的接受度。畢竟高高在上的、自以為是的單向灌輸也就是所謂「宣傳」,在中國太多了,大多數受眾對這非常反感。如果我的評論不夠客觀,受眾就會拒絕,評論就沒有信用,就不會產生積極的傳播作用。所以我必須多方面傾聽受眾的需求,用第三方視角來平衡自己的觀點。

陳:所以,在您的價值觀和評論寫作之間,實際上是有張力的。您如何理解這種張力?

笑蜀:我從不諱言,我寫評論的目的就是要傳播我的價值觀。我的價值觀主要兩條:一是追求自由、民主、人權等普世價值;再就是推動公民社會進程。這兩條也可以合而為一,因為對我來說,推進公民社會就是為了實現自由民主人權。「普世價值」是我不變的追求,從《歷史的先聲》直到今天都如此。但我確實逐漸覺得,僅僅停留在概念層面、宏大敘事層面的言說遠遠不夠。

六四之後,我一度非常壓抑。那時只存在官方輿論場,幾乎所有聲音都被壟斷。那時敢於言說的人少,敢言就是英雄。但在互聯網的衝擊下,尤其因為市場化媒體和社交媒體的普及,2008年之後崛起了一個規模巨大的民間輿論場,很大程度把官方輿論場給邊緣

化了，對體制的批判隨即從小眾批判升級為大眾批判。體制成了裸體，醜陋暴露無遺。不僅體制外罵聲一片，體制內的人也往往不滿現狀，逮著機會都罵。在這個眾聲喧嘩的時代，我認為知識分子不應停留在八、九十年代的水平，只一味重複宏大敘事，只一味罵，只解構而不關心建構。在這個嶄新的時代，我們不僅要指出彼岸所在，更要尋找到達彼岸的具體路徑；不僅要指出現實問題所在，更要尋找技術上可能的解決方案；不僅要呼籲改變，更要用具體的行動去改變，並最大程度聚集行動的力量。

這就不能只靠小圈子的先知先覺，只靠現有的存量；需要更廣泛的參與，需要突破存量，擴大增量。增量來自小圈子之外，即來自社會，來自普通人。社會上有變革願望和有參與動力的人群，數以千萬計。他們可能不願當鬥士烈士，但他們追求中國的改善或進步。如果能有具體的路徑，把他們的積極性調動起來，讓他們在日常生活中，在能力所及的範圍內，每天照他們的價值觀去參與一點點，行動一點點，他們就可能成為推動中國變革的有效力量。所以，如何撬動和擴大增量，一直是我思考的重點。

我不同意兩種極端。一種認為，變革必須等到多數民眾都覺醒都參與才有可能。另一種認為，變革無須社會參與，多數人都是搭便車的；變革是極少數人的事業，只要有了先知先覺的先鋒隊，等到大崩盤那天出來接手，一切就都總解決了。對這問題，我持堅定的中道立場。我既不幻想絕大多數，不相信能自動等來絕大多數；也不信任極少數，我認為只靠極少數先鋒隊的革命，無非是重複列寧式共產革命的老路。

我的主張是「相對規模論」。不能是小圈子的自娛自樂，必須社會參與進來，而且必須達到一定規模才有力量。規模是決定性的，但另一方面，規模的起點也不可能很高。如果把中國比喻成十三億

人持股的公眾公司，則因為股東過於分散，無須、也不可能等來過半股東贊成；只要能爭取到相對規模的股東認同，就能擁有規模優勢，就能左右公共決策，影響國家發展方向。這個相對規模就是貫通體制內外數千萬人的中間社會，他們的集結將構成中國公民社會的基礎性力量，也將是變革的基本推動力量。而要撬動他們，就不能只停留於抽象的言論啓蒙。他們的認知不是問題，需要的是用具體的公共議程和行動來調動他們，讓他們從中自我訓練，建立自信。這才是真正有效的、有行動活力的啓蒙。

這個推動變革的過程，我籠統地歸之為「公民運動」。即立足於社會，以公民運動來激發、來聚集力量，以不斷成長的社會力來形成不可抗拒的趨勢，自下而上地倒逼體制內的分化，形成體制內外合力，共同促成中國轉型。

陳：廣州是全中國公民行動最發達的地方，您的觀點跟廣州經驗有關嗎？

笑蜀：明顯如此。我是從北京去廣州的，北京知識分子的氣質是高談闊論，務虛居多。這是北京知識圈的特點和魅力所在。廣東的知識分子跟廣東的社會氣質是同步的，要更務實。廣東沒有那麼多大知識分子，能把話說得天花亂墜，把文章寫得活色生香，但卻有很多踏實的苦幹家，公民社會的實際推進者。我受到他們很大的影響，也因此更關注現實中的具體問題。

南北第二個分別是，廣東相對來說是一個市民社會。它跟北京不一樣，北京像是一個服務皇權的等級社會，按權力秩序來分配資源。廣東不完全是這樣，而有強烈的平民性，即便底層也能找到自己的生存空間，活起來相對寬鬆，人與人之間的關係相對鬆弛。

南北第三個分別是政治原因造成的。2007年汪洋調到了廣東。在中共高官當中，汪洋的觀念相對前衛。他在廣東的施政重點之一，

就是社會建設，實質就是公民社會建設，只是他不去碰「公民社會」這個敏感詞。但他在這方面做了不少事，投入了不少資源。

今天，廣州實際上是全中國公民社會的首都，公民社會的發育程度比北京要高太多。比方說，勞工運動在全中國是最敏感的，因為共產黨是靠工人運動起家的，知道這個厲害，強力打壓。但就算這樣，也還是廣東的勞工運動搞得最好。這除了香港、澳門很多勞工組織就近支持，也還有一個重要原因，就是廣東當局對勞工運動相對容忍。廣州草根NGO的發達，也是北京望塵莫及的。

「公民社會」這個詞北京談的人多，但現實中見的不多，感受不強烈。等我到了廣州之後，身邊的好些朋友都致力於公民社會建設，對我是一個震撼。所以我在《南方周末》評論員任內，用得最多的兩個關鍵詞，一個是「普世價值」，另一個就是「公民社會」。

陳：但是很不幸，這兩個詞後來都被禁了。

笑蜀：2008年汶川地震後，官媒發動對「普世價值」的全面圍剿和封殺，此後普世價值就被徹底妖魔化，沒人敢講了。

陳：北京奧運的廣告詞不是「同一個世界，同一個夢想」嗎？

笑蜀：那是忽悠全世界的。奧運還沒開始，就圍剿普世價值了。因為普世價值遭到全國自上而下的封殺，我就重點講公民社會。但「公民社會」到了2010年之後也不能講了。中央政法委副書記周本順（現任河北省省委書記）當時有個著名講話叫「公民社會是陷阱」，說公民社會是西方給中國設置的陷阱，中國不能要。

陳：您的常用詞快被禁光了。「憲政」也被禁，現在很多人連「憲法」都不太敢講。

笑蜀：2011年中東北非爆發茉莉花革命之後，路就越來越窄了。但是言路緊縮也為我打開了三個天窗，或者說強化了我的三個體悟。

第一個體悟是，我意識到我們必須立足於中間社會。知識分子

不能老在概念中兜圈圈,不能老在書齋或自己的小圈子裡自我陶醉同質感動,一定要進入社會才有力量的源泉。

第二,如果說社會是力量的來源,是出發點,公民社會就是經營的目標。公民社會進程在我來說,就是一種組織化的進程,一種建立社會默契、社會協同、社會合作的進程。在原子化的公民與公民之間,不斷擴充彼此連結的機制。這正是我所理解的「新公民運動」的意義。

第三,前面說到《南方周末》本是一個體制內外的結合部。近年來,我更意識到這種內外結合的必要,就是既要影響體制外也要影響體制內。毫無疑問,體制本身是頑固的。但體制本身的頑固並不等於體制內沒有變量,最大變量就在於具體的人。體制內數千萬人,比歐洲一個大國的總人口還多。這麼巨大規模的人群處在一個開放多元的時代,除非上帝,沒有任何世俗的力量能夠絕對控制,不可能鐵板一塊。社會有多少變化,體制內就有多少變化;社會有怎樣的思潮,體制內就有怎樣的思潮。因此在認知上,需要把體制內具體的人跟體制本身區別開來,不能混為一談。要堅決地改變體制,對體制本身不能有任何幻想;但同時要相信人性,相信體制不可能消滅數千萬人的人性。聚合、連結中間社會的公民運動,就是「倒逼」體制內分化的力量,就是匯聚體制內外最大共識的動力來源。但這公民運動必須足夠強韌,才能發揮關鍵的槓桿作用。

五、新公民運動

陳:公民運動跟中國自由主義的關係何在?

笑蜀:公民運動的重要意義在於,它為自由主義提供了政治上的縱深。自由主義在中國浮出水面始於1990年代,以李慎之為代表。

最初只是一種思潮，沒有體現為具體的社會運動。自由派本來是只
有大腦而沒有對應的社會力的。但2003年後，維權運動慢慢填補了
這個空白，造就了一個巨大的政治市場。

這個政治市場促成了兩個群體的崛起。一個群體是維權律師，
這是最重要的一股行動力量。維權律師群體的出現，主要有兩個原
因。首先，高校擴張之後，法律系學生越來越多。其次，由於司法
機構相對封閉，體制內的位置供不應求，新畢業的法學系學生進不
了體制，就只能在體制外找出路。想發財的走向商業；有政治抱負
的就成了維權律師，進入了法律和政治市場。

維權律師之外，另一個崛起的群體就是自由派媒體人，包括一
大批調查記者和評論員。

陳：也包括微博公知（公共知識分子）和大V（粉絲眾多的微
博大戶）。

笑蜀：他們也屬於民間輿論場的重要力量，共同推動了民間輿
論場的擴張，使中國進入一段公共輿論空前繁榮的時期。但我剛剛
也提到，最晚從2008年開始，當局對公共輿論的壓制節節升級。

陳：維權律師的政治風險有多高？

笑蜀：維權風險最高的是替良心犯維權，其次是替訪民維權。
風險稍小的，是為徵地拆遷的當事人提供法律服務。都有政治風險，
只是程度不同而已。

陳：這兩年來，維權運動遭到更強力的整肅，民間輿論場在官
方強壓下也走向低迷。您剛才提到三個體悟，說您的努力方向是匯
聚社會力量，著眼於組織化的公民社會進程。但大陸正處於六四之
後最強烈的一股政治寒流，許多維權人士和NGO工作者遭到關押。
這個逆境會持續多久，無人能知。您如何自處？

笑蜀：不能說都是壞消息，好消息還是有的。比如華南地區的

勞工運動就一直在發展之中，甚至公開提出要朝「組織化維權」邁進。比如人權律師團在短短的一年多，已有三百餘位人權律師加入，每遇重大公共事件都堅持發聲，幾乎無役不與。再比如，給良心犯和良心犯家屬人道救援的「送飯黨」在遭打壓後，也並沒有終止，而是以更曲折的形式推進。事實上，公民運動的空間並未都關閉，也不可能都關閉。畢竟，今天統治者不可能再像從前那樣控制一切了，高壓之下仍有縫隙。

　　當然必須承認，總體講公民運動現在的確處於困境中，很艱難。國家與社會力量太不對等，當統治者以最大決心傾舉國之力來打壓時，公民運動不可能不受挫。這不奇怪。中國轉型本是當代史上最艱難的轉型工程，全球民主化最後的一道閘門。要不難，也不會那麼多黨國體制的國家都轉型了，就中國的黨國體制還巍然屹立。中國的轉型，公民運動的發展，本來就不可能一帆風順，不可能畢其功於一役，本來就是屢敗屢戰。

　　只就短期來看，公民運動一時難以走出低潮。但中長期而言，我充滿信心，樂觀以待。因為打擊公民運動並無助於改善體制最大的短板，這短板就是現代治理。中共體制長於鎮壓，拙於治理。現代治理必須以公民權利的復甦為條件，以公民參與為要素。打擊公民運動，凍結公民權利和公民參與，哪來現代治理？怎麼可能解決現實中堆積如山的治理問題？只一味鎮壓而無力治理，現政權怎麼阻擋合法性的流失？如果說合法性曾主要來自經濟增長，則在經濟開始下行之後，合法性就只能主要來自現代治理。打擊公民運動就是狙擊現代治理，會讓治理問題發展為更嚴重的政治社會危機。

　　陳：在政治緊縮的當下，公民運動能怎麼做？跟體制內的關係為何？

　　笑蜀：體制內自上而下的變革，我不排斥，有最好。但對這不

指望，因為它來不來，什麼時候來，以什麼方式來，後果怎樣，不是我們能預期和控制的。我們現階段唯一能做的，就是激活社會，壯大民間，把一盤散沙轉化成組織性的公民聚合。組織化維權，因此是當下的核心議程。

的確，當下「組織」是高壓線。但「組織化」跟「組織」有聯繫也有區別，不能完全等同。「組織」是高壓線碰不得，不等於「組織化」沒有空間。組織化是極其寬泛的過渡地帶，蘊藏著豐富的可能性。具體講，組織化至少包括三點：第一是發現有共識的人；第二是從共識發展到共同行動；第三是在共同行動中建立信任與默契。這三點在當下並非沒有嘗試的空間，關鍵只在於我們有沒有自覺、有沒有智慧去開拓這空間。

組織和組織化的關係，好比汽車跟汽車零組件的關係。如果沒有條件馬上組裝一部汽車，起碼可以先做好汽車所需的各種零組件。一旦條件成熟，就可以第一時間啟動組裝程序，第一時間開車上路，一秒鐘也不耽誤。這即是說，組織化是組織的前奏，組織化是組織的基礎。這一切都應該在組織的條件成熟之前完成。那種寄希望於一夕變天，以為沒有汽車零組件無妨，到時自然會天上掉下一輛奔馳，第一時間就可以開車上路的想法，在我看是太異想天開了。

陳：您如何看待許志永發起的「新公民運動」？

笑蜀：我非常欣賞許志永、郭飛雄、郭玉閃、唐荊陵，他們有智慧有勇氣，敢於為自己的追求付出代價。許志永知道他一定會坐牢，但他沒有畏懼，他經受了考驗。我相信他出獄後更是一條好漢。郭飛雄、郭玉閃、唐荊陵，莫不如此。2014年迄今對公民社會的大鎮壓，也是一個大浪淘沙的過程，真正的金子會留下來，並且一定會在日後的轉型進程中更加閃亮。

　　「新公民運動」的具體內容包括街頭行動和組織化，而我最推崇它的組織化嘗試。比如「教育平權」這個議題，發動了至少十萬家長參與，為主流媒體持續聚焦，成了整個社會的公共議程。新公民運動倡導的官員財產公示也是如此，調動了很多主流媒體，輿論壓力之大，以至政治局委員張春賢、政治局常委俞正聲都不得不表態個人願意公示財產。我從來強調社會運動必須進入社會，而事實表明，教育平權和官員財產公示的確得到了社會認同。而且，這一切都是在合憲合法的框架下實現的。是的，即便如此，統治者仍難容忍，仍要鎮壓。但非要那樣做的話，統治者必得付出巨大的鎮壓成本。社會上廣泛的同情，更會累積出一種巨大的道義資本，這種道義資本是公共產，是社會資本的一部分。所有這些，最終都會轉化為倒逼變革的壓力。

　　陳：可否向本刊讀者說明一下新公民運動的背景？

　　笑蜀：新公民運動的前身是公盟，公盟就是公民聯盟的簡稱，已有公民運動的內涵在內。北京市當局把公盟當眼中釘，2009年以所謂漏稅為由把許志永抓了，關閉了公盟。但許志永做公民運動需要一個平台，就在2010年發起「公民承諾」，即有共同理念的一群人，基於要做公民的共識，彼此承諾、互相監督、互助合作，這叫公民承諾。最初有幾百人加入。許志永也幾次邀請我，但我還在《南方周末》，不宜介入任何行動，都婉拒了。2012年5月，許志永把公民承諾正式升級為「新公民運動」，仍邀請我加入。這時我已離開《南方周末》，但我還是婉拒，只答應以言論響應。

　　我的介入是在後期。2013年3月，丁家喜、趙常青等八人被抓，全是新公民運動的骨幹，這就對許志永形成包圍態勢，他的結局不言而喻了。7月16日，他果然被抓。對我來說，抓許志永是一個明確的信號，即當局要整體鎮壓新公民運動。這種情況下，我覺得我再

不能做局外人了。許志永被抓四天之後，我跟王功權發出聯合聲明，
在抗議的同時，宣布我們接力新公民運動。

陳：您現在的角色是什麼？

笑蜀：以前我主要從理論上、言論上呼應新公民運動。但在許
志永等新公民骨幹全部被捕之後，我身不由己，必須站出來守護新
公民運動的理念。如果大難來臨大家都放棄，都鳥獸散，讓這個運
動銷聲匿跡，怎能把衣缽傳承下去？沒有傳承就沒有積累，斷層接
著斷層，每一次都只好從零開始。而這對統治者也是鼓勵，讓他們
覺得鎮壓有效，既然屢試不爽，何樂不為？

　　其實我知道自己的局限。我最怕從事職業政治，因為自己沒有
這方面的必要素質，沒有跟廣大人群打交道的能力，沒有管理協調
的能力，更沒有運籌帷幄的能力，絕無可能撐起一個運動。我希望
做到的，是讓新公民運動的理念不因鎮壓而消散。理念就是旗子，
只要旗子在，哪怕只剩下最後幾個人，都象徵著隊伍還在，失散了
的隊友就可以找到方向。作為媒體人，我現在唯一能做的就是通過
輿論告訴公眾，鎮壓的意圖並沒有完全實現，新公民運動並沒有結
束。等到哪天許志永和其他新公民運動者都出獄了，我就完成了我
的階段性使命。那時我會回到書房，回到我的專業，靜下心來寫書。
那一天，我希望不會太遠。

六、台灣觀察

　　陳：您多次來台訪學，對台灣社會有何觀察？如何理解台灣的
轉型，以及近年來聚焦於中國崛起的政治紛爭？直言不諱的批評無
妨，請不要客氣。

　　笑蜀：大陸有家雜誌叫《新周刊》，出過一期台灣專輯，封面

主題叫「最美的風景是人」，這比較能代表我的心聲。台灣很人性化，很詩意很溫馨。我近年跑得比較多的大概就幾個地方：美國、香港和台灣。美國很好，但對我太陌生；香港太商業化，節奏太快壓力太大，我不適應。中國大陸的人文環境則基本被毒化，要恢復正常至少得三五十年。相比之下，台灣是我最喜歡的。如果只考慮個人生活的品質，其實我非常希望定居台灣，在台灣鄉下有個小房子，在台灣安度晚年。當然我知道這不現實，我的主場畢竟在中國大陸。

我最欣賞的還是台灣的民主轉型。放到全世界的範圍來看，台灣轉型的成本是最小的，尤其是生命成本。這最值得大陸借鑑。但遺憾的是，台灣的轉型經驗還是太特殊了，不可能在大陸複製。相比之下，倒是台灣轉型的一些缺憾及其教訓，更值得大陸記取。我很希望兩岸學者在這方面有所合作，對台灣轉型在哪些方面比較失敗，為什麼失敗，如何避免等環節，展開充分探討。

中國大陸能否平穩轉型，不只關係大陸，也跟台灣的命運休戚相關。如果要對台灣有所批評的話，這點上我不能不無諱直言。據我觀察，台灣各界確實帶有二戰前夜瀰漫於美國的「光榮孤立」情緒。普通台灣人認為中國大陸的事情看不懂，也惹不起，不如躲得愈遠愈好，過自己的小日子就行了。作為常人，這種偏安心態當然沒錯。但是，有抱負的政治家就不該這麼想。當年羅斯福總統如果認同光榮孤立，美國肯定不會參戰，肯定不會有反法西斯戰爭的勝利，那法西斯的鐵蹄應該早已經征服世界了。

當然歷史不能簡單類比。台灣不是當年美國，今天的世界也不是二戰前的世界。但在我看來，台灣的光榮孤立心態並不可取。如果台灣跟古巴換個位置，就在美洲大陸的旁邊，與美國為鄰，光榮孤立挺好，誰也不能拿台灣怎樣。但問題是台灣沒這幸運。地理位

置注定了台灣不可能躲得開。中國大陸就像一艘巨艦，它搖擺激起的一點點風浪，都會對台灣有重大影響。如果它哪天突然傾覆，一定是比海嘯還要大的震盪，台灣社會根本不可能承受得起。

未來兩岸關係的定位，肯定需要開放的思維，需要想像力。就當下而言，無論台灣朋友願意不願意，兩岸命運客觀上的交集度確實太大。這就需要台灣政治家有洞見、有擔當、有魄力來面對這一切。但是很抱歉，據我對台灣極其有限的了解，在台灣政壇上我還看不到這樣的政治家。我前面說我很喜歡台灣人、台灣社會，但我對台灣政壇的評價實在不高。視野所及，看到的都是政客而且是小政客，沒有政治家。

這樣的一個台灣，將沒法預見中國大陸未來的急劇變化，也沒法應對這種急劇變化對兩岸關係的衝擊。其實，豈止台灣的政治人物這點上不及格，台灣的中國研究，在我看及格的也不多。按說，在全世界的中國研究中，台灣應該走在最前列。但我看到的情況不是這樣，總感覺台灣的中國研究太表面太簡單，難以深入中國政治和社會的洶湧暗流。

以上批評未必對，但願是我錯了。倘真如此，我很樂意將來有機會道歉。但無論如何，我對台灣充滿感激。在我個人最困難的時候，在大陸的公民運動最困難的時候，曾得到台灣朋友尤其台灣公民社會最熱誠的幫助與聲援。他們是我在台灣看到的最美風景。

陳宜中，中央研究院人社中心研究員，並擔任本刊編委。研究興趣在當代政治哲學以及社會主義思想史。

思想
評論

重訪中國革命：

以德性爲視角*

唐小兵

　　在2013年6月上海華東師範大學「現代中國的再闡釋」學術研討
會上，康奈爾大學歷史系教授陳兼指出「中國共產革命具有巨大的
歷史正當性」，而在此前不久的一次該校歷史系內部座談會上，李
銳之女李南央引述一位黨內人士的話說，中國革命黨人既無舊道
德，也沒有新道德，是一群沒有道德的人。道德維度以及圍繞它展
開的爭論成爲再闡釋20世紀中國革命最重要的進路之一。可是另一
方面，20世紀中國革命似乎已經徹底從我們的公共生活和社會記憶
中消逝了，雷鋒等革命年代形成的道德形象，也面臨著深刻的質疑
和強勁的解構。1990年代以降，李澤厚、劉再復等激盪起的「告別
革命」論隨著對整個20世紀中國革命的暴力和激進主義的反思，尤
其是對1980年代政治思潮和學生運動的思索，與朱學勤等對法國大
革命中道德主義路線的檢討，共振成爲一股告別政治激進主義的思
潮。在這種思潮的映照之下，20世紀中國革命乏善可陳，它只是一
種從蘇俄引入的職業革命與中國傳統會黨政治的結盟，再加上一點
意識型態的致幻劑和文人政治的狂熱所形成的一種複雜的歷史進程

---

　*　本文正文的第一、第二部分曾經以同題文章〈重訪中國革命：以德
　　性爲視角〉刊發於中國大陸《東方歷史評論》第3期。

而已。再者，由於對20世紀中國革命尤其是毛時代革命的敘述和反思的空間極度匱乏，被政治權力壓抑的歷史記憶，進一步強化了對革命年代和革命者的不滿，革命的世紀在這種情緒的刺激之下，便成為一個血腥和道德敗壞的世紀，甚至有歷史學者提出，整個20世紀的革命文化只是一種「表演性的政治文化」。一場以道德革命為基本訴求之一（所謂從靈魂深處爆發革命，狠鬥私字一閃念等政治流行語）的中國革命，在非主流的歷史敘述中成為「革道德之命」的政治過程，道德非但沒有提振，反而萎縮甚至虛無化了。很多學者以此倒推，認為20世紀中國革命從一開始就沒有「道德性」可言，只有權術、權力和權勢等，是一場不擇手段的忽悠民眾並自我異化的暴力革命。

顯然，這是一種非歷史的非政治的認知歷史的方式。如果革命只是一場徹頭徹尾的道德謊言甚至騙局，我們該如何面對早期革命者的道德真誠？又該如何面對所謂兩頭真的革命者（比如一二九學運時參加中共的王元化、李慎之一代人）？或者如何面對黨內的思考者甚至異議者如顧准、林昭等人？20世紀中國革命充滿了悲劇性，但絕對不是一場鬧劇，它有其自身的歷史脈絡和道德邏輯，並且正因為這種道德的訴求和質地，使得這場革命具有一種內在的道德兩歧性，一種反道德的道德性。史華慈在論述毛時代的文化大革命時指出：「毛澤東已經發現，中國共產黨無論是在人員構成上還是在組織結構上，至少都不能體現『無產階級專政』的實質。這個『無產階級專政』的實質，可能是指具有美德並擁有資格的『社會承擔者』。目前，在毛澤東的觀念中，這種美德是指具有全心全意為人民服務、無私奉獻、艱苦樸素、目標遠大和疾惡如仇等等品德

的集合。」[1] 即此可見，中國革命絕非僅僅是一種關於政權轉移的革命，而同時也是一場道德意義上的革命，用高華教授的話來說，就是一種塑造共產主義新人的空前絕後的人類試驗。高華認為，通過延安整風運動，毛澤東將自己的理論、概念——毛澤東思想——深植於全體黨員的意識。從此，全黨的精神氣質發生了深刻的轉變，在思想上和組織上，實現了徹底的革命化或無產階級化，一種全新的人——「具有無產階級精神氣質的『新人』，開始出現在延安和各革命根據地。延安和各根據地的絕大多數共產黨員已徹底地『脫胎換骨』，從而具有『新人』的特質，它的最重要的特徵是集戰鬥精神和忠誠於一體。他們中的絕大多數人確實已牢牢記住了毛澤東的一系列重要概念，並學會用這套概念來觀察世界和指導個人的言行，具有高度政治覺悟、強烈的戰鬥精神和嚴格的組織紀律性。」[2]

一、道德嚴格主義

　　「道德」的精神氣質是一個理解20世紀中國革命的關鍵字，而這種道德氣質的轉型，更是探索20世紀中國人心靈的關鍵。如今追溯20世紀初年的革命者群體的精神氣質，會發現最初的革命者的道德觀念和道德實踐，具有明顯的「道德嚴格主義」的特質。這種道德嚴格主義是傳統中國讀書人精神世界和生活世界中的一種特殊的價值觀念。王汎森在研究明末清初思想界的言行時，發現宋明理學中一種主導性的價值觀念，即道德嚴格主義，這種觀念認為對於讀

1　史華慈，〈德性的統治：「文化大革命」中領袖與黨的宏觀透視〉，載許紀霖、宋宏編，《史華慈論中國》，新星出版社，2006，頁147。

2　高華，〈「新人」的誕生〉，載其《革命年代》，廣東人民出版社，2010，頁206。

書人來說，「要時時刻刻，分分毫毫的小心注意，才能成為一個道
德上完善的人。」「人們必須要極度戒慎小心，才能從日用流行，
也就是最世俗的生活實踐中，表現出道德的境界來（所以，一元化
使得緊張的人更緊張，鬆弛的人更無所謂。）」[3]這其實就是王陽明
所謂「克治省察」的功夫論。道德主體的完成不是一勞永逸的事情，
而是必須時刻將自我放置在被審視的位置觀看和反省，人性有沉淪
和陷溺的可能，因此必須盡心盡力去將人性中的幽暗轉化成為澄明
之境。中國人的道德理想主義，不是一種簡單的樂觀主義人性論，
也並非一種悲觀主義的論述，而是將兩者混合在一起並承認其相互
轉化可能性的道德系統。

　　到了清末民初，我們可以在很多革命者的論述裡讀到這種道德
傳統的遺產及其顯現的方式。清末，宋教仁旅日期間，曾經有一段
時間特別迷戀陽明心學，常常閱讀《王陽明全集》、《王陽明年譜》、
《傳習錄》，同時也涉獵呂坤的《呻吟語》和《明儒學案》等。他
在1906年年初到年中的日記是一部典型的「修身日記」，穿插著大
量從經典文本和生活實踐出發而對自我的檢討和反省。此前對清末
革命者的理解大多側重其任俠豪傑的衝決網羅一面，但從宋教仁日
記可見，在革命黨人中間，也凝聚著一種道德嚴格主義的面相（包
括蔣介石一生日記也類乎此）。比如他在1906年2月24日條目下如此
寫道：「晨起甚遲，蓋因志念將墮落故也。寫致劉瑤臣信，勸以謹
慎作事，且言須極力提倡道德，凡古昔聖賢之學說，英雄豪傑之行
事，皆當取法之，如王陽明之致知，劉蕺山之慎獨，程明道之主敬，
以及華盛頓之克己自治，拿破崙之刻苦精勵，瑪志尼之至誠，西鄉

3　　王汎森，〈明末清初的一種道德嚴格主義〉，載氏著《晚明清初思
　　　想十論》，復旦大學出版社，2004，頁94-95。

隆盛之不欺，皆吾人所當服膺者也云云。」[4]對於宋教仁而言，道德資源的來源更趨多元而龐雜，宋明理學、歐日政治人物、思想人物皆可成為道德想像的典範。

　　早期惲代英的日記給我們提供一個觀測革命者的道德世界最好的文本。這段青年惲代英記於1917年到1919年間的日記，記錄了一個力行者的道德觀念與道德實踐，從中可見王汎森所言的道德嚴格主義，在新文化運動時期並未弱化，反而在一些確信充滿道德感的心智和生活可以轉化出政治實踐的精神動力。惲代英在日常生活中嚴格地按照他所信奉的道德準則來安排，並且致力於將生命實踐與道德思考對接起來，以前者賦予後者活力，而以後者給與前者深度。相對於民初中國一些知識人對法治、宗教的呼喚，惲代英更相信道德的統合功能。1917年4月24日，惲代英在當天旁觀了一場選舉訴訟案之後，在日記中如此討論法律與道德之關係，直言法律無存在之價值，理由為：一、法律不能治巨奸，所謂竊鉤者誅，竊國者侯。二、法律救道德之窮，然道德萬能，實無待法律以救窮者。凡法律能收之功，道德皆能致之。三、法律雖密，比之人事終不能盡，其不能盡者，奸人即犯蹈之，律所未具，不能罪也。四、法律可自由解釋，即易啟舞文之弊，然無論何國，法律終不能十分全備，不需解釋。五、常人以道德為治乃做不到。不知此言道德非必欲人人為聖賢。但能如鄉黨自好，乃至鄉愿，皆廢棄法律而不為非者[5]。從惲代英這段對於法律的理解來看，他主要是從法律與道德的社會功能的對比來觀察的，認為法律並非萬能，且法律的所有作用，道德全都可以替代，而法律條文又容易被鑽空子導致法律權威的喪失，而

4　陳旭麓編，《宋教仁集》（下），中華書局，頁575。
5　惲代英，《惲代英日記》，中共中央黨校出版社，1981，頁73。

有權勢者和無權者在法律面前的不同處境，更進一步讓法律淪落為
當權者的治理工具而缺乏統治人民的正當性。在惲代英看來，道德
更能有效地將民眾整合起來，並形成治理的不同層次。

　　進而言之，惲代英在第二天的日記中又討論到宗教的存在價
值，明確表示「宗教亦宜廢除之物。」他針對時論「無宗教則人為
善不力」的觀點說，「然細考之，力之生，不外信、智、愛。愛上
帝，固力行；愛人類，尤力行。以吾人行為，本對人，非對神也。
信、智二者，基督教說，以智為不足重要，信、智衝突，則舍智不
舍信。彼以智有時且害信也。然吾等論之，與其舍智以殉信，不如
舍信以殉智。吾人因知有信，庶不為妄，故知改者信亦隨之而改。
故在理應舍信也。中人以下，有善之觀念，無假宗教之說。中人以
上則有教說，反礙其進步矣。」歷史中的個人怎樣才有行動的動力？
信仰，知識與博愛，構成三種不同的取向。在信仰與知識之間，惲
代英更偏向於知識作為一種政治實踐和道德實踐的動力，信仰相對
於知識是第二位的，這與基督教信（仰）在知（識）先的立場迥然
有別。此外，就人的道德資質而言，惲代英更認為宗教無存在之必
要，甚至成為人類道德進步之障礙。即此可見，在惲代英的世界裡，
道德主體與理性主體（知識主體）的關聯度，遠超過道德主體與信
仰主體（宗教）的關聯度。縱觀惲代英在這段時期的讀書生活，他
通過組織各種社團，參與各種刊物的編撰，以及對日常生活中人際
關係的思索，尤其是對自己強烈的生命規劃，及在其踐履中偶爾的
懈怠之激烈的自我批評，都展現出一種任事之中砥礪德性的道德取
向[6]。

6　惲代英的道德嚴格主義，也常常因一種聖賢意象而展露出一種「理
　　性的自負」，比如他曾經在日記中縱論學術與事業的關係後，頗不

　　這種以清明理性為基礎的道德觀，在審美趣味上表現為對簡單而純粹的美學境界的一種認同，「吾之美感，全然以自然、整齊、簡樸為要素，一切不自然之工作，所誇為鉤心鬥角者，在他人以為美觀，吾則惟見其陋。以吾意言之，複雜參差之美有以為美者，即有以為不美者，惟自然、整齊、簡樸之美，乃天下之所同美，雖胸有城府之人，或以為其美不如鉤心鬥角者之甚，然絕無以為不美者。蓋此乃天下之真美故也。」這種道德觀延伸到政治領域，就表達為對政治生活的一種「道德嚴格主義」的批評。惲代英對民初政治多有批評，在其日記中常常有犀利之評論，大抵不外乎從公私等視角出發。比如他對國民黨人的批評：「民黨自己無信用，無能力，乃借他人之信用之能力。然以暴易暴，徒亂國事爾。今日政客，一不宜假重軍人，二不宜假重官僚，三不宜假重外人。然今日政客皆無實力，其假重完全在上三者，而亦無人知其非也。」[7]

　　這種不假外求、向內著力的道德取向，在投身早期共產革命的知識分子階層中並不鮮見。在1921年中共成立前夕，後來成為黨的領袖的張聞天還在呼籲一種理想的愛來融化現實世界的仇恨與罪惡，並認為這種無抵抗主義才是真正的革命而非奴隸式的服從。這篇〈無抵抗主義底我見〉[8]引來沈雁冰（茅盾）、陳望道等早期革命者的批評，張聞天仍然堅持己見，說「我始終相信一個人底主張

（續）

　　謙虛地說：「吾自思他事不敢言，若云思想，中西名儒吾亦等夷視之。吾有機會必須令全球稱為精神界唯一之思想家，為人類解決一切未曾解決之問題。言雖誇，吾頗自信也。」言語之間雖有睥睨天下之狂傲，卻也不自限於民族國家之溝壑，展現出一種人類意識和天下情懷，可見五四一代青年之氣象與心量。見氏著頁50。

7　《惲代英日記》，頁87。

8　張聞天，〈無抵抗主義底我見〉，《民國日報・覺悟》，1921年7月3日。

和行動，如若希望對於他人有絲毫的影響，有一分的效力，非有高
尚的人格不可，沒有人格底人們不配談什麼運動，主張什麼主義，
就使配談，配主張，也休想希望對於他人有什麼影響和效力。」在
一個主義喧囂的時代，張聞天的這種人格主義主張如空谷足音，震
顫時人，在他看來，實現個人的道德生命之完善的唯一途徑是愛，
「充分的發展愛就是充分的發展生命，要充分的發展愛非把心地保
持的光明，保持的純潔不為功，那末挑起對於敵對的怨情心，仇視
心，妒忌心等底主義是不會達到愛的了。無抵抗主義就是使靈魂不
染一點污點底最好方法，就是要實現這種愛的最大的道路！」[9]

二、知識分子在革命中的德性與情感

　　早期革命者如惲代英、李大釗等，都在其私人生活和政治領域
中展現出一種聖賢氣象，既有汪洋恣肆之任俠精神，亦有道德嚴格
主義之表象。可以說，20世紀中國革命從一開始就埋伏了德性與情
感衝突的火線。中研院近代史所學者翟志成曾經撰文闡釋知識分子
與中共關係之變遷史，但萬變不離其宗，「皮之不存毛將焉附」幾
乎成為最生動傳神的一種比喻。依其解釋，中共從起源和早期黨員
的社會構成來看，毫無疑問是一個知識分子政黨，但從其馬列主義
意識型態來看，知識分子又被劃歸到資產階級或小資產階級陣營，
從階級屬性來看，天然就屬於代表工農等無產階級的中共的敵人。
這就引發了政黨內部事實與理論的深刻斷裂，從政黨的組織發展和
社會動員來看，知識分子是須臾不可離開的中堅，而理論上又必須

9　張聞天，〈人格底重要──答雁冰和曉風兩先生〉，《民國日報·
　　覺悟》，1921年7月17日。

不斷地敲打知識分子階層。所謂20世紀中國革命中知識分子的「原罪意識」就是從這裡紮根而生長出來的，這種原罪意識的核心就是對自我的否定，對出身的羞慚意識，對曾經或現有的生活方式的否棄，以及對人民和黨組織的強烈負疚感和感恩心。

　　這種事實與理論的錯位，及其引起的自我認同的糾葛和分裂，在早期黨的領袖瞿秋白的《多餘的話》中反映最為明顯。在這篇反省自己革命生涯的長文中，瞿秋白痛定思痛地挖掘他痛苦的根源，發現其核心就在於自由散漫的文人意識（或者說士紳意識）與作為一個政黨領袖的身分、紀律性、理論要求之間的衝突。他並不認為自己是一個有著鋼鐵般意志的無產階級戰士，而是一個「優柔寡斷、隨波逐流」並有著文人情懷和趣味的讀書人而已。他的這番話道出了20世紀投身革命的諸多知識分子共同的心聲：「我二十一二歲，正當所謂人生觀形成的時期，理智方面是從托爾斯泰式的無政府主義很快就轉到了馬克思主義。人生觀或是主義，這是一種思想方法——所謂思路；既然走上了這條思路，卻不是輕易就能改換的。而馬克思主義是什麼？是無產階級的宇宙觀和人生觀。這同我潛伏的紳士意識，中國式的士大夫意識，以及後來蛻變出來的小資產階級或者市儈式的意識，完全處於敵對的地位；沒落的中國紳士階級意識之中，有些這樣的成分：例如假惺惺的仁慈禮讓，避免鬥爭……以至寄生蟲式的隱士思想。完全破產的紳士往往變成城市的波希美亞——高等遊民，頹廢的，脆弱的，浪漫的，甚至狂妄的人物，說得實在些，是廢物。我想，這兩種意識在我內心裡不斷的鬥爭，也就侵蝕了我極大部分的精力。我得時時刻刻壓制自己的紳士和遊民式的情感，極勉強的用我所學到的馬克思主義的理智來創造新的情感，新的感覺方法。可是無產階級意識在我的內心是始終沒有得到

真正的勝利的。」¹⁰一方面是理智與情感的衝突，在理論和政治身
分的雙重壓力之下，瞿秋白必須創造出一種「新的情感」，而這種
新情感卻始終無法獲得其內在的認同和接納，因此自我分裂成一個
理智的自我和情感的自我，前者不斷地審視、追問乃至壓迫後者，
而後者一方面不斷地懷疑和鄙視自己，同時卻在情感慣性的力量驅
動下，變幻著各種方式來為這種感知世界和人生的方式審慎地自我
辯護。在革命文化的映照之下，這卻不是人格分裂，恰恰是自我鳳
凰涅槃的某種可能性，而在革命者的道德譜系中，傳統的道德價值
系統，都成為虛假的意識型態，而寄託在這種道德世界中的個人，
無一例外地成為革命年代的「遺老遺少」，是對時代無用的「多餘
人」和「廢物」。多餘的人，才會說出多餘的話！而這多餘的人，
卻曾經是維繫中國傳統社會數千年的士大夫階層的血脈！

　　瞿秋白所謂的這種文人意識或者說紳士意識，也即是一種知識
分子氣質或者說書生氣。對這種氣質的壓抑、改造和清洗，就構成
了20世紀中國革命重建一種新型道德體系的題中應有之義，這種氣
質所具有的特質，比如中國傳統文人的老莊式的逍遙散漫，或者儒
家式知其不可為而為的剛毅，或者是晚清以來形成而在新文化運動
時期蔚為大觀的啟蒙氣質，都與政黨組織所試圖打造的個體氣質格
格不入。兩者的磨合、齟齬乃至對抗，就成為革命史中最深刻的悲
劇，這種悲劇感，我們在奔赴延安的知識分子王實味的作品《政治
家‧藝術家》及其命運及身後，有著深切的體會。1957年反右之後，
李慎之曾經在一份檢討書中如此反省自己身上的知識分子氣：「什
麼是知識分子氣質？拆穿開來看：有個人的自以為是，狂妄自大，
超階級的理性主義，不切實際的理想主義，無組織、無紀律的個人

10　瞿秋白，《多餘的話》，江西教育出版社，2009，頁11-12。

主義,以感想代替政策,迷信知識、輕視群眾,迷信個人、輕視組織,自由主義,溫情主義……我想我雖然不必要把自己說成是五毒俱全,然而應當說,這些東西在我身上都是或多或少地存在著的,有的還十分嚴重。」[11]理性主義、理想主義、個人主義、自由主義、溫情主義等,都成了知識分子氣質裡的「病毒」,需要通過各種形式來清理和格式化。20世紀以降,陳寅恪在紀念王國維的碑銘裡所彰顯的「獨立之精神,自由之思想」如今都變成一種負面遺產,就德性層面來說,傳統中國正心誠意的吾日三省吾身的個體化的成仁成己道路,也遭受了激烈的批判,德性的形成,成為需要在先鋒隊組織的領導下,在公共空間面對革命群眾的脫胎換骨過程,而在傳統文化裡被認為是「物之不齊,物之情也」的多元性,或者人性的常態,如今在革命文化和革命理論的燭照之下,都成為必須連根拔除的病根。這種對知識分子日常生活世界的批評,其來有自。據王奇生的研究,早在1920年代北伐時期,在1927年武漢國民政府制定《反革命罪條例》前夕,名義上是國民黨的「黨報」,實際上由中共掌控的《漢口民國日報》發表一篇名為〈甚麼是反革命〉的文章,虛虛實實羅列了32項「反革命」行為,後增至53項。範圍不僅涉及政治、文化、思想、社會、經濟等領域,更泛化到倫理道德和個人私生活、性格、品行等層面,除助長軍閥、勾結帝國主義、破壞工農運動、反對聯俄聯共等「正宗」反革命外,連個人主義、自私自利、畏難苟安、委曲求全、陽奉陰違、好逸惡勞、行動曖昧、模稜兩可、吸食鴉片、賭博嫖娼、驕傲自信、感情衝動、意志不堅、重視個人感情、抱家庭鄉土宗族觀念、黨員不納黨費、不參加會議等

11　李慎之,《李慎之的檢討書》(上),香港:新世紀出版社,2013,
　　頁171。

等，都被歸入到「反革命」行列，泛化、激化到令人歎為觀止，也
意味著「『革命』意識型態開始向社會大眾的日常生活倫理滲透。」
[12]換言之，全面摧毀舊道德系統而重建一個新型的道德體系，是早
在1920年代就已經紮根到革命黨人的政治觀念與意識型態之中了，
也開始在日常生活中強力推動。

　　到了1940年代的延安，黨組織終於有一個相對封閉而自足的空
間來全面實施這一套改造人類道德生活的方案。我曾經在一篇書評
中指出，中國革命者的一個核心問題，即所謂組織紀律性問題，典
型的如軍隊中的三大紀律八項注意。紀律具有強制性與普遍性，紀
律要求服從與遵守，且不容置疑和挑戰，但紀律所要求的服從，其
目的卻並不在於生產機械死板的消極接受者，它要求經受思想改造
後的新人具有一種革命者的德性，將外在的組織紀律性完全內在
化，昇華成為一種共產主義人格的自覺意識，從而提升一種充滿戰
鬥意志和忠誠感的革命者的「主體性」。傳統社會的德性，強調的
是個體自身的道德努力，是在鬆散的儒家世界裡借助於道德實踐與
道德言說來完成的，德性造就人格，但這人格追尋卻容許存在自由
度和個異性，所謂為仁由己，各有路徑，它基本上是反對公開展示
德性的，認為這會使德性淪落為作偽和表演。而在延安時期的鍛造
組織紀律性的過程裡，德性必須成為政治空間裡可供審查和展覽的
公開化品質，審核的標準則掌握在黨組織那裡。批評與自我批評未
嘗不是一種有效的提升德性的方式，但若誤入歧途走火入魔，則可
能極大地損害德性的完善，關鍵在於臨界點和分寸感的掌握。[13]這

12　王奇生，《革命與反革命——社會文化視野下的民國政治》，社會
　　科學文獻出版社，2010年版，第118頁。

13　唐小兵，〈革命年代的重訪與超越——讀高華《革命年代》〉，《讀
　　書》，2013年5月。

在李銳、范元甄的通信和日記中體現得尤其清楚。

　　李銳、范元甄作為一對投身革命的知識青年，有著革命知識青年共通的特質：理想主義的氣質、浪漫主義的情懷，對政治現實的深刻不滿，渴望平等而民主的生活等。延安的刻板生活毀壞了他們對美好生活的想像，范元甄在整風運動前的日記裡，對於延安的生活頗多抱怨，尤其是對於「週末夫妻生活制度」等不合人之常情常理的安排更是腹誹不已。比如1941年12月17日，范元甄在致李銳的信中說：「今天開會，黨的小組長提到星期一回家的事。討厭。咱們以後就星期天回來，人們有這麼機械，你拿他有什麼辦法呢？提起這個問題，又使我想到延安夫婦生活之不合理！為什麼一定星期天才准見面，而且非在星期天見面不可呢？說是『紀律』吧，我們又不是過的軍隊生活。說是黨的紀律吧，黨什麼時候還規定了夫婦生活該怎樣過呢？關於這些事，你總是一兩句話了之，也不管我的處境，也不瞭解我的心情，我很生你的氣。」[14]從整風前范元甄的書信和日記可見，范元甄對李銳情深意重，情感和身體上都極為依戀。1942年整風運動開始以後，范元甄面臨來自組織上的強大壓力，她在將組織上的道德標準內在化為自我的一種行為準則時面臨著挑戰：「舊我與新我劇烈地鬥爭著，想任何事情，自己覺得『應該』這樣，馬上『習』的那一套就出來了。譬如私生活的事、譬如『死』。有些事情我固然是想得太遠，事情臨到時，總會有它的特定條件伴隨的。但我為什麼不能在任何時候只能有一種想法呢？改造自己委實不是易事，要時時刻刻克服許多障礙。我還是如此任性，不能委屈自己。還有濃厚的主觀片面性。興奮起來，常常表現得只有自己。

14　李南央編注，《父母昨日書——李銳、范元甄通信集（1938-1949）》，廣東人民出版社，2008，頁278。

要在任何時候都做到退避下位，多聽別人，是何等不容易啊。時時
注意，不要有一點就表露一點。心裡有十分，把它提煉成一份表現
出來才好。有時也為自己的空虛擔心，卻又不能艱苦地追求，可恥
的惰性啊。腦子常常不容易集中，想些什麼鬼呀！」[15]此前在惲代
英等人那裡表現為一種個體性的道德砥礪，如今變成了一套有嚴密
標準的道德錘煉，習慣與理性之間、本能與覺悟之間、主觀與客觀
之間、惰性與革命性之間，都充滿著一種持久的不可消解的張力甚
至衝突。像范元甄這樣的本來有小資產階級情調的革命者，自然就
會發覺自己彷若處身一個革命的大熔爐，這種道德嚴格主義與政治
運動的結合，所形成的就是一種巨大的壓抑與解放相交融的複雜情
緒。「我對他的不滿（簡直是憎惡）已經達到全面的了。從政治到
生活，從精神到性。在感情和理智上，我都鼓不起對他的熱情了。……
那個討厭的自尊心和自信心，還是自以為了不起，我嫌惡透了這腔
調。家庭生活造成的那股『脾氣』，至今卻尚無認識！自己心裡總
有卑怯感，卻又有意用剛愎固執來維護。小天地養成的優越感和在
大場合的畏縮，多麼討厭啊！──在這方面，我有舊的意識，舊階
級的看法，可是，他這種東西也遠非無產階級的品格。笨，我近來
逐漸發覺他笨了！笨而又依恃『小聰明』，不用腦子，竟是這麼個
人！和我一樣，沒有一點實在本事。如果要找點長處，那就是有較
我多一點的常識。──在與別人接觸中，又使我感到他僅僅是較我
多一點！我簡直不能壓抑對許多小動作的嫌惡，吃東西、說話、走
路。」[16]此前的依戀，變成如今的憎惡，日常生活的習氣，在革命
道德的映照之下，都變成了無法容忍的致命缺陷。道德嚴格主義，

15　同上引，頁336。
16　同上引，頁406-407。

不僅僅指向自身，更指向親人、同事和朋友，而判斷的唯一標準是革命理論和革命領袖的闡釋。為革命者的情感及其轉化，找到一個合法而正當的位置，就成為支配像范元甄、沈霞（《延安四年》的作者，茅盾之女）這樣的革命青年在延安展開日常生活的重要動力，而黨組織也如同一個情感魔術師一樣，充分地調動了人內心深處的熱愛（或者說崇拜）、怨恨（想一想張聞天早年的愛的哲學！）和負疚等深層次的情感結構，而為革命進程服務。這正如哈佛政治學教授裴宜理在〈重訪中國革命：以情感的模式〉一文指出的：「激進的理念和形象要轉化為有目的和有影響的實際行動，不僅需要有益的外部結構條件，還需要在一部分領導者和其追隨者身上實施大量的情感工作。事實上，中國的案例確實可以讀解為這樣一個文本，它闡明了情感能量如何可能（或不可能）有助於實現革命宏圖。」[17]

三、檢討與檢舉中的道德淨化

　　蕭延中在翻譯史華慈〈德性的統治：「文化大革命」中領袖與黨的宏觀透視〉一文時在注釋裡指出：「史華慈此處使用『德性的統治』（The Reign of Virtue）作為文章之標題，是有其深刻用意的。因為在西方學術界一般把法國大革命雅各賓專政稱為『恐怖的統治』（The Reign of Terror）。為了與這一表層表述相區別，史華慈在修辭上使用了一個表達不同意思的相同語句。作者的意圖是提醒讀者，在『恐怖的統治』這一歷史表層背後還有一個重要的思想遠景（vision），那就是『德性的統治』。這個『思想遠景』具有超越現

17　裴宜理，〈重訪中國革命：以情感的模式〉，《中國學術》，2001年第4期。

實權力之爭的道德訴求，這個訴求就是把人民組織起來粉碎一切自
私自利、結黨營私的圖謀，建立一個使每個社會成員都充滿公共德
性的社會。」[18]其實回溯近代以來世界上的不同革命類型，中國共
產革命與法國大革命最具有氣質、模式和訴求上的相似性，都可以
稱之為一場觸及靈魂的大革命，都不是僅僅停留在政治革命的層面
而延伸到社會革命，都具有「恐怖的統治」和「德性的統治」互為
表裡相互援引的雙重性。中國共產革命尤其是一場漫長的革命[19]，
其在不同歷史時期發展起來的「德性的技藝」更是世界革命史上的
奇觀。大致而言，這種「德性的技藝」在早期革命時期尚是個體的
具有一定自主性和社群性的修身行為，以救心來救世的延續儒家傳
統內聖外王之路徑。到了延安整風運動時期，這種「德性的技藝」
開始出現「雙軌制」，一方面是個體在面對黨組織的強大政治壓力
和意識型態壓力時，對自我的歷史、價值觀念、人事關係網絡等進
行全方位的檢討，以一種一元化的真理意識型態來清理和審視自我
的存在，以「大我」同化「小我」，以組織來吸納個人，在這個過
程中，參與革命的知識分子中間殘存的個性、叛逆、自主性等蕩然
無存。1944年1月7日，延安的作家蕭軍在日記中寫道：「路上想著

18　史華慈，〈德性的統治：「文化大革命」中領袖與黨的宏觀透視〉，
　　載許紀霖、宋宏編，《史華慈論中國》，新星出版社，2006，頁140。
19　王奇生教授認為，1949年建國並不意味著革命的終結，而是另一場
　　更深入、更大規模革命的開始。1949年以前的革命，只在中國的局
　　部地區進行，而1949年以後的每場運動，無不席捲全國。1949年以
　　前的革命，主要是武力革命，參與革命的人數尚有限；而1949年以
　　後的革命，則是全民性的社會革命。從社會結構變遷的角度看，1949
　　年以後的社會革命更劇烈，也更複雜。詳見氏著：〈高山滾石：20
　　世紀中國革命的連續與遞進〉，載《新史學：20世紀中國革命的再
　　闡釋》，中華書局，2013，頁18。

共產黨對我這些可憐的辦法——貧乏我，為難我——感情是悲痛的，但我對他們並無怨恨，更不存在任何幻想。只是盡自己最大的力量，掙扎著生活，在這荒涼的鄉村裡度過這兩年，在臨行時只要他們不用任何可恥的手段阻止我，就好了。我完全以被處苦役的心情來度過這日子，只當是被剝奪了自由，被流配這山村，隨便它多少時日罷，我將忍耐著，無論他們用出什麼辦法來——軟或硬——我的意志是不可屈的，方向是不可變的。我相信，我決不會為任何可羞恥的暴力而低頭——甚至剝奪我的生命。」[20]可就是像蕭軍、王實味這樣的「異端」最終不是屈服就是被從肉體上消滅，精神上垮塌。

另一方面，中國共產革命在其內部整合過程中，成功地發展出一套檢舉或者說揭發的政治技藝，「檢舉」被成功地實現了道德價值上的反轉，它不再與告密、背叛、賣友求榮等負面內涵結合在一起，而成為了幫助同事、家人等實現政治進步的手段。檢舉的政治功能和道德功能極為複雜，它既可以為政治運動中被隔離、審查的個體所寫的檢討書提供「旁證」，同時也可以方便黨組織建立一個基於不同個人社會關係網的網路地圖，便於實現權力的毛細管化的社會治理，而且，這種檢舉文化所形成的震懾，更可以形成一種王汎森在分析清代思想控制造成的自我壓抑、自我審查心態時所發明的「漣漪效應」[21]，實現社會控制的事半功倍之效能。

劇作家沙葉新多年前曾經在《隨筆》發表過一篇奇文〈檢討文化〉，全面討論了中國革命中檢討文化的起源、型態與變遷史，作為親歷者與見證者他痛心疾首地批判道：「檢討是精神的酷刑、靈

---

20 蕭軍，《延安日記（1940-1945）》（下卷），香港牛津大學出版社，2013，頁314。

21 王汎森，《權力的毛細管作用：清代的思想、學術與心態》，台北：聯經出版，2013。

魂的暗殺、思想的強姦、人格的蹂躪，它剝奪你的尊嚴，妖魔你的心靈，讓你自虐、讓你自汙，讓你自慚形穢，讓你自甘羞辱，讓你精神自焚，讓你靈魂自縊，讓你自己打自己的耳光，讓你自己唾自己的面孔，讓你覺得你是世界上最最醜陋、最最卑下、最最錯誤、最最必須改造的人！這樣的檢討是最讓人痛苦的，大詩人聶紺弩有兩句名詩：『文章信口雌黃易，思想錐心坦白難』說的就是檢討時內心巨大痛苦。」近些年隨著《自誣與自述：聶紺弩運動檔案彙編》、《徐鑄成自述：運動檔案彙編》等的出版，以「個人自述」、「思想檢查」、「思想彙報」、「學習小結」、「認罪書」等形式呈現的自我檢討，逐漸呈現出毛時代檢討世界的冰山一角。

　　1952年9月24日，作為知識分子報紙《文匯報》負責人的徐鑄成（也曾是《大公報》記者）在華東學習委員會上海新聞界分會辦公室編的《學習》上發表〈徐鑄成同志的思想檢查〉，全面反思和否定自身的「資產階級辦報路線」：「我從來沒有自覺地認清報紙是整個革命機器的組成部分，堅定地、明確地、完全地以工人階級思想去教育人民群眾。恰恰相反，我一直把報紙當作商品，把讀者當作顧客，把舊社會帶來的老一套的東西，散佈在報紙上，無立場、無原則，玩弄形式，追求庸俗的趣味，甚至有意地把小資產階級思想去毒害讀者。我從來沒有嚴肅注意報紙的群眾性，因此缺乏群眾觀點，依靠『專家』辦報，搞通聯工作，搞讀報工作，都只是為裝點門面，備為一格，甚至把這些工作作為推廣銷路、招徠生意。對於經營觀點，也徹頭徹尾是資產階級的一套唯利是圖、充滿著投機取巧的作風，甚至以惡劣的手段，競爭銷路，如四九年的跌價傾銷，損人而不利己。」[22]換言之，過去的辦報路線是精英辦報，專家辦

22　徐鑄成，《徐鑄成自述：運動檔案彙編》，三聯書店，2012，頁1。

報，是立足於資產階級立場並為資產階級利益服務的辦報方針，以階級分析為綱就徹底顛覆了數十年的辦報路線和經驗。革命、群眾、黨才是報紙的主體和靈魂，在這種自我批評之中，類似「庸俗趣味」、「唯利是圖」、「投機取巧」、「損人利己」等道德化的語詞高頻度使用，政治審查與道德檢討交疊運用，從而達到「洗心革面」的效果。

在黨組織和群眾的眼裡，上面所敘述的僅僅是徐鑄成資產階級辦報呈現出來的「現象」，更關鍵的是挖掘錯誤行為背後的「本質」，這也是毛時代思想檢討的題中應有之義，更是重中之重。徐鑄成在檢討中說其思想根源是：「主要是由於我的階級本質，我出身於沒落的小資產階級的家庭，在讀書時代，就半工半讀，憑個人奮鬥，逐步地往上爬，一心追求名利地位和個人利益，在舊社會二十二年的新聞工作過程中，也就是在二十二年『向上爬』的過程中，受盡了傾軋排擠，也學會一套自衛和排斥別人的本領。」[23]因此，徐鑄成進一步昇華導致其錯誤辦報的思想根源是「為名為利的個人主義思想，一切為了追求和滿足自己的名利和地位。而表現的態度，是隱藏的，不是窮凶極惡的追求，而是要水到渠成的獵取。不是想高官厚祿，而是要找一個超政治的所謂社會地位，一方面滿足我的享受，一方面又顯得清高。」[24]這些都是極其道德化的一套言辭，而這種道德批判又與階級分析實現了嚴絲合縫的內在結合，這些與上述瞿秋白在《多餘的話》中對自我的分析如出一轍，只不過後者因為人性的困惑、掙扎和緊張而更呈現出一種豐富性，而前者因為根據政治意識型態的指引找到了糊塗、錯誤的根源，而有了一種黑白兩分的明快。

相比之下，聶紺弩個性更為耿直、執拗，不像徐鑄成本來就有

---

23 同上，頁6。
24 同上，頁7。

「左傾」和追求進步的表現，但即使如此剛硬的一個人也因為胡風
事件的牽涉，被認定為肅反對象，他在1957年11月28日的一份〈最
後全面檢查材料〉挖掘思想根源：「我養成了一種極端自私的個人
主義。這種個人主義不是公然爭權奪利的那一種，而是表面上與世
無爭，實際則是不肯做有利於人的事，不肯做多負責任的事，而伺
察有利機會會抓一把的這一種，是不怕窮（解放前的生活都是極窮
的），但怕艱苦，怕勞動和拘束的這一種。混進黨來以後，實際上
並未為黨做過任何事情，倒是把稍為艱鉅一點的工作都逃避掉了。
既然如此，又何必入黨呢？人的思想感情都是很複雜、矛盾、微妙
的，我還不能很清楚地說明它。但有一點，哪怕在國民黨統治的時
代，入黨是很危險的事，但是是一種精神上得到解放或精神上有所
寄託的事，這對於一個知識分子還是重要的。然而對於真正革命，
真正遵守黨的紀律，卻也是害怕的。所以最好是取得黨員的名義而
逃掉那黨員應履行的義務，一面既可自我陶醉，一面仍舊無拘無束，
何況進步作家、革命作家之類的榮銜，也只有在有了黨員這個頭銜
之後，才保持得最牢固。」[25]這段話顯然不像徐鑄成那樣是徹底的
自毀來求過關，而是既有辯解、又有自省，甚至有基於人性的複雜
性而展開的一種自我防護。不過從其大體而言，也是在道德語言與
政治語言之間的搖擺。道德的含混性、心靈的複雜性與政治的明確
性之間形成一種內部撕扯的關聯。

　　馮亦代的《悔餘日錄》隨著作家章詒和在《南方週末》相繼發
表的〈臥底〉、〈是誰把聶紺弩送進了監獄〉等文章而廣為人知。
馮亦代作為章詒和的忘年之交，居然是深度潛伏在章伯鈞家裡的臥

25　《自誣與自述：聶紺弩運動檔案彙編》，武漢出版社，2005，頁
　　275-276。

底。這一組文章發表後引發軒然大波，有些人認為章詒和不應該將
結疤的傷口重新撕開，應該為長者諱，更應該實現與歷史、人性與
自我的大和解，而有些人據此來反思革命年代私人生活領域的高度
政治化到了怎樣登峰造極的地步。北島在發表於《南方週末》訪談
中為「檢舉」進行了辯護：「馮亦代在生前出版了他的《悔餘日錄》，
這本書的出版就是深刻的自我反省，是對歷史負責的勇敢行為，結
果竟成了章式（指章詒和，引者注）最後審判的主要線索，她用春
秋筆法把馮寫成居心叵測的小人，十惡不赦的歷史罪人。我在〈父
親〉一文中，也寫到我父親的類似所為，按章的邏輯，他也做過『臥
底』，為組織收集謝冰心的言行。如果我們不還原歷史，就不可能
理解到底發生了什麼。這涉及到知識分子和革命的複雜關係，如果
沒有中國知識分子（包括章伯鈞）的全力支持，這場革命是不可能
成功的。革命成功後，大多數知識分子是歡迎革命的，並與革命全
力合作，他們真心希望通過思想改造適應新社會。這種思想改造主
要有兩種形式：一、自我批評式的思想彙報；二、與組織配合，幫
助別人進行思想改造。這兩種方式往往交錯進行。由於對組織的忠
誠與信任，並沒有什麼心理障礙。這在馮亦代的《悔餘日錄》中是
顯而易見的。按章詒和的邏輯，第二種就是『臥底』。馮亦代到了
章的筆下，變得極其猥瑣，苟且偷生，賣友求榮。要知道，部分知
識分子與革命的分道揚鑣是後來的事，是由於對不同的政治運動的
整肅（特別是『文革』）感到深深的失望才開始的。」[26]

　　楊奎松在《忍不住的「關懷」：1949年前後的書生與政治》的
前言中也以一種曲折的方式在回應這個問題，他說：「站在研究歷

26　林思浩、北島，〈我的記憶之城：北島訪談〉，《南方週末》2010
　　年10月8日。

史的立場上，我個人不贊同簡單地把馮亦代或其他一些知識分子當
年被動或主動協助有關部門做的定點彙報工作定性為『臥底』亦或
『告密』。畢竟，『臥底』也好，『告密』也好，都包含了太多道
德譴責的成分。問題在於，包括馮亦代在內的不少知識分子或青年
學生，他們當年既不是受個人私利驅動，也未必是違反個人良知與
道德的情況下去做這些事情的。……同時要說明的是，這種所謂『臥
底』或『告密』也並不是都對被彙報者個人命運有害。這是因為，
凡針對高層知識分子或民主人士的情況彙報人，主要只能找他們熟
悉且信任的，甚至是最親近的人，有的就是被彙報人的妻子或子女。
因此，他們的情況彙報相對於基層公安系統針對特殊對象利用身分
份複雜的『特情』人員做出來的情況彙報差別很大。換言之，就像
張東蓀叛國案發生後的經歷那樣，因為多數彙報者本身就是高級知
識分子、民主人士，或他的助手、親人，故不負責任編造的情況比
較少見。也正因為如此，就像馮亦代日記裡反映出來的那樣，這些
彙報人對這項工作大都當成黨對自己的信任和考驗，把自己當成黨
的『保衛工作者』，因此認真負責。」[27]無論是作為親歷者後代的
北島，還是作為歷史研究者的楊奎松，都認為應該在歷史邏輯與道
德邏輯之間做一個區分，不能用一種非政治、非歷史的方式去進行
道德指控，應該注意當事人在歷史情境中的內心感受（比如有無道
德感的掙扎），他們的論述有一個共同點，就是認為當時知識分子
從事臥底工作是高度自覺和自主的，並沒有道德倫理上的緊張。另
外，在楊奎松的論述裡，甚至出現以結果上的「善」來倒推出手段
上的「無可爭議」，是一種典型的後果論者或者說效益論者，但這

27　楊奎松，《忍不住的「關懷」：1949年建國前後的書生與政治》，
　　廣西師範大學出版社，2013，前言。

也許需要更仔細的調查統計資料來支撐，同時也忽略了這種「檢舉」行為對道德和情感構成的深層次的傷害。

這種以交代社會關係的方式來瞭解知識界動態（包括思想和交往等各個層面）的制度設計，在革命年代顯然是一種常規化的動作。徐鑄成在1968年寫下的一份材料就相當詳細地記述了「臥底」工作是如何操作和被正當化的（無論是發令者還是接受者）：「60年，我摘帽後不久，江華（上海市統戰部）就動員我做一些『高知』的所謂『思想工作』，並且說：『這是對你的考驗，看你能否打破顧慮，為黨做些工作。』他問我以前和哪些高級知識分子熟悉？我舉出李平心等，他就叫我先去看李。我問，『像我這樣一個犯過大罪的人，如何去做工作？』江華說：『正因為你犯過錯誤，他們可能對你談些真話。』他還指示，這類工作的目的是兩條，一是『量量溫度』，看他們頭腦發熱到什麼程度；二是送送氧氣，必要的時候，你可以把對形勢的體會以及改造的心得向他們談談。我說：『後一點我自問沒有把握，一定會講錯。』他說：『自己沒有把握的就不講，只聽聽他們的意見，如實反映，讓我們另派人去做工作。』那時，李平心正在《光明日報》等大寫文章，大發關於什麼生產力自行增值論的謬論，我去找他談過兩次，以後，在周谷成的謬論遭到批判時，江華又叫我去看過李一次，每次談話後，我都把交談內容詳細地寫成書面送交統戰部。」[28]

除了李平心，徐鑄成在統戰部江華的授意和直接安排下，還找過王造時、劉海粟、浦熙修、宋雲彬等文化界、藝術界人士，同樣也是將「詳細的談話內容書面彙報」。即此可見，當時的檢舉是系統化、制度化和日常化的工作，主要的功能是「量溫度」和「送氧

28　徐鑄成，《徐鑄成自述：運動檔案彙編》，三聯書店，2012，頁51-52。

氣」,前者是感受、估計和描述知識界尤其是右派分子的思想、言論與心態的狀態,後者是將「臥底」自身的改造經驗傳導給知識分子,包括對政治形勢的理解,其實就是潛移默化的意識型態改造。檢舉在當時的政治詞彙中,就不再是賣友求榮的告密,而成為了「思想工作」,而且是「問題知識分子」以此向黨輸誠的工作。在組織眼裡,「問題知識分子」比純正的黨員更適合承擔這份工作,因為前者容易被信任,也熟悉知識界,也更有表達忠誠的心理動力。這就是伯林在討論史達林時期的政治文化時特別指出的「辨證法」問題[29],辯證法成了「德性的技藝」最有力的邏輯根源,而如何判斷一個知識分子是否徹底改造過來的標準又常常是模糊的、變動的、訴諸內心動機的,這就形成了一種持續的思想高壓氣氛。人的動機是否純正既無法證實也無法證偽,這就撬動了革命文化中個人道德反省的永動機,成了一種看不到盡頭的被「統治的技藝」。

劉瑜在研究毛澤東時代的政治動員時也注意到了道德機制在這個過程中發揮的作用,她指出:「道德話語對毛澤東時代的革命動員起到了至關重要的作用,這種作用通過兩種機制實現:第一,政治的道德化,即動員者努力將經濟和社會制度的問題表述為個體道德問題,從而激發最大程度的『怨恨』,以此來撬動革命參與的熱情;第二,道德的政治化,即動員者努力將道德提升與政治忠誠勾連甚至等同起來,由此使人們道德提升的願望和實踐變成政治集權的流動基礎。通過將政治問題道德化以及將道德問題政治化,革命中的中國共產黨在道德和政治之間建立了一種不斷強化的循環關

---

29 伯林,《蘇聯的心靈:共產主義時代的俄國文化》,譯林出版社,2010。

係。」[30]可見，道德機制無論是在群眾動員，還是知識分子的改造中，都是極為重要的制度性因素，這也賦予了這場革命以一種特殊的面相和內涵。

結語

阿倫特在討論法國大革命時指出了其道德主義取向的基本特徵：「從法國大革命之日起，正是革命者們感情的無限性，使他們對現實一般而言都麻木不仁，具體而言是對個人麻木不仁。這一切都是那樣令人難以置信。為了他們的『原則』，為了歷史進程，為了革命事業本身，他們將個人犧牲掉而毫無悔意。這種對現實充滿感情的麻木不仁，在盧梭本人的行為中，在他極度的不負責任和反復無常中，已然相當明顯，但只有當羅伯斯庇爾將它引入法國大革命的派別衝突之中，它才成為一個舉足輕重的政治因素。」[31]以此作為對照來探測20世紀中國革命的道德邏輯與情感能量，會發現在「抽象的抒情」與「具體的冷漠」之間的深刻相連這一點上，中國革命與法國革命具有驚人的一致性。從惲代英、李大釗等最初的革命者的道德嚴格主義，走向1920年代後期革命的浪漫主義，再到延安時期以後的登峰造極的革命理性主義，革命者被一種無遠弗屆的道德激情所掀動，他們自以為已經站在了人類道德的頂峰，將解放和翻身的號角吹響了整個世界。但延安顯然不是一個最終的天堂，它在收縮整整一代年輕人的浪漫心靈，也在窄化整整一代人的政治

30　劉瑜，〈因善之名：毛澤東時代群眾動員中的道德因素〉，載王奇生主編，《新史學第七卷　20世紀中國革命再闡釋》，中華書局，2013，頁116。

31　阿倫特，《論革命》，譯林出版社，2007版，頁76。

想像空間。它也以一種完全不同於傳統的方式通過組織化空間裡的批評與自我批評等方式，錘煉出一種嶄新的道德體系。到了建國後的思想改造運動、反右和文革，檢討更是成為中國人日常生活最常見的型態，私人生活領域完全被政治化。明清時期帶有個體自主性的修身日記、功過格完全被檢討書所代替，無論是主動、被動或表演，檢討成為通往道德新人的唯一軌道[32]，但顯然這是一種道德的幻覺和情感的變異。這從如今大量出版的關於毛時代的回憶錄、口述史，或者隱藏在檔案館的那些等待被叩訪的文本，或者海內外學者的相關著述，都可以讓我們窺測到在道德神聖背後的世俗性甚至人心的幽暗。最初的道德嚴格主義，走向了最終的道德恐怖主義，而當扭合聚集一切的政治強力消解之後，原初的道德系統就土崩瓦解了，道德虛無主義誘引下的道德潰敗以及金權主義，就以一種歷史的反諷型態以空前的高調佔據了當今中國人主流價值觀的核心空間。20世紀中國革命，究竟是重建、轉化還是摧毀了中國人尤其是知識人的道德主體性？而對於革命者群體來說，曾經呼喚甚至脫胎換骨也要迎頭趕上的「新人」真的是一無是處的歷史幻象嗎？對於我們這些革命者（或者反革命者）的後代來說，究竟應該以怎樣的一種態度和方式進入革命的歷史，才是一種真正尊重歷史和尊重歷史人物的應有之義？這都是在革命話語重新成為一種「流行的時尚」的今天，值得我們反復致意和斟酌的基本議題。

唐小兵，上海華東師範大學歷史學系教師，研究領域在現代中國傳播媒介與知識群體之關聯，著有《現代中國的公共輿論》等。

---

32 可參閱沙葉新，〈檢討文化〉，http://www.aisixiang.com/data/8557.html，及商昌寶，《作家檢討與文學轉型》，新星出版社，2011。

理由性動物：
《爲什麼？》的理由世界

李鈞鵬

　　無論何時，無論是誰，無論對誰，無論內容，我們每天都會問上不止一個「為什麼」。太陽為什麼從東方升起？為什麼男生站著小便，女生卻蹲著？為什麼科學和工業革命沒有在近代中國發生？「太陽花」為何盛開[1]？不誇張地說，「為什麼」是我們日常生活一大重要命題。然而，我們似乎從未停下來，對「為什麼」問上一句「為什麼」。（這又是為什麼？）已故美國社會學家查爾斯·蒂利對此問題頗為好奇，並以一本《為什麼？》（Why?）帶我們一窺日常生活中的理由奧秘。

　　曾獲美國社會科學委員會赫緒曼獎、美國社會學會終身成就獎、國際政治學會多伊奇獎等榮譽的蒂利（1929-2008）[2]是過去半個世紀世界最傑出的社會學家之一。他於1958年獲哈佛大學社會學博士學位，去世前為哥倫比亞大學社會科學講席教授，在社會學、政治學與歷史學三系同時任教。任何對蒂利的研究稍有了解的人，很可能對《為什麼？》大惑不解。作為一位以宏觀歷史變遷和抗爭政治研究聞名於世的社會學家，蒂利超過半個世紀研究的關鍵主題

1　借用《思想》27期的一則標題。
2　台灣曾譯有Tilly的《法國人民抗爭史》，作者名譯為「提利」。

詞是資本主義、工業化、城市化、國家肇建、革命和社會運動。只要對蒂利的五十多部著作稍加留意，就不難發現兩條主線：以跨國比較為研究方法，以幾百年甚至上千年為時間跨度。不誇張地說，蒂利是宏觀社會學和比較歷史分析的最重要代表人物。然而，這位宏觀社會學大師卻在晚年寫下了一本堪比高夫曼《日常生活中的自我表演》的《為什麼？》[3]？筆者曾受教於蒂利教授門下，至今感恩於心。蒂利去世後，我歷時一年，將這本小書譯為中文，2014年在北京出版。如今撰寫這篇討論，我擬將《為什麼？》置於蒂利半個世紀的學術背景下考察，並展現「關係實在論」的理論魅力。

從結構還原論到關係實在論

　　蒂利的學術起點是在20世紀中葉如日中天的帕森思結構功能論；更準確地說，是結構功能論的由盛轉衰。受早期社會生物學的影響，結構功能論將社會與生物體進行類比，視社會為各有其職但互有關聯的機體所組成的系統，並強調社會系統作為一個有機整體的積極作用。對於在二戰後成長起來的社會學家來說，一方面，這種理論取向完全與經驗研究脫節；另一方面，它將社會子系統的衝突視為背離正常軌道的暫時性「失調」，從而暗含保守主義政治立場。基於這兩個原因，結構功能論從1950年代起便成為年輕一代猛烈批判並以此揚名立萬的「靶子」，其霸主地位在1970年代徹底終結。蒂利雖在學生時代就對結構功能論忽略歷史維度感到不滿，但並沒有找到合適的替代性理論框架。蒂利更直接的影響來自其導師

3　Charles Tilly, *Why?* （Princeton, NJ., Princeton University Press, 2006）；李鈞鵬譯，《為什麼？》（北京：時代華文書局，2014）。

摩爾（Barrington Moore）。他的處女作《旺代之亂》以階級構成的演變、城市化水平以及全國政局變化等宏觀變量解釋法國大革命期間的農民反叛運動。這裡的解釋框架是行動者如何回應地方社會結構的變化，而「引爆點」點燃至最終內戰爆發的歷史軌跡只被他語焉不詳地描述為衝突升級。這種以初始性結構因素解釋歷史過程的思路，可謂結構還原論。

中期的蒂利逐漸重視「社會過程」思想。「劇目」（repertoires）這個比喻性概念成為蒂利研究的核心概念，用以描述不同歷史階段抗爭類型的變遷。不僅如此，他將抗爭劇目視為政治過程中不同類型互動的產物，並明確提到了行動者在抗爭過程中的信號傳遞、協商和鬥爭。蒂利還主張將宏觀事件分解為因果相關的事件序列，並逐一考察因果鏈中的局部關聯；通過不同歷史事件之間的深度類比，提煉出引發社會結構、序列與過程的可靠因果機制。

到了1990年代，蒂利明確與結構還原論切割，轉而強調蘊含參與者的妥協、互動、記憶以及關係網絡的特定抗爭軌跡。這一期間，蒂利開始在本體論層面上提出自己的關係實在論（relational realism）。他區分出社會科學中常見的四種本體論：整體論、現象個人論、方法個人論和關係實在論。關係實在論視交易、互動、社會紐帶與對話為社會生活的核心，關注快速串聯和分解，生成組織結構並同時塑造了個人行為的連接關係，倡導追蹤社會關係的動態變化。從這時起，一直到臨終前，蒂利關注的核心理論問題始終是：社會關係如何被蘊含且孕生意義的社會過程建構出來，並得到固化？

在蒂利的遺著《抗爭表演》中，量化與質化、宏觀與微觀、結構與能動、相關與過程、物質與文化、解釋與詮釋、形式分析與故事講述、事件清點和以事件為軸的歷史敘述之間的壁壘被徹底打

破。通過對故事的系統描述和分析，蒂利走出了一條將邏輯上的嚴
密性與人際互動的微妙性結合起來的中間路線。在面對新一代學者
對其忽略文化的指責時，蒂利並未採取回避態度，而是積極將文化
因素融入自己的分析。但不同於受後現代思潮影響的社會學家，蒂
利沒有成為文化結構主義者，機械地將文化視為一個塑造社會行為
的獨立場域，而選擇以具有互動性、關係性、機制性和解釋性的關
係實在論來回應。不同於早期將社會結構視為給定的自上而下的研
究，蒂利在晚年越來越關注社會結構通過社會群體之間的互動而形
成和固化的自下而上的過程。在他看來，社會結構並不來源於抽象
或本體意義上的文化，而是不同行動者、不同群體、不同關係網絡
之間長期互動的產物。通過以關係透視結構，蒂利為結構主義社會
學帶來了新生。

社會關係如何形塑社會結構

　　蒂利晚期的學術轉型，和始於1980年代的美國、波及整個人文
社科領域且影響迴盪至今的「文化轉向」有關。在這一浪潮影響下，
美國社會學呈現出四個新趨勢：首先，凸顯身分認同、情感、話語、
儀式、符號等因素。其次，強烈批判結構主義思維，強調文化的能
動性和自主性。再次，主張國家、階級等傳統概念的社會建構性，
並試圖對其進一步解構。第四，淡化社會科學的「科學性」，否認
解釋（explanation）和詮釋（interpretation）的區分。身為新一代社
會學家眼中的結構主義「反動權威」，蒂利必然要做出回應。他的
基本態度如下：第一，捍衛社會學知識的可知性、科學性和累積性。
第二，堅持結構性因素在歷史事件因果鏈中的主導地位，將文化視
為社會行動的外在框架。第三，批評後現代理論對結構與能動之間

的互動過程缺乏加以理論化的手段。第四，主張社會關係（而非個人心理或社會系統）是最基本的社會實在。晚期的蒂利致力於結構主義的回歸和重建，但這種具有關係實在論色彩的結構主義凸顯互動性、時序性（temporality）、空間性、動態性和多層次性，已經和帕森思、摩爾的傳統結構主義存在天壤之別。更為重要的是蒂利對社會關係的強調。不同於其他社會學家的理論表述，蒂利將社會關係置於具體、真實的時空情境中，而拒絕將其視為一種抽象本體。例如，在探討墨頓（Robert K. Merton）筆下的「有意行動的無意後果」時，蒂利指出，墨頓未能將研究問題更進一步：有意圖的社會行動如何生成具有韌性的社會結構？他將答案置於能動者之間的互動上。

　　現在可以回到《為什麼？》了。此書英文原版問世於2006年。初看上去，這本書和蒂利之前的任何一本著作都大相徑庭。在風格上，它通俗輕快、平易近人。在內容上，它不以歷史敘述和政治抗爭為主線，而從生活細節中以小見大。在序言中，蒂利明確提到了高夫曼、杜威、米德（George Herbert Mead）甚至亞里斯多德的影響，而這些人的名字幾乎從未出現在蒂利過去的作品中。但如果剝開風格和主題的表層，我們會發現，這本小書是蒂利的關係實在論在微觀層面的集中演練和體現，「關係」、「互動」和「故事」正是1990年代後的蒂利持續關注並融入關係實在論框架的關鍵詞。對於一個成熟的社會科學家來說，具體的研究題材只是粗淺的表面；無論宏觀還是微觀，其背後的機制和理論都是相通的。從資本主義興起、抗爭政治、民主化、社會不平等到日常生活中的理由給定，蒂利真正的理論關注點都是社會關係。

　　簡而言之，這本書意圖為宏觀現象尋找微觀基礎。但不同於以柯門（James Coleman）為代表的理性選擇理論，蒂利對行動主體自

身利益最大化這類假設推演並無興趣，而是從具有互動色彩的社會
關係中尋找突破口。在本書序言中，蒂利打了一個比方：「大多數
社會過程都類似於一場針鋒相對的對話，而不是獨白或象棋大師對
棋局方案的構想。」這裡的意思是，無論重大歷史事件還是零星生
活瑣事，事情的發生和進展都必然超出少數幾個人最初的預期，其
間必然充滿了無數意外和偶然；從而，要解釋社會過程，我們必須
將關注點放到社會互動上。那麼，問題來了。無論媒體報導還是學
術研究，我們看到的幾乎總是少數幾個關鍵行動者如何運籌帷幄，
如何促成他們想要的結果。換言之，在描述和解釋社會過程時，人
們傾向於強調能動者的有意為之，卻同時淡化過程與結果的偶發
性、增量性和互動性。對於社會過程的「為什麼」，人們的解釋為
什麼只凸顯某些「為什麼」，而排除另一些「為什麼」？以1989年
北京學生運動為例。這場運動為什麼發生？中共官方的理由是，受
「自由化分子宣傳資產階級的民主和自由[以及]反黨反社會主義的
活動[的影響]」，北京高校學生舉行悼念原中共中央總書記胡耀邦
的活動，卻被「極少數自由化分子」利用，「以悼念為藉口，進行
反黨、反社會主義的活動。……學潮迅速發展成為動亂」[4]。而在學
生領袖的回憶錄中，我們看到的是具有個人魅力的學生領袖生逢其
時，被時代推上了英雄的地位，以及天安門廣場上戲劇性的指揮、
對話、絕食與內鬥。儘管看似水火不容，雙方的理由都強調運動進
程的有意而為之。再看2014年台灣的太陽花運動。時隔一年，我們
記住的是什麼？筆者是與台灣緣慳一面的大陸人，但自信對這場運
動的關注程度超過多數大陸人。我記住的是黑色島國青年陣線、陳

4　〈1989年政治風波〉，《人民網》，http://cpc.people.com.cn/GB/33837/
　　2535031.html。

為廷、林飛帆（以及他的穿著和佩戴）和三一八占領立法院行動。
但換一個角度看，1989年北京學運真的只事關少數幾個學生領袖
嗎？北京之外的無數高校學生以及北京內外的工人、幹部、記者、
知識分子甚至美國又扮演了什麼角色？2014年太陽花運動難道僅僅
是三一八運動所引發的有意識行動嗎？它只是學生對正義的追求
嗎？政府反應和學生訴求之間的互動是什麼樣的過程？其中有意料
之外的後果嗎？蒂利提醒我們，對於同一個問題，不同的人有不同
的理由，同一個人在不同場合也有不同的理由；理由類型取決於理
由「給予者」和「接收者」之間的社會關係。

　　古希臘哲人亞里斯多德曾在《尼各馬科倫理學》中指出，人區
別於動物和植物的地方在於人的理性思維能力。蒂利將這一觀點進
一步細化，認為人類的獨特之處在於為自己和他人的行動賦予理由
的能力。換言之，人不僅是理性的動物，更是理由性的動物。一方
面，行動者具有依據特定場合權衡和選擇理由的能動性；另一方面，
一個行動者並不能隨心所欲地選擇理由，他不但受到場合的約束，
他的理由「劇目」也來自之前和其他人的互動。

四種理由

　　本書以震驚世界的「9‧11」恐怖襲擊事件開篇。這場大劫難甫
一發生，親歷者和電視機前的觀眾就拋出了一連串問題：飛機為什
麼撞向世貿大樓？飛機為什麼被劫持？大樓為什麼會倒塌？親歷者
為什麼那麼做（或不那麼做）？為什麼會有恐怖主義？為什麼會有
暴力？蒂利對恐怖主義素有研究，但在這本書中反其道而行之，專
注於人們面對面時的理由給定。飛機撞向大樓時，一位世貿北樓的
電腦操作員一邊從八十三層樓梯向下跑，一邊想，飛行員一定出了

什麼毛病。跑到樓下後，他開始懷疑這是蓄意行動。在世貿大廈工
作的建築師的第一反應是，恐怖分子計劃得如此周全；但確認自己
性命無妨後又想，這場撞擊有其意料之外的後果。許多倖存者不假
思索地將這場災難看作恐怖襲擊，甚至不少人將其視為另一場珍珠
港事件。細想之後，倖存者和目擊者開始講述更複雜的故事。一位
大學生在現場目睹了悲劇一幕；回家的路上，她開始對政府發難：
「那些本該阻止這類事件發生的政府人員到哪兒去了？他們是不是
正在價值上百萬的遊艇上花天酒地？」美國總統小布希、國務卿鮑
爾和紐約市長朱利安尼將理由放到大背景下：邪惡、懦弱的恐怖分
子錯誤地以為他們可以破壞自由民主的美國，妄圖以摧毀公共建築
來動搖美國人民的堅強意志。持反美立場的人士則私下或公開說，
這場襲擊是霸道的美國應得的報應。

　　簡而言之，理由是行動者對「為什麼X對Y做了Z（或沒有做Z）」
的回答。但理由的給定並非僅限於一種形式。基於不同的視角，理
由可以有無數種區分。例如，哲學家康德曾區分出存有理由、生成
理由、存在理由和認知理由。經濟學家赫緒曼曾區分出三種「反動」
修辭（理由）：悖謬論、無效論和危害論。作為社會學學徒的筆者
也曾在一篇論文中劃分三種社會科學解釋：實用解釋、語義解釋與
因果解釋，並在因果解釋中進一步劃分四種解釋機制：事件—事件、
事實—事件、事件—事實以及事實–事實[5]。蒂利關注的顯然不是理
由的內容或真偽，而是它所體現的社會關係。他以其招牌式的2x2
聯立表區分出四種理由：慣例、故事、準則和專業表述。慣例是人
們在日常生活中對瀆職、差錯、榮譽或好運所給出的慣常理由。故

5　　李鈞鵬，〈作為社會科學哲學的社會機制〉，《社會理論學報》第
　　　14卷（2011年秋季），頁365。

事是具有因果色彩的解釋性敘述。準則遵循一套特定的範疇、證據處理程序和詮釋規則。專業表述則以推定的因果關係為核心,以專業知識背景和權威地位為前提。

	通俗	專業
程式	慣例	準則
因果表述	故事	專業表述

不妨看看下面四個例子:

(1)有兄弟姐妹的人都知道,未成年兄弟姐妹間常有「明爭暗鬥」。童年時代,每逢姐姐無意做錯事(如打碎茶杯),我經常幸災樂禍地想:「看你這次怎麼辦?」。但姐姐給出的原因幾乎總是一句話:「我不是故意的。」每次聽到這句話,我就會暗中來氣:「這算什麼理由?這分明是狡辯!」但它的效果極佳,父母從不細究姐姐到底是否故意,也不糾纏「是否故意」和「責罰與否」之間的因果關係。

(2)我在基督新教勢力頗為強大的美國北卡羅來納州讀書時,經常參加當地教會活動,對於該教會禁止女性出任牧師一事頗為困惑,於是在團契活動中向教會朋友問起此事。一屋子的教會朋友給我的解釋幾乎都是:「這是教會的規定。」一位年輕女教徒的回答令我至今記憶猶新:「我也有許多困惑,但我必須遵守,因為這是神的旨意。」我做了一點小小的研究,發現這一規定基本來自《新約全書》中的《提摩太前書》(2:11-12):「女人要沉靜學道,一味地順服。我不許女人講道,也不許她轄管男人,只要沉靜。」信守這一教義的基督徒們未必真的理解這句話的含義,也未必心服口服,但只要相信「聖經無錯謬」,就只有乖乖遵守。

（3）無論是台灣的太陽花還是大陸的天安門，人們都想知道：社會
運動為什麼發生？事實上，幾乎每個人都有自己的答案。有人
認為經濟差是主因，有人認為根源在腐敗，有人強調追求自由
乃人之天性，還有人自信地說：「這有什麼好解釋，原因是老
百姓不開心啊！」作為社會運動研究的泰斗，蒂利會告訴你，
原因沒有那麼簡單。經濟差？社會運動往往發生在經濟增長期
間。腐敗？民主國家往往社運更多。天性？別忘了抗爭者只是
少數。不開心？人們每天都不開心，每天都有人不開心，但大
規模社運只出現在特定時期和特定場合。麥亞當、塔羅和蒂利
的經典之作《抗爭的動態》[6]拒絕簡單的答案，給出了一連串
機制性解釋：連接、擴散、協同行動、社會移用、邊界激活、
認證、身分轉換等等。但對於非社會學專業的人（甚至非社會
運動領域的社會學家）來說，令人眼花繚亂的術語使這本書幾
近天書。更要命的是，它幾乎無法為社會運動的參與者提供任
何實際指導。太陽花學運的領袖們會對這本書感興趣嗎？可能
不會。

（4）2013年12月29日，美國杜蘭大學政治學教授、著名電視節目主
持人哈利斯—裴利（Melissa Harris-Perry）在她主持的MSNBC
電視臺政論節目中，和幾位嘉賓一起，對前總統候選人羅姆尼
懷抱其收養的非裔孫子的全家照指指點點、有說有笑。這隨即
引起軒然大波。在鋪天蓋地的抗議聲中，哈利斯—裴利被斥為
「種族主義者」。無數觀眾向電視台抗議，要求電視臺解雇她；
要求杜蘭大學解除其教職的呼聲也開始浮現。哈利斯—裴利在

6　Doug McAdam, Sidney Tarrow, Charles Tilly, *Dynamics of Contention*
（Cambridge: Cambridge University Press, 2001）.

Twitter上連續五次道歉，但未能平息風波。六天之後，哈利斯—
裴利在自己的節目上聲淚俱下：「上周日，我們邀請了幾位喜
劇演員做年度回顧。我們稱之為年末笑談。其中一個板塊展現
了幾張在這一年中引起我們注意的照片。在這一板塊，我要求
嘉賓對照片做出即興發言。其中一幅照片是羅姆尼州長的全家
福，上面有羅姆尼州長的孫輩，包括他收養的非裔孫子。」之
後，哈利斯–裴利提到了自己的跨種族家庭背景（父親是黑人，
母親是白人），提到了她對種族融合的嚮往以及對家庭多元化
的支持。事態快速平息，她順利保住了自己在電視臺和大學裡
的工作。

　　這四個例子分別代表四種理由。筆者姐姐的「我不是故意的」
屬於慣例，它不以充分的因果解釋為前提。第二個例子中，反對女
性出任牧師的「神的旨意」解釋只有寥寥幾個字，它以現有規則為
依據，屬於準則。作為專業表述的第三個例子有其內部結構和內容，
它力圖盡可能準確地建立起因果關聯，以推定的因和果為核心，以
專業人員為對象。類似哈利斯–裴利經歷的特殊事件和陌生現象則要
求講故事，它通過少數幾個人物和情節簡化了社會過程和因果關
係，並具有強烈的道德評判含義。

理由取決於社會關係

　　如此說來，似乎四種理由高低有別：更複雜的專業表述貌似好
過更平淡的慣例，更具因果色彩的準則貌似優於過度簡化的故事。
非也！蒂利警告我們，理由沒有高低優劣之分，理由的適當與否在
於它和社會關係的貼切程度；每一種理由都有其不可替代的職能。

在某些場合，慣例要比專業表述有用得多。我的父親是一位森林保護學家，一輩子和一種名為白僵菌的蟲生真菌打交道。一次在他去外地出差時，省領導來校視察，並親臨他的實驗室參觀。領導親切地問起實驗室的研究領域。負責接待的年輕副教授是父親的學生，他興奮地給出了專業表述，松毛蟲、白僵菌等一連串專業名詞脫口而出。眼見領導臉色有變，一旁陪同的學校秘書急忙打斷，以一句話讓領導連連點頭稱讚：「森林裡的樹上有許多壞蟲子，但化學殺蟲劑有許多副作用。我們這個實驗室研究的是如何以好蟲子來吃掉壞蟲子。」在日理萬機的領導面前，專業表述顯然不是一個好的選擇。類似地，如果哈利斯—裴利不講故事，而以一句我們不陌生的準則「這是我的言論自由」回應，她如何能全身而退？

在上面這張聯立表中，我們可以清楚地看到社會關係如何決定理由。圖表的第一行是程式，它給出的理由更看重適當性，而非因果性。第二行的兩種理由則追溯事件從發生到後果的因果過程。慣例和故事屬於較為通俗的理由，準則和專業表述則對聽者的專業背景有一定要求。在「打碎茶杯事件」中，儘管我抱怨作為理由的「不是故意的」和作為後果的「姐姐打碎茶杯」之間缺乏因果關係，我的父母卻並不期待姐姐對這件事給出因果關係充分的專業表述：她如何在那一刻大腦開小差，引發手和茶杯之間的摩擦力減弱，從而導致茶杯滑落在地；地磚的硬度如何高於地毯，從而落地茶杯破碎的可能性高出N倍；等等。他們也未必有耐心聽姐姐說故事：最近和好友關係如何緊張起來，今天早上剛吵了一架，剛才端茶杯時如何想到這件事，心裡盤算如何緩和關係，最終分神導致茶杯落地。準則？姐姐不至於說「我不得不打碎茶杯，這是規定」。慣例式理由本來就和因果推導合理與否、充分與否無關，只要適用於相關場合（關係：父女／母女，地點：家裡），姐姐的一句「我不是故意

的」，父母的一句「下次小心點」，足矣。

　　2014年3月，馬來西亞航空公司從吉隆坡飛往北京的MH370航班神祕失蹤，所有人都在焦急地等待或尋找原因。飛機解體、自殺、劫機、恐怖襲擊、美國陰謀、馬來西亞軍方擊落……各種臆測甚囂塵上。記者多方打探，試圖了解關於飛行員和乘客的一切故事。機械、物理、地理、氣象、航空、軍事、歷史等領域專家紛紛登場，根據自己的專長，給出相關推斷。試想一下，如果馬來西亞政府給出慣例式理由「坐飛機總有風險」，而不是專業表述，人們將會如何反應?!

　　蒂利從不同的理由給定形式中看出了社會結構和類型的形成，2x2聯立表正是結構的體現。但他絕沒有忽略人的能動性。例如，蒂利指出，同樣是慣例式理由，人們會依據不同的社會情境加以靈活選擇。如果A在圖書館裡將B的書撞到地上，A的選擇至少有以下幾種：

- 對不起，老兄。瞧我這笨手笨腳的。
- 真是抱歉。我沒看見你的書。
- 呆瓜！我又把書撞掉了。
- 你把書放這兒幹嘛？
- 我不是跟你說過了嗎，書要擺整齊！

　　這裡的每一句話都對應了A和B之間的不同關係。同理，如果戀愛中的一方對另一方說「問題不在你，在我」或「我們不合適」，我們基本可以確認，對於理由給予者來說，愛情已不復存在。有了這一句慣例，千言萬語都已不再重要。理由給予者要的只是結果，而並不打算詳細解釋為什麼雙方不合適，哪裡不合適，或他（她）到底出了什麼問題。從理由中，我們不難探知雙方的關係。

理由塑造社會關係

　　理由不僅取決於社會關係，還反過來影響和塑造了社會關係。它或確認某種現有的關係，或修復既有關係，或提出新的關係訴求，或否認某種關係的存在。熱戀中的男女每天通話；如果男生幾天沒有主動給女生打電話，女生就會心生疑慮：「為什麼一星期沒有消息？」女生其實是想確證自己仍然是男生心中的唯一。戀人的一句「我們不合適」則終結了戀愛關係。同理，通過這篇文章以及蒂利著作的翻譯，我試圖在自己和讀者之間建立起蒂利思想傳播者與蒂利思想接受者的關係。

　　理由還具有修復給予者和接收者關係的職能。2006年2月，美國副總統錢尼和幾個朋友在德州農場打獵，不料誤傷七十八歲的律師朋友輝丁頓，後者體內被射入幾百顆霰彈珠。此時正值小布希和錢尼政治聲譽的最低點：伊拉克戰爭、中央情報局特務洩密案等一系列事件令錢尼寢食難安。誤傷事件一上媒體，立刻成為全國焦點，更有政治化之虞。這時，理由的給定成為焦點。錢尼的盟友試圖淡化此事。「誰都會遇上意外，」盟友們給出了慣例式理由。輝丁頓表現得頗為大度，慣例式聲明近乎雪中送炭：「不管做什麼事，我們總要承擔風險……這是不可避免的。」德州槍支主管部門說，錢尼沒有購買七美元的狩獵特別許可證，違反了該州法律。他們關注的是準則。錢尼的批評者們同樣從準則中尋找突破口：為什麼白宮在事發十二個小時後才確認此事？錢尼有無蓄意隱瞞？一個沒有執照而打獵的副總統該受到什麼懲罰？不甘寂寞的狩獵專家則給出了專業表述：錢尼等人當時有三把獵槍，但在狩獵鵪鶉時，最多只應有兩只獵槍同時存在；為什麼輝丁頓要親自跑去撿被擊落的鵪鶉，

而不是由獵犬效勞？錢尼打獵的姿勢是否正確？為什麼天快黑的下午五點半還在打獵？此時，四面楚歌的錢尼做了什麼？他來到鏡頭前，面色沉重地說：「我永遠忘不了哈利倒下的那一刻。我開了一槍，就看到他倒在地上。我必須說，這是我一生中最黑暗的幾天。」你猜後果如何？此事很快煙消雲散，錢尼安然逃過一劫。故事修復了錢尼和聽者的關係。這既避免了誤傷事件升級為全國性政治醜聞，也為小布希、錢尼政府贏得了寶貴的喘息機會。

相形之下，2014年太陽花學運期間，行政院長江宜樺的理由給定就相形見拙。在學生和民眾多次批評政府不顧民意以及警察執法過當、暴力鎮壓時，江院長卻給出了模稜兩可的慣例式回應「[留待]社會大眾評價」與冷冰冰的準則式理由「服貿談判，台灣無權修改」、「政府有責任保持和諧、安全的公共環境」。可以設想，如果江院長在鏡頭前面帶善意地講述一個高超的故事，情況將會改善許多。類似的例子比比皆是。2014年底，大陸山東蒜農向韓國出口大蒜兩千兩百噸，發貨前經韓國專人檢驗合格。到達韓國港口後卻被韓方以質量不合格為名拒收，給山東蒜農造成重大損失。蒜農親赴韓國交涉，韓方主管以一句「去告我們啊」令蒜農目瞪口呆，最終引發國際商業糾紛[7]。韓國人沒有採用故事、專業表述或準則，而以一句不假思索的慣例將事態徹底搞糟。究竟採用何種類型理由，往往對後續事態影響深遠。「9・11」事件後，如果不以邪惡的恐怖分子妄圖摧毀正義的民主美國為理由，小布希又如何能悍然發兵阿富汗和伊拉克呢？

不同理由類型之間的邊界並不固定。在人際互動過程中，理由類型有可能發生轉化。仍以女牧師為例，「這是教會的規定」當然

7　〈韓方回應退回2200噸中國大蒜：去告我們啊〉，《新浪網》，
　　http://finance.sina.com.cn/china/20150206/080021491863.shtml。

屬於準則,但若一方徵引《哥林多前書》(11:5)中的「女人禱告或是講道」,為女性牧師提供另一條準則時,雙方關於理由的對話很可能會演變為專業表述,而其中又極有可能摻入故事——亞當先於夏娃被神造出,以及夏娃在伊甸園中先受到蛇的哄誘(從而女性不可出任牧師);當時婦女教育程度低(因而教育程度高的今日女性可以出任牧師);等等。但在另一些場合,理由之間似乎又壁壘森嚴。在同性戀權益大勢所趨之時,圍繞墮胎的爭論已成為當代美國政治生活中最具分歧性的話題。挺墮胎權和反墮胎權者激烈交鋒,互不相讓,幾乎沒有妥協餘地。墮胎權擁護者通常以慣例(「我有權處置自己的身體」)和專業表述(「母體內的胎兒到最後三個月才被界定為人類」)為理由。反墮胎者則訴諸於令人心碎的簡單故事:一個初生的小生命被母親殘酷無情地扼殺。宗教信仰者還會提到「神的旨意」以及「地獄之懲罰」等。墮胎權的支持者覺得反對者的故事沒有科學依據,意識形態先行;反對者則批評支持者道德墮落,信仰缺失。

理由的給定甚至會改變歷史進程。2009年,歐巴馬成為美國歷史上第一位非裔總統。在競選活動熱火朝天之時,連支持歐巴馬的美國朋友都對我說:「黑人不可能當選總統。」慣例顯然對歐巴馬不是好消息。專業表述?分量越來越重的電視辯論乃是快餐式交鋒,凸顯的更多是候選人的個人魅力,雙方在限時辯論中難有機會詳述自己的施政綱領。最後,競選在很大程度上變成慣例和故事的交鋒。反對歐巴馬的人強調歐巴馬在資歷上的硬傷:尚未完成一屆聯邦參議員任期,且在任期內多次缺席投票(從而被批評為時間都花到競選上去了);從未有過任何獨當一面的領袖經歷;連多年社區組織者的經歷都成為反對者的笑柄。但歐巴馬有一件無可比擬的武器:故事。其身世複雜,母親是白人,父親是肯亞黑人;出生於「最不具美國味」的夏威夷;兩歲時父母分居,隨後離異;父親在

哈佛大學讀完經濟學博士後返回肯亞，1982年因車禍去世；母親後
來嫁給一位印度尼西亞學生，生有一女，1980年離婚，1992年成為
大齡博士，三年後去世；童年和青少年時期分別在印度尼西亞和夏
威夷度過；曾是「問題少年」，逃學、吸毒、泡妞，幾乎「五毒俱
全」，最終皈依基督教；先後求學於常春藤學府哥倫比亞大學和哈
佛大學，以優異成績獲得法律博士，並成為《哈佛法律評論》的首
位非裔學生主編；等等。可以說，歐巴馬的經歷充滿了故事，而被
譽為史上最佳的競選團隊更是將這些故事打造為一個個「高超的故
事」。在很大程度上，最終將他推上總統寶座的正是這些故事。相
形之下，競爭對手馬坎雖然也有不錯的故事（越戰老兵，落難敵營
五年半，受到酷刑但拒絕叛國），卻無法像歐巴馬的故事那樣引起
普通人的共鳴。四年之後，挑戰者羅姆尼更是缺乏好的故事：他太
一帆風順，家境太優越，太有錢，笑容太「假」，髮型太「酷」，
甚至膚色太「白」，一切完美得近乎虛假。慣例輸給了故事。

　　在《紅樓夢》第六十回中，趙姨娘指責芳官「看人下菜碟兒」，
意思是芳官待人因人而異。但在現實生活中，我們誰又不是根據說
話對象的不同給出不同的理由呢？在這個意義上，為理由給定尋找
理由的《為什麼？》替我們揭開了日常生活中的一大奧秘。要想這
個世界變得更好，我們就必須為這個分歧嚴重的社會尋找共識。而
要達成共識，我們唯有審視自己和別人的理由。

　　李鈞鵬，美國哥倫比亞大學社會學系博士候選人，*Studies in
Ethnicity and Nationalism*編委。研究興趣為知識社會學、歷史社會
學與抗爭政治。目前致力於中國當代知識分子的博士論文寫作。發
表中英文論文數篇，另有譯作若干，曾獲國際社會學會第六屆青年
社會學家獎。

思想
人生

趙儷生：
一生負氣

李懷宇

一、閒不住的人

我最早留意趙儷生，是讀到《哈佛遺墨——楊聯陞詩文簡》，書中收有謝泳〈楊聯陞為什麼生氣〉與周一良〈〈楊聯陞為什麼生氣〉一文質疑〉兩篇文章，講的是趙儷生與楊聯陞1987年4月在哈佛電話中吵架的公案。後來我和上海的王勉先生（鯤西）談起趙儷生，王先生說：「趙儷生是我在清華園的同學，你可以去蘭州訪問他。」王先生隨即將趙儷生家的電話給了我。我打通了，接電話的是趙儷生的女兒趙絳，她說：父親的身體近來不好，最好等妹妹趙結冬天從美國回到蘭州，父親最喜歡趙結，有她在旁，談興會更濃。於是我們相約2006年冬天在蘭州見面。

2006年12月16日，蘭州下過一場雪。清晨8點半，天漸漸變亮，蘭州大學一片白茫茫，穿過校園時不免格外留心地下。到了趙儷生先生的家中，趙先生和他的兩個女兒早在等候，賓主開始這個一個月前約好的訪談。

趙儷生的女兒趙結剛從美國回來探親，姐姐學理，她學文，有她在旁，方便解釋我們之間的談話。趙儷生開口就說：「我是一個

典型的北方人，優點缺點都在這裡。」望著趙太太高昭一的遺像，他說：「我愛人9月（2006年）走了。我自己的身體已大不如從前。4月（2006年）以後，我就沒有寫過一個字。是不是份額已經用完了呢？」

趙儷生情緒高昂，說話抑揚頓挫，略帶山東口音，才談了一會，他就說：「我說起話來就高興了！」這種感覺，很像他的學生寫他當年上課時的情形：像京劇舞臺上的「威武大將軍」。談興濃時，他突然冒出幾句：「我對現在這個社會有點意見，我覺得商業資本發展得太厲害了。這些廣告、人的風格都不好，喜歡騙人，喜歡殺人，還一家一家地殺。」而在品評一些不喜歡的人物時，口無遮攔，引得趙結在一旁又是向他勸說，又是向我解釋。

談起在清華園的舊人舊事，趙儷生對一二‧九運動的經過詳細解釋。他說：「我覺得這一輩子受這個運動影響很重。我參加了左派，雖然我後來被劃為右派，但那是歷史的誤會，我實際上一直是一個左翼的成員。我這一輩子都是認為貧富不應當太懸殊，貴賤不應當太懸殊。」問起我已採訪過他的清華老同學——上海的王勉、北京的王永興近況，又提起何兆武：「他比我晚，是西南聯大的，他的《上學記》裡的人跟我寫的有類似。我不認識他，但是我很佩服他。」

趙儷生談到自己經歷起伏時，不無感慨地說：「季羨林說，一個人的成功有三個條件，第一個條件是資質，第二個條件是勤奮，第三個條件是機遇。我對這個說法還是比較相信的。我就拿這個公式對照我的生活。第一個，我的資質是中人以上的資質。第二個，我一輩子的特點就是勤奮，我是一個閒不住的人，我是一個勤奮而又勤奮的人，在勤奮上我不一定能得100分，但是也差不多。第三個，我們是在共產黨領導下的年代，所以主要的機遇是共產黨的機遇。

因為我長期跟著共產黨，所以一些老共產黨對我都是很好的。」而對那些在歷次政治運動中「整」他的人，趙儷生的嬉笑怒罵引得在座者相顧一笑。

可惜趙儷生身體不佳，在談過他在美國和楊聯陞通電話之事後，驟然結束了談話，由女兒扶進裡屋。老人家休息後，我和他的兩個女兒又談了好一會兒話。趙結告訴我，她是在美國讀余英時的研究生，並介紹了在普林斯頓跟余先生念書的情況，使我不禁心嚮往之。

二、少數派

1934年，趙儷生進入清華大學外語系。我問趙先生：「當年您考大學時，北京大學和清華大學同時錄取了，為什麼選清華大學？」趙儷生說：「當時我看了清華大學，覺得搞得很洋氣，就讀了清華。那時候選擇專業的能力還是比較差，清華大學外語系那麼有名，可是我讀到三年級就後悔了，就連錢鍾書也是這麼說，我們那些老外教師都是在外國混不下去，到中國來混飯吃的。」話雖如此，當年清華大學可謂名師雲集，我特別提到聞一多先生。趙儷生便說：「聞一多先生那時剛進去，他是後來打出名頭來的，我一直很敬佩他。」

我問：「您在清華園讀書用功嗎？」趙儷生說：「在清華園時，我不是一個好學生。我很不喜歡在清華讀書，那麼我就混，譬如說，好多同學都是很喜歡體育運動，我不喜歡。我就從事翻譯工作，有兩年時間，我就和同學合作翻譯第三國際辦的《國際文學》，在國內可以發表，有時候一篇文章的稿費有一百塊錢，那就夠半年的飯費了。王瑤當時不翻譯，他就搞文藝理論。」

我接話：「當時人家叫王瑤是『小胡風』？」趙儷生說：「是

的，他是搞左派理論的。我是搞翻譯的。那些亂七八糟的課我就去聽一聽，那些老外教師是一點學問也沒有的。有人叫錢鍾書考清華外語系的研究生，錢鍾書就說：清華外語系的老師沒有一個配當我的老師，可見他也知道那些人都是混飯吃的。我去聽中文系的課，也聽馮友蘭的課。」

我說：「馮友蘭很欣賞馮契？」趙儷生笑了：「馮友蘭口吃，講到很精彩的地方，就說：『密密密斯忒兒馮馮馮寶麟（馮契字寶麟），你你有什麼意見？』我們才知道一百多人聽他的課，他就看上一個馮寶麟，我們就很不愉快。但是他很器重馮寶麟。馮寶麟是我們那一班考第二的，考第一的沒有來報到，馮寶麟就是我們班上的狀元，其實這個人也沒有什麼。」

在清華園，趙儷生參加了左翼作家聯盟和中華民族解放先鋒隊，當過清華文學會的主席。他回憶：「我從高中考上大學，變化很大，眼界就開了。特別是清華的中文閱覽室和外文閱覽室，我就看到了世界上許多東西。這時候我就參加了左聯和中華民族解放先鋒隊，這都是和共產黨有關係的。但是我有一個特點，就是一直不參加共產黨。所以後來紅衛兵說：你不參加黨，你就是反黨。因為那時候我表現比較好，寫寫文章，開會發發宣言，和我一塊活動最有名的女同學就是韋君宜，男同學就是王瑤，我們這幾個人都是筆桿子。我的表現大概不錯，當時清華大學共產黨組織有一個想吸收入黨的名單中，第一個就是我，假如我那時候要入黨，很容易。但是我為什麼沒有入黨？我對共產黨的一個組織原則不贊成，就是『少數服從多數』，我覺得有的時候多數並不代表真理。我在許多運動裡親眼看到整我的那些積極分子，實際上是地主分子、特務分子，他們是為了保護自己才假裝積極的，但是黨不覺察。毛主席一再說，我們要保護積極分子，結果是運動越搞越大。蘇聯也是這樣，就把

少數派搞死，或者送到西伯利亞，這不是很好的辦法，所以我一直就保持少數，也一直吃這個虧。」

後來清華大學地下黨的書記蔣南翔專門找趙儷生談話：「一個人的熱情是革命熱情，是靠不住的，必須有組織的保證。」趙儷生知道蔣要他參加組織了。趙儷生說：「蔣南翔同學，我念列寧的書，裡頭談到當時在俄國有一個叫瑪律托夫的人，這個人主張共產黨吸收群眾是工人，是農民，知識分子可以邀請到黨內作為黨的賓客。我很欣賞這個。結果列寧是大批瑪律托夫，但是當肅反要收拾瑪律托夫的時候，列寧弄來一張火車票叫女秘書送去，叫他趕緊到西歐去吧，於是瑪律托夫就跑到西歐了。列寧後來想起瑪律托夫來，就說：多麼精緻的知識分子啊！」趙儷生那時候很欣賞瑪律托夫，所以大家開玩笑就叫他「瑪律托夫主義者」。

1935年12月9日一二・九運動爆發，趙儷生積極參與，站在運動的前列。趙儷生回憶：「五四運動發生在1919年，我已經趕不上了，我是受五四運動影響長大的。我在高中的時候就開始讀魯迅的《吶喊》、《彷徨》，周作人的《雨天的書》，開始走上新文藝的道路，這就間接地受到五四運動的影響。一二・九運動比五四運動晚16年，這兩個運動都是中國近代史上重要的運動，但是也有差別。五四運動時領導的力量是綜合的力量，既有李大釗為首的共產黨的力量，也有美國實驗主義的胡適、傅斯年的影響，還有許多老的影響。到了我們那個時候，我們就突出了抗日救亡的這一點，領導這個運動是共產黨。這和五四運動不一樣，五四運動有共產黨的力量，但不是共產黨專門領導的。但是，一二・九就是共產黨領導的，這有優點，也有缺點。黨的力量在這個運動裡可以看得很清楚。一二・九一共有6次活動，第6次叫『一二・一二』，我們一直鬧到半夜才回到清華大學。現在，我們當年參加一二・九運動的人差不多都死掉

了。」

我問:「當年您和韋君宜在清華園熟悉嗎?」趙儷生說:「韋君宜是一個個子不高、長得很醜的女學生,很左,有很多女同學對她印象不好。但是她很會寫東西,倚馬可待。我在學校裡是清華文學會的主席,她是清華文學會的會員,她沒有看得上我,我也沒有看得上她。後來多少年了,她成了大人物,我在蘭州大學,她忽然來了一封信,說是他們有一批人,湊到一塊,在蔣南翔的領導下組織了一個班子,寫了一個《一二‧九學生運動史》,給我寄來一本,要我寫一篇文章,她拿去刊登。於是,我就覺得這個大人物居然還看上我了,我看《一二‧九史》看得很順暢,對這些人、這些事熟得很。其中談到一些當時慢慢分裂出去的人,他們就把這些人叫做『右傾投降主義』,列了一節。我很不同意,寫了文章,說對這一節保留意見。那時候韋君宜還是很左,她就說:『那你就不要寫了,因為這本書不是我一個人的專著,這是我們集體創作,我們是代表組織的。』好傢伙,這就是左派的味道出來了,她代表組織又怎麼樣?她叫我不寫,我就不寫了,後來她用自己韋君宜的名字寫了登在《光明日報》上了,說的都是好的。我跟她只打了這麼一個交道。她後來的丈夫楊述又叫楊德基,這個人是一個理想主義者,我和他的關係非常好。後來他也挨整了,被打得拐著個腿,不久就死了。」

三、到鬆散的地方去幹革命

1937年抗戰爆發,尚未畢業的趙儷生毅然投身山西抗日隊伍。在那裡,他認識了高昭一,後結為夫婦。趙儷生寫出了〈戰鬥在王老婆山上〉和〈中條山的夢〉等反映抗戰前線的報告文學和小說。

趙儷生到山西參加抗日隊伍的原因,他這麼解釋:「因為當時

在全國要抗日只有到山西，只有閻錫山使用了像薄一波這樣的共產黨青年，在那裡搞了一個第二戰區總動員委員會，簡稱『動委會』，我就去參加『動委會』。那時候，我愛人從她的老家河北石家莊到了動委會，我們倆就是在動委會碰到，結合了68年，現在她老人家走了。」當時趙儷生只是清華大學三年級的學生，他說：「我從來沒有畢業，我也不在乎。我也沒有到西南聯大把學位讀完。」

在山西「動委會」，趙儷生編報，和高昭一合作辦農民救國會。他回憶：「我們兩個去辦農民救國會，結果慢慢地就結合在一塊了。結合在一塊很重要，我現在才感覺到，當時還不覺得。在抗日戰爭兵荒馬亂之中，假如一個人死了，家裡人不知道，我好幾個同學就是這樣。可是我有下落，我愛人還有下落，我們兩個互相陪伴。」

趙儷生夫婦一度到過延安。趙儷生說：「延安，一直到現在，人家說它是聖地，當然它比起反動派的地區來，確實是個聖地，但是，它有沒有缺點？我們親自到那裡，就感覺到有缺點，我特別感受很深的就是王實味，王實味寫了一篇〈野百合花〉，就受批判，最後就抓起來，帶到河邊『嘣』的一槍就槍斃了。這個從年輕的時候就提倡共產主義的人居然被共產黨槍斃了。後來，毛澤東裝模作樣地對康生說：『你還我一個王實味。』其實，假如當初他真正要保護王實味，就可以保護，但是沒有保護。」

至於在延安的見聞，趙儷生回憶：「我在延安就住在招待所裡，我到各個機關裡去看。陝北公學好像就是黨外群眾入黨的地方，他們都把入黨看得很重，現在我老了，也懂得入黨問題很重，但是我當時看得很輕，我覺得沒有必要。尤其是當時王實味已經受批判，我就跟我老婆說：『假如我在延安待下去，我一定是第二個王實味。』她也同意。我說：『我們幹革命，可以到集中的地方去幹，也可以到鬆散的地方去幹，我們還是到鬆散的地方去幹吧。』這是當時的

思想，就拿著介紹信到西安，又轉關係到濟南。我從那時候起就被
發現是一把講課的好手，就在柳樹底下給當兵的講課，我講課很受
群眾的歡迎。後來閻錫山變了，要放棄新軍，依靠舊軍，甚至於開
始使用舊軍來殺新軍的幹部了。這個時候我正好在西安，我們部隊
的一個政委在西安八路軍辦事處，他請我們兩人到湖南飯館吃了個
飯，他說：你暫時不要回去，在這兒等一等吧。於是我就開始教書
了，當中學教員，前後在四個中學待了八年，抗日戰爭勝利了，我
就往開封，開始進大學。」

四、「威武大將軍」

　　抗戰勝利後，趙儷生任教河南大學、東北師範大學、山東大學
等多所高校。他發表的第一篇史學論文是關於清初山陝學者交遊事
蹟考，趙儷生說：「我的第一篇史學論文在《大公報》上發表，胡
適很重視。版面排的第一篇是胡適的，第二篇是陳垣的，第三篇是
趙儷生的，我一個無名小卒，居然跟這兩個大歷史學家登在同一個
版面，我就有點受寵若驚了。那時候我教的是英語，我覺得這個英
語沒有前途，就在西安的古書店裡買了許多明清山陝學者的文集，
在家裡經常看，做筆記，這是我進入史學研究的開始。」

　　我問：「在那個年代，您怎麼看胡適？」趙儷生說：「當年我
當然比較左，曾經寫過一篇文章批判胡適，但批得不厲害，所以我
也沒有什麼對不起胡適的地方。但是，最近這些年來，受了這些影
響以後，我對胡適的印象還是比較好。季羨林當然是另外一種看法，
他是清華比我高五班的。他們那些人是另一代人了，我進學校的時
候，他們已經畢業了。」

　　從此，趙儷生就從教英語轉入史學研究。他說：「教英語只是

我的職業，我教英語還是不錯的，我很會教語法。關於史學，我是
一個門外漢。我自學，從清初山陝學者交遊這個小題目做起，越做
越大，做到明代思想史，到了山東大學又搞農民戰爭史和土地制度
史，到了蘭州大學又搞先秦思想史。我一共搞了很多範圍，一個範
圍搞一陣子就走掉了。我所涉及的面比那些窄而又窄的學者要寬得
多。我開始做史學研究時，正是考據派占絕對地位的時候。有學者
是以一部年譜起家的，瞧不起我，認為我是一個搞馬列主義的，於
是我就做了一部《王山史年譜》，我也做一部年譜給他們看看。我
的年譜水準也並不壞，我寫的看起來是王山史的年譜，實際上是表
達明清之際知識分子奔走抗清的運動，不是隨便的一個年譜，所以
他們也不敢隨便地瞧不起我。後來他們也就慢慢地轉化了，譬如說，
像周一良之類的人就對我非常好了。」

　　我好奇：「為什麼研究農民戰爭史和土地制度史？」趙儷生說：
「這個不是我自己的意志。那時候不是有『五朵金花』用馬列主義
來研究歷史嗎，其中第一個就寫了農民戰爭史。山東大學起點比較
低，不服北京大學，所以要獨出心裁，要搞專門化，於是我們就搞
農民戰爭史和土地制度史。可是，當時提出：在舊社會裡，農民起
義是推動社會發展的唯一動力。這個唯一動力可厲害了，你要違反
這個定律，就是反黨反革命了。後來我跟老太太兩個人商量的結果，
就把農民戰爭史放下了，我不敢去碰這些東西。胡喬木曾經提出，
政治不要過分地干預學術，就是這樣。那麼，我後來搞土地制度史
也有一個目的，就是郭沫若這些早期的馬克思主義者對馬克思主義
講得不合適，例如郭沫若講西周就是奴隸社會，他就完全按照希臘
羅馬的那種。但不是那麼回事，西周是一個農民公社的時期，有奴
隸，奴隸是屬於公社的奴隸，間接地說，是屬於貴族的奴隸，沒有
那麼絕對化。」

　　1957年，趙儷生由高教部從山東大學調至蘭州大學，後被打成
右派。文革期間，趙儷生進過牛棚。1978年，趙儷生開始在蘭州大
學招收土地制度史與農民戰爭史的研究生，學生中有秦暉。秦暉後
來回憶：「讀研究生的時候，我在一個地方鑽得比較深，趙先生曾
經說我：『你用功是沒有問題的，但是就是怕你的格局不夠大。』
意思是說我眼界太狹窄，有點鑽牛角尖的味道。趙先生覺得我們插
隊的這一代人不管搞什麼專業，對於社會還是比較敏感的，因為我
們的經歷跟社會變遷一直是緊密聯繫的，當時我跟趙先生所學的專
業──農民戰爭史、土地制度史──本身也是跟社會緊密關聯的。」
金雁則回憶趙儷生上課的風采：「聽他的課時我腦子總會閃過一個
風馬牛不相及的名詞：很像京劇舞臺上的『威武大將軍』。坐在我
旁邊的一位女生說：『聽了趙先生的課我會愛上趙先生、愛上中國
史的。』我們私下裡都稱先生為『最有魅力的導師』，我認為這是
我這一輩子聽過最精彩的課。後來我們總結了趙先生上課有『五
絕』：一絕是板書，二絕是文獻，三絕是外語，四絕是理論，五絕
是博而通，這幾大因素綜合在一起，才能馳騁史域如入無人之境。」
（金雁〈「威武大將軍」〉。）

　　我問：「您給學生上課有什麼獨到的經驗？」趙儷生說：「我
上課是理論派和考據派的折衷使用。我教課的特點是，每教一段，
先對這一段歷史作一個總述，這個很重要，我在備這一段總述的時
候，要花很大的工夫，有時候要翻二十四史裡的很多東西，把脈絡
理清楚，學生最歡迎這個東西。許多考據派的老師一上來，就先寫
材料，那就很沒有意思，我在學校裡就最煩這個。我一上來，先寫
一個概括，用力很大，而且這個概括裡有我自己的理論。但是光寫
概括，學生就要說你是理論派，於是在這個中間就發現一些歷史細
節的糾纏，有人說是這樣，有人說是那樣，在這些糾纏的點上就使

用上考據了。我也會通過考據來解決問題，既有考據又有理論，學生很喜歡。」

我提起秦暉曾公開說趙儷生對他啟發很大。趙儷生說：「我講課的啟發的力量很大，哪裡來的？我不知道。聽我的課的學生沒有左顧右盼、看小說的。聽課主要是受啟發，筆記都不大記。秦暉就是受我的啟發，他是一個毛孩子，也沒有上過什麼學，來考學校的時候，他有一隻眼睛不好，所以蘭州大學有幾次說不要取他，我幾次到評議會上大呼小叫。我說：這是個人才，不管他是獨眼龍，我們在這個條件上要妥協讓步。結果錄取了他。他生活上也不太檢點，據他的同房說，他有時候夜裡睡著睡著就起來用功，打擾別人，有時候把水灑在地上。但這幾年我就不知道了，他很少回來了。他可能比我要偉大得多了。現在他已經成為大人物了。跟他同時的幾個研究生都很厲害。」

據秦暉回憶，趙儷生當時說：「如果不招秦暉，我就一個都不招了。」後來秦暉的很多同學都說：「幸虧招了你，否則我們都沒戲了。」對此，趙儷生說：「我好像說過這樣的話，可見我還是有點認識，那時候他還是一個毛孩子，但是我已經看到他的能量了。我給他的啟發很重要。我會教學生，這倒是真的，誰給我的本事，我不知道。」

五、電話公案

1987年4月，趙儷生應美國學術機構的邀請赴美訪問。遇到困難時，美方人員問他在美國還有什麼認識的人，趙儷生想到在清華大學的同學楊聯陞，美方人員告訴他，楊聯陞在哈佛大學的學術地位非常高，是哈佛學術委員會的委員。美方人員聽了趙儷生的介紹，

打通楊聯陞家的電話，向楊聯陞說明情況後，由趙儷生和楊聯陞直
接通話。在電話中，趙與楊的對話成了學術史上的一段公案。

我忍不住當面向趙儷生問起這段公案。趙儷生對我說的原話如
下：

我到美國去，接待我的人一直不見面，派他一個女研究生來跟
我說：老師很忙，現在舊太太要打官司，新太太馬上要生孩子了，
假如生孩子而沒有父親的執照的話，那教會的人不給他做祈禱，所
以必須立刻有新的婚姻關係，現在要解除舊的婚姻關係來完成新的
婚姻，他很忙，不能來。說了半天，怎麼辦呢？說你跟楊聯陞認識
嗎？我說：「認得，在清華大學我們都住一個院，見面點頭，他沒
有到過我的房子，我沒有到過他的房子，就這麼一個關係。」於是
就打電話給楊聯陞了。

楊聯陞就說：「我聽說你來了，但是我要告訴你，第一我不能
到旅館裡看你，第二我不能請你到家裡來吃飯，因為現在美國的史
學年會要在哈佛召開，我的許多學生回來，都要看我，而我現在有
病，我一律擋了駕，我擋了別人的駕，不好接待你。」

我說：「好，但是我一直跟哈佛的人接不上頭，這件事我也很
麻煩。我住在旅館裡，錢花得很多。另外，我也不會打美國的電話，
也不會吃美國的西餐，我每天吃飯就是到百貨公司裡買一瓶牛奶、
兩片麵包、幾塊香腸。我的日子不好過，你趕快給我解決。」

他說：「你不會打美國電話，你不會吃西餐，你到我們美國來
幹嘛來了？只能一個解釋就是：你來給中國人丟人。」這個話厲害
了。

我說：「楊聯陞同學，『丟人』兩字是你先開口的，你既然已
經開口了，我就該說了。咱們兩個人當年在清華的時候，我去打日
本，你可給美國的侵華軍師當了狗軍師，咱倆誰丟人？」這個時候，

電話那邊沒有聲音了，也沒有掛上。

　　趙儷生的這番話，我後來檢索他的回憶錄，發現大意相近。而為此事，謝泳撰文〈楊聯陞為什麼生氣〉；後又有多人撰文分析。趙儷生說：「後來那個謝泳，就是秦暉的朋友，還辯護，說是到美國也不丟人，你到山西打日本也不見得光榮。這就沒有是非了。謝泳後來還對秦暉說：趙儷生6本文集出來，不到半年，我要寫書評。到現在已經四五年了，也沒見，可見他是吹牛皮。」

　　我說：「周一良的文章說，楊聯陞患有精神病，犯病後腦子活動無法控制。周一良還專門讓楊聯陞的孫子在美國查閱祖父的日記，認為當時楊聯陞很可能尚在病中，或者大病初愈。」聽了此話，趙儷生大聲道：「唉呀，我挨了楊聯陞的罵。他有精神病，這我不知道。」說罷，我們的訪談出乎意料地結束了。

　　2007年深秋，我赴美訪問。有一晚，余英時先生夫婦帶我到林培瑞先生（Perry Link）家餐敘。當談起我訪問學者的趣事，坐在我身邊的林培瑞太太說：「那你一定訪問過趙儷生了？」原來，就在餐敘的前幾天，趙儷生於2007年11月27日逝世了。林培瑞太太問道：「趙儷生的回憶錄在學界影響大嗎？」我說：「影響較大的部分可能是他和楊聯陞在哈佛大學電話中吵架的事吧。」

　　緣於我訪美的經驗，當我重讀趙儷生的回憶錄時，特別留意他的《遊美日記》。關於趙和楊電話中吵架的事，見於趙儷生1987年4月9日的日記。而周一良在2000年5月14日口授由研究生筆錄的〈〈楊聯陞為什麼生氣〉一文質疑〉則說：「今年4月中旬，恰巧道申同志的兒子華岳赴美留學，於是叫他到祖母那裡查閱他祖父的日記。華嶽電話報告說，1987年4月9日這一天的日記是：『不知所云的某君由旅館來電（七十一歲，可能認識蔣浮萃），不能吃外國飯，旅館75元一天太貴，應來三個月，已去（華嶽注：英文，猜可能是地名），

想退款回去，想去（華嶽注：英文，可能也是地名）。認識山東大學某公（華嶽注：有半句看不清），乞一女士照應不力。』日記一側有『愛莫能助』四字，字體、墨蹟與當日日記不同，顯然是日後加上去的。」

在《遊美日記》中，趙儷生似乎有一路受氣之感，並有提前回國之念。1987年5月3日的日記中，趙儷生寫道：「無論在美國，甚至在中國，我的人緣都很差，這才是我一生到處碰壁的最根本原因。」讀至此句，我腦中的第一閃念是陳寅恪的詩句：「一生負氣成今日，四海無人對夕陽。」

趙儷生，1917-2007，山東安丘人，1934年入清華大學外語系讀書。曾任教河南大學、東北師範大學、山東大學等。蘭州大學歷史系教授。著有《中國農民戰爭史論文集》、《中國土地制度史》、《籬槿堂自敘》、《趙儷生文集》等。

本文參考書目

《哈佛遺墨──楊聯陞詩文簡》，楊聯陞著，蔣力編，商務印書館，2004年12月第1版。

《趙儷生高昭一夫婦回憶錄》，趙儷生、高昭一著，山西人民出版社，2010年9月第1版。

李懷宇，傳媒人，作品有《訪問歷史》、《世界知識公民》、《知人論世》、《訪問時代》、《思想人》等。

致讀者

　　台灣人到馬來西亞，通常會意識到當地華人社會的凝聚力，華人語言、文化與傳統的完整健在，同時也會注意到華人少數族群與周遭馬來多數族群的分隔與緊張。這個人數接近七百萬的華人社會，曾與多個相異民族相處共存，也遭受過壓迫與敵視，直到今天所能享有的公民權利還是有所折扣，就學、就業以及生活上所遭遇的種種困擾也到了歧視的程度。在現代馬來西亞，華人作為少數族群，如何爭取應有的權益，保障族群與文化的延續，進而維持馬來西亞的多族群、多宗教社會的多元平衡，是一件艱難、沉重而很獨特的挑戰。《思想》注意到馬來西亞華人的經驗與觀點值得重視，因此邀請了許德發先生規劃本期的專輯，藉著中文跨國通用的便利，邀請幾位馬華作者探討馬華經驗的一些面向，供各地華人參考。

　　馬來華人的族群經驗，在世界各地華人社群中確實非常獨特。略舉數端為例：他們在人口上是少數，經濟上居於優勢，但在政治上處於弱勢，文化則不受國家的承認；馬來西亞官方的「本土主義」旨在維持「馬來人的馬來西亞」，具有濃厚的排華意涵；伊斯蘭教實質上具有半國教地位，並在不少俗世領域握有半國家的強制性權力，對華人融入馬來西亞社會構成了阻礙。凡此種種，其他地區的華人幾無經歷。也因此，多元共存對大馬華人並不是書本上的理論問題，而是臨淵履冰的生存之道，非如此不足以因應一元化本土主義所造成的壓力。其他以華人為多數主體的社會，往往對身邊的少數族群視而不見，十分需要借鏡馬華的經驗，體會多元社會的真義。

　　鄭鴻生先生分析對比韓國、台灣與香港對於前殖民國態度的差異，也涉及了港台兩地華人歷史經驗的多樣。他比較香港與台灣的殖民歷史，以及兩個社會中反殖民運動與祖國的關係，說明這兩年台灣與香港的大規模群眾運動的一些特質。鄭先生的寫作一向貼近生活而觀察細膩，常能呈現他人所忽視、無視的趨勢如何發揮了作用，凸顯歷史的某些面向。本期這篇文章亦是如此，值得讀者們參考。

　　劉世鼎先生論香港占中運動的文章，敘述與反思兼備，對這場震撼了香港與周邊社會的學運多所檢討。與多數參與者的回顧不同，他並不急於分派功過得失。他採取宏觀的歷史角度，用「代表性斷裂」、「去政治化」等概念（應是借自大陸學者汪暉），分析占中的歷史背景與這場運動的內在矛盾，所見更為深入。這篇文章應該會引起不同的意見，我們歡迎進一步的討論。

　　《思想》前一期（27期）的「太陽花專輯」，係由本刊編委陳宜中與王智明兩位規劃主持，他們並且寫了一個序言，其中說到：

> 《思想》編委會自5月起籌組本次太陽花專輯，有幸邀集到十位觀點殊異的作者，對太陽花運動展開分析，各抒己見。讀者不難發現，部分不同見解之間的距離頗大，甚至南轅北轍。在今日台灣，這種分殊性是在所難免，但盼本專輯能激發出更多有意義的深度論辯。

但由於編者在作業時的嚴重疏失，這個前言最後竟然沒有刊出。在此，除了向陳宜中、王智明二位致歉之外，也請前期的讀者了解，該一專輯的原本用意——也是本刊的基本立場——正在於激發論辯。不習慣面對異見的人，若能細讀本刊，相信有助於您逐漸克服恐懼，面對這個並不仰仗你我來認可的真實世界。

編　者　2015年5月

思想28
大馬華人與族群政治

2015年5月初版　　　　　　　　　　　　　　　　　定價：新臺幣360元

有著作權‧翻印必究
Printed in Taiwan.

編　　　著	思 想 編 委 會				
發 行 人	林　　載　　爵				

出　版　者	聯 經 出 版 事 業 股 份 有 限 公 司	叢書主編	沙　淑　芬
地　　　址	台 北 市 基 隆 路 一 段 1 8 0 號 4 樓	校　　對	劉　佳　奇
編輯部地址	台 北 市 基 隆 路 一 段 1 8 0 號 4 樓	封面設計	蔡　婕　岑
叢書主編電話	(0 2) 8 7 8 7 6 2 4 2 轉 2 1 2		
台北聯經書房	台 北 市 新 生 南 路 三 段 9 4 號		
電　　　話	(0 2) 2 3 6 2 0 3 0 8		
台中分公司	台 中 市 北 區 崇 德 路 一 段 1 9 8 號		
暨門市電話	(0 4) 2 2 3 1 2 0 2 3		
台中電子信箱	e - m a i l : linking2@ms42.hinet.net		
郵 政 劃 撥 帳 戶 第 0 1 0 0 5 5 9 - 3 號			
郵 撥 電 話 (0 2) 2 3 6 2 0 3 0 8			
印　刷　者	世 和 印 製 企 業 有 限 公 司		
總　經　銷	聯 合 發 行 股 份 有 限 公 司		
發　行　所	新 北 市 新 店 區 寶 橋 路 2 3 5 巷 6 弄 6 號 2 樓		
電　　　話	(0 2) 2 9 1 7 8 0 2 2		

行政院新聞局出版事業登記證局版臺業字第0130號

聯經網址：www.linkingbooks.com.tw
電子信箱：linking@udngroup.com

國家圖書館出版品預行編目資料

大馬華人與族群政治/思想編委會編著 . 初版 .
臺北市 . 聯經 . 2015年5月（民104年）. 344面 .
14.8×21公分（思想：28）
ISBN 978-957-08-4564-8（平裝）

1.華僑 2.族群問題 3.馬來西亞

577.2386 104007006